Meine geheime Dessert-Hexenküche

Für meinen Wolf...

Brigitte Bulard-Cordeau

Meine geheime Dessert-Hexenküche

Aus dem Französischen von
Barbara Holle

GERSTENBERG

Solange ich in der Stadt bin, wird selbstverständlich nicht gehext! Ich bin Chefredakteurin einer Tierzeitschrift, Mitglied der Journalistes-écrivains pour la nature et l'écologie (JNE), habe rund vierzig Bücher für Groß und Klein veröffentlicht, die in mehrere Sprachen übersetzt wurden, und heiße **Brigitte Bulard-Cordeau,** genannt BBC. Meine Lieblingsthemen? Katzen, Wölfe, Bienen, Dinosaurier, Bäume – und natürlich die Hexen und ihre Schwarze Kunst. Abrakadabra! Heiße ich doch auch noch Marguerite – wie die Hexen von einst. Nun aber los, an die Hexenkessel!

Vorwort

Kräuter und Blumen, Früchte und Scheinfrüchte zur rechten Zeit und mit Bedacht auf Wiesen und in Gärten gepflückt – das sind die wichtigsten Zauberzutaten, die Sie für die süße Hexenküche benötigen. Und dann heißt es zerpflücken, schneiden, abzupfen, aufs Feuer stellen, kochen, mischen, kneten, ausrollen, in den Ofen schieben … Wurzeln und Blüten ins Wasser werfen, Eier schlagen, Früchte entstielen und entsteinen – das alles klingt zwar ein wenig barbarisch, doch was dabei herauskommt, sind märchenhafte Genüsse, fantastische, originelle Leckereien in Hülle und Fülle. Erfahren Sie, wie Sie Ihren Liebsten mit einer Schokoladenwurst in die Irre führen und damit das eigene Vergnügen verlängern können. Erleben Sie mit einem Roseneis à la Ronsard die große Liebe oder mit einem gegrillten Trauben-Feigen-Spieß einen wahrhaft dionysischen Genuss!

Ob bei einem romantischen Dinner zu zweit oder im Kreis von Familie und Freunden – lassen Sie sich ins Schlaraffenland entführen und reisen Sie in ferne Länder, fantastische Welten oder längst vergangene Zeiten. Mein Hexenehrenwort: In diesem Zauberbuch habe ich nur das Allerbeste aus der süßen Hexenküche zusammengetragen. Zum Teufel mit den Gesundheits- und Schlankheitsaposteln, die uns all die süßen Köstlichkeiten madig machen wollen! Abrakadabra … Ein Hoch auf die großen und kleinen Leckereien!

Inhalt

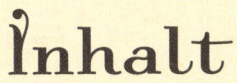

VORWORT
Seite 5

HEXENLEHRE
Seite 8

KLEINE LECKEREIEN
Seite 16

TRÜFFEL UND MAKRONEN
Seite 46

BISKUITROULADEN UND CRÈMES BRÛLÉES
Seite 74

CAKES UND KEKSE
Seite 104

KUCHEN, TARTES UND ALLERLEI
Seite 130

MOUSSES UND TUTTI FRUTTI
Seite 160

EISCREMES UND SORBETS
Seite 206

REZEPTREGISTER
Seite 230

❧ 1 ❧

Die Natur – ein Schlaraffenland für Leckermäuler

Betörende Düfte, leuchtende Farben … mit wachen Sinnen, den Korb in der Hand, durch die Natur zu streifen und in Wäldern, auf Wegen, Wiesen und Feldern Ausschau nach den Genüssen zu halten, die sie für uns bereithält, ist ein Vergnügen der besonderen Art. Es macht Lust auf mehr, Lust darauf, all diese Köstlichkeiten nicht nur zu sehen und zu riechen, sondern sie auch zu schmecken.

Köstliches von Baum und Strauch

Ob am Rande von Hecken, auf Wiesen oder in Wäldern, überall warten Bäume und Sträucher mit leckeren, gesunden Genüssen auf, die nur entdeckt und im Hexenkessel in verführerische Leckereien verwandelt werden wollen. Sei es der Feigenbaum mit seinen saftigen Früchten, sei es die Hasel oder die Edelkastanie mit ihren Nüssen, sei es der Ahorn mit seinem Saft oder die Akazie mit ihren Blüten, deren Nektar sich dank der fleißigen Bienen in einen herrlichen Honig verwandelt.

Nicht nur pur ein Genuss: Beeren und Steinfrüchte

Schwarzviolette Brombeeren und blauschwarze Schlehen, rote Johannisbeeren und Himbeeren, sie alle warten nur darauf, gepflückt und in Konfitüren verwandelt zu werden oder Kuchen, Mousses und Cremes zu verfeinern. Eine Handvoll Waldbeeren genügt oft schon, um ein Sorbet zu aromatisieren und so die Sinnenfreuden eines Waldspaziergangs in einem Dessert einzufangen.

Sie müssen nur zugreifen

Nicht minder reich ist das Angebot auf den Wiesen, wo uns die Vorboten des Frühlings und des Sommers – Klatschmohn, Primeln, Rosen, Hyazinthen und wie sie alle heißen – erwarten. Sie müssen sie nur pflücken und zu Hause die schönsten Blätter abzupfen. Und im Nu wird daraus eine köstlich-zarte Nascherei, ein herrlicher Tee oder Sirup.

Waschen, trocknen und dann ab in den Hexenkessel

Bevor Sie Ihre Ernte in den Hexenkessel – oder einfach in einen Topf – werfen, muss sie allerdings erst einmal gewaschen werden. Besondere Vorsicht ist dabei bei den zarten Blütenblättern geboten. Und wer das ganze Jahr etwas davon haben möchte, der kann seine Ernte auch trocknen.

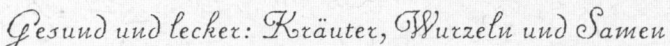

Gesund und lecker: Kräuter, Wurzeln und Samen

Minze, Eisenkraut, violette »Urmöhre«, blauer und weißer Mohn – auch die erfrischenden, vitalisierenden, beruhigenden oder anregenden Kräuter, Wurzeln und Samen sollte man nicht links liegen lassen. Gehen Sie bei der Ernte aber mit Umsicht vor. Reißen Sie nicht gleich die ganze Pflanze aus, wenn Sie lediglich die Blätter benötigen, und lassen Sie Samen und Blüten den Vögeln, Bienen und anderen Insekten, die sich davon ernähren.

Unverzichtbar: die Hexenfibel

Eine Hexe, die ihr Handwerk versteht, zeichnet vor allem eines aus: Sie kennt die Geheimnisse der Natur. Sie weiß genau, zu welcher Jahreszeit, ja sogar zu welcher Tageszeit man eine Pflanze am besten pflückt. Kann sie doch nur dann ihre volle Wirkung und ihren vollen Geschmack entfalten. Für die angehende Hexe heißt das aber auch: Sie muss genau wissen, was in den Hexenkessel hineindarf und was nicht. Deshalb sollten Sie bei Ihren Streifzügen durch die Natur stets Ihre »Hexenfibel«, d.h. einen Pflanzenführer dabeihaben, um nicht Opfer einer gefährlichen Verführerin (siehe Seite 14) zu werden.

Ganz wichtig: Korb und Handschuhe

Das wichtigste Accessoire ist ein Korb oder eine Stofftasche, in der man seine Ernte verstauen kann, ohne dass sie zerdrückt oder beschädigt wird. Und wenn Sie Brombeeren für eine Konfitüre sammeln, sollten Sie dabei am besten Handschuhe tragen, damit Sie sich an den dornigen Sträuchern die Hände nicht zerkratzen.

Für eilige Hexen

Auch wer einmal mit leeren Händen zurückkommt oder wem die Zeit für einen Streifzug durch die Natur fehlt, muss deshalb keineswegs auf diese wunderbaren Leckereien verzichten. Finden Sie doch in jedem Supermarkt eine große Palette an Gewürzen. Kaufen Sie Gewürze aber nach Möglichkeit nicht gemahlen, sondern mahlen Sie sie selbst, damit sie ihr volles Aroma entfalten. Frische oder getrocknete Kräuter bekommt man in großer Auswahl in speziellen Kräuterhandlungen, an Straßenständen und auf Märkten. Und Naturprodukte findet man inzwischen mehr und mehr auch in den Regalen der Supermärkte.
Wachsender Beliebtheit erfreuen sich die sogenannten Hofläden, in denen die Landwirte ihre Erzeugnisse frisch aus dem Obst- und Gemüsegarten verkaufen. Und bei etwas ausgefalleneren Zutaten kann das Internet wertvolle Hilfe leisten.

Habt ihr auch an den Korb und die Einkaufsliste gedacht?

❧ 2 ❧

Die fantastische Welt der Früchte

Tropische und exotische Früchte, Stein- und Kernobst, frisch oder getrocknet – das ganze Jahr verwöhnen Früchte mit ihrem Geschmack und ihrem Aroma, mit ihrem knackigen, süßen und saftigen Fruchtfleisch unseren Gaumen und bringen den Sommer auf unseren Tisch. Man genießt sie ebenso gerne pur wie als Kompott. Ob mit oder ohne Schale, entkernt, in Scheiben geschnitten oder püriert – mit Obst tun wir nicht nur unseren Geschmackspapillen, sondern auch unserer Gesundheit etwas Gutes.

Das »Innenleben« der Früchte

Bei den fleischigen Früchten unterscheidet man Beeren und Steinfrüchte. Beeren, wie etwa die Weinbeere, bei denen die Kerne lose im Fruchtfleisch liegen, sind besonders weich und saftig und zerplatzen regelrecht im Mund. Etwas fester und nicht ganz so saftig ist das Fleisch der Steinfrüchte, deren Samen wie beispielsweise bei der Kirsche von einer harten Schale umgeben sind. Ganz anders die Nüsse, an deren außerordentlich festes Fruchtfleisch man in der Regel nur »mit Gewalt«, etwa unter Zuhilfenahme eines Nussknackers, herankommt. Und noch etwas unterscheidet sie von den oben genannten Früchten: Sie enthalten keinen Saft, aber relativ viel Fett.

Wundersame Vermehrung

Beeren, Stein- und Nussfrüchte zählen zu den sogenannten Schließfrüchten, d.h. sie bleiben auch nach der Reife geschlossen. Fallen sie vom Baum ab, bleibt der Samen in der Frucht eingeschlossen und kann auf dem Boden zu keimen beginnen. Würden nun aber alle Früchte keimen, entstünde über kurz oder lang ein ganzer Wald. Um das zu verhindern, hat Mutter Natur vorgesorgt. Denn die Vögel, die sich die Leckerbissen schnappen, tragen die Früchte mit den Samen von den Bäumen weg und sorgen so für ihre Verbreitung.

Geht ein Früchtchen auf Reisen …

Andere Früchte werden einfach wie Fallschirme vom Wind weggeweht oder setzen sich im Fell eines Eichhörnchens oder im Gefieder eines Vogels fest und werden so von Ort zu Ort getragen. Zum Beispiel die Früchte von Ulme und Ahorn. Sind ihre Achänen genannten Nussfrüchte doch mit Flügeln ausgestattet. Ja, es gibt sogar Früchte, die sich auf dem Wasserweg verbreiten. Man denke nur an die Kokosnuss, die erst auf diesem Weg ihren Siegeszug um die Welt antreten konnte.

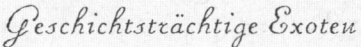

Geschichtsträchtige Exoten

Auch wenn so manche »Exoten« bis vor Kurzem in unseren Breiten noch gänzlich unbekannt waren, können sie in ihren Herkunftsländern bereits auf eine lange Geschichte zurückblicken. *Musa paradisiaca* etwa – so der verheißungsvolle botanische Name der Banane – war eine der ersten Pflanzen, die der Mensch bereits vor 10 000 Jahren kultivierte. *Nana nana* – Duft der Düfte – tauften die Indianer Mittelamerikas die fruchtige Ananas. Wer anders als sie hätte einen treffenderen, prägnanteren Namen für die aromatische Frucht aus der Familie der Bromeliengewächse finden können? Die Liste der exotischen Früchte ließe sich endlos fortsetzen. Man denke beispielsweise nur an die Kiwi (*Actinidia sinensis*), die Frucht einer Kletterpflanze, den Granatapfel (*Punica granatum*), die Frucht eines 6 Meter hohen Halbstrauchs, der wie unser Apfel als Symbol der Fruchtbarkeit gilt. Oder an die Avocado (*Persea gratissima*), die aus Israel, Martinique und Afrika zu uns gelangte. Und nicht zu vergessen die Dattel (*Phoenix dactylifera*), die auf einer Palme in den Oasen der Sahara gedeiht und bereits seit 7000 Jahren kultiviert wird.

Beeren in prächtigen Gewändern: die Zitrusfrüchte

Orange, Zitrone, Grapefruit, Clementine, Limette, Kumquat, Pomeranze … nach neuesten wissenschaftlichen Erkenntnissen ist die außerordentlich umfangreiche Gruppe der echten Zitrusfrüchte höchstwahrscheinlich aus lediglich drei Arten hervorgegangen: der Pampelmuse (*Citrus maxima*), der Zitronatzitrone (*C. medica*) und der Mandarine (*C. reticulata*). Dass es sich dabei um Beeren handelt, sieht man den mehr oder weniger sauren Früchten mit der dicken, glänzenden leuchtend gelben, orangen oder grünen Schale auf den ersten Blick wahrlich nicht an. Unter der dicken Schale tragen sie alle noch ein helles »Kleid«, die sogenannte Albedo, die die eigentliche, aus mehreren Segmenten bestehende Beere umschließt.

Wenn ich gewinne, krieg ich die ganzen Musa paradisiaca!

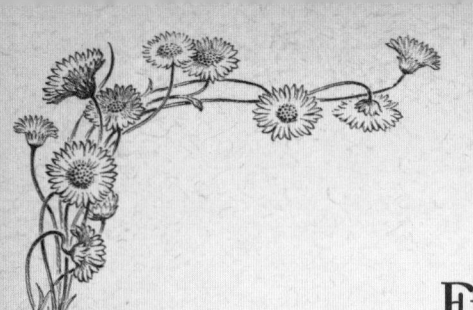

❧ 3 ❧

Früchte aus aller Welt

Was wäre ein Dessert, ein Kuchen, eine Süßspeise ohne all die süßen, saftigen, schmackhaften Früchte! Mögen es nun echte Früchte oder Scheinfrüchte sein, mögen sie aus den heimischen Obstgärten oder aus den Tropenparadiesen dieser Welt stammen. Besteigen wir also unsere Hexenbesen und machen uns auf zu einer Entdeckungsreise!

Im Land der Sternfrüchte

Haben Sie schon einmal einen Mammiapfel (*Mammea americana*) probiert? Die Inder essen diese große Beere mit der braunen, ledrigen Schale gerne als Kompott. Polynesien ist die Heimat des zu den Feigengewächsen zählenden Brotfruchtbaums (*Artocarpus altilis*), der dort seit Menschengedenken kultiviert wird. Die Karambole (*Averrhoa carambola*), eine längliche gelborange Beere mit fünf tiefen Längsrippen, ist die Frucht eines kleinen, in den tropischen Regionen Asiens beheimateten Baums. Sie ist nicht zu verwechseln mit der Cherimoya (*Annona cherimola*), die in den tropischen Zonen Amerikas gedeiht.

Von stacheligen Stinkfrüchten und aromatischen Riesenbeeren

Aus Asien und von der malaiischen Halbinsel kommt die Durianfrucht (*Durio zibethinus*), die zur Familie der Wollbaumgewächse zählt. Die walzenförmige, rundherum mit olivgrünen Stacheln besetzte Frucht könnte man glatt mit einem Igel verwechseln. Ihr unangenehmer, penetranter Geruch hat ihr den Namen Käse- oder Stinkfrucht eingebracht. Aber auch wenn sie noch so stinkt, das weißliche Fruchtfleisch mit den großen hellbraunen, von einem cremefarbenen oder gelblichen Samenmantel umhüllten Kernen schmeckt so köstlich, dass sich die Eingeborenen regelrecht um die Früchte schlagen. Die Passionsfrucht (*Passiflora edulis*) ist die Frucht einer Kletterpflanze mit langen Ranken. Wegen ihres angenehmen Aromas verwendet man die ovalen Beeren, die mit zunehmender Reife schrumpelig werden, gerne für Sorbets. Das Gleiche gilt für die Guave (*Psidium guajava*), eine große Beere aus den tropischen Regionen Amerikas, die wie die Gewürznelke und der Muskat zur Familie der Myrtengewächse zählt.

Wer als Erster durchs Ziel geht, kriegt ein Kilo *Psidium guajava*!

Abgemacht!

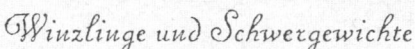

Winzlinge und Schwergewichte

Aus China kommt eine kleine, ovale dunkelrote Frucht: die Litschi (*Litchi sinensis*). Zu den Schwergewichten zählt dagegen die Jackfrucht (*Artocarpus heterophyllus*), die Frucht des Jackfruchtbaums, einem Verwandten des Brotfruchtbaums. Die Früchte können bis zu 20 kg schwer und bis zu 90 cm lang werden. Daraus lassen sich eine Menge Desserts herstellen …! Die Kaki (*Diospyros kaki*) erinnert in Form und Größe und mit ihrer dünnen, glatten Schale an die Tomate. Die ursprünglich in Japan beheimatete Frucht wird heute im südlichen Mittelmeerraum und in Nordafrika kultiviert. Malaysia und die Sundainseln sind die Heimat der Mangostane (*Garcinia mangostana*), die im Geschmack an Himbeere und Ananas erinnert. Die Mango (*Mangifera indica*) wird am Fuße des Himalaya kultiviert. Sie ist reich an Provitamin A und wird auch wegen ihrer außerordentlichen Heilkraft geschätzt.

Tropische Beeren und Nüsse

Häufig auf unseren Märkten zu finden ist die erfrischende Papaya (*Carica papaya*). Die große runde oder ovale, etwa 30 cm lange Beere mit der gelbgrünen bis gelborangen Schale stammt ursprünglich aus Mittelamerika, von wo sie die Spanier im 16. Jahrhundert nach Asien einführten. Ebenfalls aus den tropischen Regionen Amerikas kommt die Cashewnuss, die Frucht des Kaschubaums (*Anacardium occidentale*). Um die harte, ungenießbare Schale entfernen zu können, muss die Frucht getrocknet oder geröstet werden. Unter einer harten Schale verbergen sich auch die köstliche Milch und das im Geschmack ein wenig an die Haselnuss erinnernde Fruchtfleisch der ursprünglich in Polynesien beheimateten Kokosnuss (*Cocos nucifera*).

Alles nur Schein?

Wie heißt es so schön? Man sollte Äpfel nicht mit Birnen vergleichen. Doch in der Küche werden Früchte mitunter wie Gemüse behandelt und umgekehrt. Die Avocado ist zwar eine Frucht, wird aber als Vorspeise serviert, weil sie kaum Wasser und Zucker enthält. Die Möhre dagegen ist nichts anderes als eine Rübe, wird aber auch zum Kuchenbacken verwendet, und in Portugal stellt man daraus sogar eine exquisite Konfitüre her.
Man glaubt eine Frucht zu essen, doch in Wirklichkeit handelt es sich um eine Scheinfrucht. Der Cashewapfel ist so eine Scheinfrucht, und auch die Feige (*Ficus carica*), denn die eigentlichen Früchte sind die vielen kleinen Kerne bzw. Steinfrüchte, auf die man beim Essen beißt. Und die Erdbeere? Auch bei ihr verdient nur das, was wir als kleine Kerne wahrnehmen, den Namen Frucht. Eine überdies erst im überreifen Zustand genießbare Scheinfrucht ist die Mispel (*Mespilus germanica*), die deshalb erst nach dem ersten Frost gepflückt wird. Ihre fünf steinharten Kerne sollen sich, will man der Werbung glauben, bei Nierensteinen bewährt haben.

❧ 4 ❧

Gefährliche Verführerinnen

Beim Ernten von Wildkräutern und -früchten heißt es wachsam sein und genau hinsehen. Vor allem aber sollte man sich keinesfalls vom schönen Schein täuschen lassen. Sind doch gerade viele der schönen Verführerinnen ganz oder teilweise giftig, ja sogar hochgiftig. Gut und schlecht liegen in der Natur eben nah beieinander.

Giftpflanzen

Pflanze	Vorkommen	Gefährliche Teile	Symptome
Adonisröschen	Sonnige Hänge, Kiefernwälder	Alle	Übelkeit, Erbrechen, Krämpfe, Durchfall, Herzrhythmusstörungen, Atemnot
Aronstab	Laubwälder, Gebüsche	Alle, insbesondere die Früchte	Übelkeit, Erbrechen, Durchfall, Hautreizungen
Bunte Kronwicke	Wegränder, Gebüsche	Alle	Erbrechen, Durchfall, Krämpfe, Herzrhythmusstörungen bis zum Herzstillstand
Europäisches Pfaffenhütchen	Wälder, Gebüsche	Alle, insbesondere Früchte und Samen	Reizungen des Magen-Darm-Trakts, Kreislaufstörungen, Krämpfe, Schädigung von Leber und Nieren
Gefleckter Schierling	Brachland, Wegränder, Äcker	Alle	Schluckbeschwerden, Lähmung der Zunge, starkes Erbrechen, Tod durch Atemlähmung
Gelbe Narzisse	Bergwiesen, lichte Wälder, Gärten	Alle, insbesondere die Zwiebel	Erbrechen, Durchfall, Lähmungen, Kollaps bis zum Tod
Gelbe Schwertlilie	Ufer, Gräben, Röhricht	Alle	Erbrechen, Durchfall
Gemeine Eibe	Laubmischwälder	Nadeln, Samen (1)	Schwindelgefühl, Bewusstlosigkeit, Herzstillstand
Gemeiner Goldregen	Hecken, Gärten, Parks	Alle, insbesondere die Blüten	Krämpfe, Bewusstlosigkeit, Tod durch Atemlähmung
*Gemeiner Stechapfel	Schutthalden, Wegränder, Parks	Alle	Tod durch Atemlähmung
Gift-Hahnenfuß	Tümpel, Teiche, langsam fließende Gewässer	Alle	Hautreizungen, Krämpfe, Durchfälle, Nierenentzündung, Atemlähmung
Gottesgnadenkraut	Ufer, Sumpfwiesen, Grabenränder	Alle	Erbrechen, blutige Durchfälle, Sehstörungen, Tod durch Atemlähmung
Herbstzeitlose	Feuchte Wiesen und Weiden	Alle	Erbrechen, Krämpfe, blutige Durchfälle, Kreislaufschädigung, Tod durch Atemlähmung
Hundspetersilie	Wegränder, Äcker, Schuttplätze	Alle	Sehstörungen, Erbrechen, Durchfall, Lähmungen, Tod durch Atemlähmung
Jakobs-Kreuzkraut	Wegränder, Gebüsche, Wiesen, Weiden	Alle	Leberschäden
Maiglöckchen	Laubwälder	Alle, insbesondere die Beeren	Erbrechen, Durchfall, Sehstörungen, Herzrhythmusstörungen bis zum Herzstillstand
Märzenbecher	Feuchte Laubwälder, Wiesen	Alle, insbesondere die Zwiebel	Erbrechen, Durchfall, Krämpfe, Herzrhythmusstörungen
Rote Heckenkirsche	Laubwälder, Hecken, Straßenränder	Alle	Erbrechen, Magenschmerzen, Durchfall, Fieber
Roter Fingerhut	Waldlichtungen, Waldränder	Alle	Herzrhythmusstörungen bis zum Herzstillstand
Rotfrüchtige Zaunrübe	Gebüsche, Mauern, Zäune	Alle, insbesondere die Beeren	Hautreizungen, starke Durchfälle, Erbrechen, Koliken, die bis zum Tod führen können
Schneeglöckchen	Laubwälder, Wiesen	Alle, insbesondere die Zwiebel	Erbrechen, Durchfall, Benommenheit, Lähmungserscheinungen
Schöllkraut	Schuttplätze, Wegränder	Alle	Kreislaufstörungen bis zum Kreislaufversagen, Leberschäden
Schwarze Tollkirsche	Waldränder, Lichtungen, Laubwälder	Alle, insbesondere die Beeren	Tod durch Atemlähmung
*Schwarzes Bilsenkraut	Wegränder, Mauern, Schuttplätze	Alle, insbesondere die Samen	Bewusstseinsstörungen, Bewusstlosigkeit, Tod durch Atemlähmung

Die Liste ist nicht vollständig.
* Stechapfel und Bilsenkraut wurden in der Hexerei verwendet, um anderen Schaden zuzufügen.
(1) Der rote Samenmantel ist genießbar.

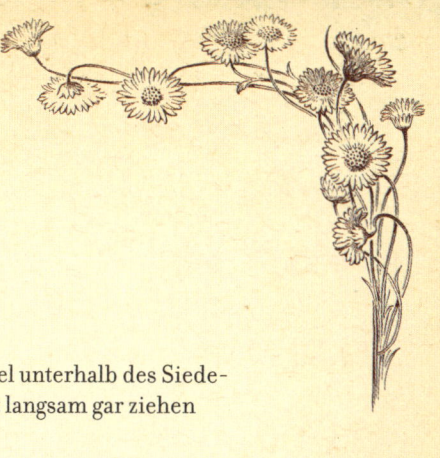

❧ 5 ❧

Glossar

Abrakadabra ...!

Aufschlagen: Eine Masse oder Creme mit dem Schneebesen oder dem Handmixer schlagen, bis sie locker und luftig ist.

Beignet: Mit Teig umhüllte Obststücke, die schwimmend in sehr heißem Fett ausgebacken werden.

Blanchieren: Lebensmittel, insbesondere Gemüse, vor dem Garen einige Minuten in kochendes Salzwasser geben und anschließend in Eiswasser abschrecken. Durch das Blanchieren bleibt die Farbe des Gemüses besser erhalten und es wird von Verunreinigungen oder unangenehmen Gerüchen befreit.

Blindbacken: Einen Mürbeteig ohne Belag vorbacken. Der Teig wird dazu mit Pergamentpapier abgedeckt und mit getrockneten Hülsenfrüchten beschwert, damit er nicht aufgeht.

Dekokt oder Absud: Wässriger Extrakt aus gekochten Pflanzen oder Pflanzenteilen. Dazu wird die Pflanze in kaltes Wasser gegeben und nach dem Aufkochen 3 bis 10 Minuten gekocht. Anschließend lässt man die Pflanze 30 Minuten im Wasser ziehen und seiht es danach ab. Auf diese Weise werden die natürlichen Wirkstoffe aus der Pflanze extrahiert.

Dünsten: In wenig Fett und Flüssigkeit und bei geringer Hitze im geschlossenen Topf garen.

Extrakt: Konzentrierter – eingedickter oder getrockneter – Auszug aus pflanzlichen oder tierischen Substanzen.

Flambieren: Die Dämpfe einer hochprozentigen Flüssigkeit über einer Speise abbrennen lassen.

Glacieren: Gebäck mit einer Zuckerglasur überziehen.

Hagelzucker: Grober weißer Kristallzucker, der zum Bestreuen von Gebäck verwendet wird.

Infusion oder Aufguss: Kräuter- oder Gewürzauszug, den man durch Übergießen von Pflanzen, Gewürzen oder Kräutern mit heißem oder kochendem Wasser erhält. Anschließend lässt man die Pflanze 10 bis 15 Minuten im Wasser ziehen und seiht es danach ab.

Konditorcreme: Gekochte Creme aus Milch, Zucker und Eigelb.

Marinieren: Ein Lebensmittel über eine gewisse Zeit in eine würzige Flüssigkeit aus Essig, Wein oder Zitronensaft, Kräutern und Gewürzen einlegen.

Mazerieren: Ein Lebensmittel über eine gewisse Zeit in eine kalte Flüssigkeit (Öl, Essig, Zitronensaft) einlegen.

Passieren: Weich gekochte Früchte, Gemüse o. Ä. durch ein feines Sieb streichen.

Pochieren: Ein Lebensmittel unterhalb des Siedepunktes in einer Flüssigkeit langsam gar ziehen lassen.

Reduzieren: Eine Flüssigkeit bei starker Hitze einkochen, um den Wassergehalt zu verringern und den Geschmack zu verstärken.

Sirup: Dicke, zähflüssige Zuckerlösung, die durch Auflösen von Zucker in Wasser entsteht.

Wasserbad: Mit Wasser gefüllter Behälter, in dem empfindliche Speisen gegart werden. Der Topf mit der Speise wird dazu in das Wasserbad gestellt.

Zeste: Dünn abgeschälte Schale von Zitronen oder Orangen.

Kleines Hexen-Brevier

Achäne: Einsamige Nussfrucht, bei der die Samenschale und die Fruchtwand eng aneinanderliegen.

Arillus oder Samenmantel: Fleischige Ummantelung, die einen Samen umhüllt.

Beere: Kleine fleischige Frucht mit mehreren Samen, die nicht von einer holzigen Schale umgeben sind, etwa die Kiwi.

Blütenkelch: Äußere, aus Kelchblättern bestehende Hülle einer Blüte.

Blütenkorb: Aus vielen kleinen Einzelblüten bestehender Blütenstand. Die Einzelblüten sitzen dabei dicht gedrängt direkt an der gestauchten, tellerartig verbreiterten Sprossachse. Einen Blütenkorb besitzen etwa die Margerite und das Gänseblümchen.

Braktee oder Hochblatt: Häufig sehr dekoratives Blatt, das die Blüte umschließt und den Blüten- und Kelchblättern ähnelt.

Diözisch oder zweihäusig: Diözisch nennt man eine Art, wenn männliche und weibliche Blüten von verschiedenen Pflanzen getragen werden und sich nicht auf ein und derselben Pflanze befinden.

Dolde: Schirmförmiger Blütenstand, bei dem die zahlreichen kleinen Einzelblüten gemeinsam an der Spitze der Sprossachse ansetzen.

Exokarp: Äußere Schale einer Frucht.

Kelchblatt: Häufig grüne oder braune Blütenhüllblätter, die den Kelch einer Blüte bilden und dem Schutz der Blütenknospe dienen.

Kronblatt oder Blütenblatt: Oft leuchtend bunte innere Blütenhüllblätter einer Blüte, die zu einer Blumenkrone zusammengefasst sind.

Rhizom oder Wurzelstock: Unterirdisch oder dicht über dem Boden wachsende, nährstoffspeichernde Sprossachse.

Kleine Leckereien

❧ 1 ❧
Lokum mit Rosenwasser
Lieben Sie Kitschromane?

Mit einer ganz besonderen Leckerei wollte der türkische Sultan Abdul-Hamid I. im Jahr 1776 die Damen seines Herzens überraschen. Und so wurde das Lokum erfunden, eine mit Rosenwasser parfümierte Süßigkeit aus Zuckersirup. In späteren Zeiten machten es sich die Damen der feinen Gesellschaft zur Gewohnheit, die Leckerei in einem Spitzentaschentuch bei sich zu tragen, und es soll vorgekommen sein, dass man sie mit dem Billetdoux des Geliebten verwechselte. Wenn das nicht Stoff für einen Kitschroman ist …

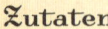

Zutaten
  Für 6 Personen

24 g gemahlene Gelatine
450 g Zucker
7 Tropfen rote Lebensmittelfarbe (Annatto)
7 Tropfen Rosenwasser
2 EL Puderzucker
2 EL Maisstärke

VORBEREITUNG: 30 Min.
KOCHZEIT: 15 Min.
RUHEZEIT: 2 Stunden

Abrakadabra …! ❊ Die Gelatine in 100 ml Wasser einweichen und 3 Min. quellen lassen. ❊ Den Zucker in einer Kasserolle mit 200 ml Wasser verrühren und 8 Min. bei geringer Hitze erhitzen. ❊ Die Kasserolle vom Feuer nehmen und die Gelatine hineingießen. ❊ Die Lebensmittelfarbe hinzufügen, das Ganze 7 Min. bei geringer Hitze köcheln lassen und anschließend vom Feuer nehmen. ❊ Das Rosenwasser einrühren und die Mischung abkühlen lassen. ❊ Die Mischung in eine mit Pergamentpapier ausgelegte Form gießen und 24 Std. in den Kühlschrank stellen. ❊ Am nächsten Tag den Puderzucker mit der Maisstärke in eine Schüssel sieben.

❊ Das Lokum aus dem Kühlschrank nehmen und auf ein Brett stürzen. ❊ Das Papier abziehen, das Lokum in kleine Würfel schneiden und in der Puderzuckermischung wälzen.

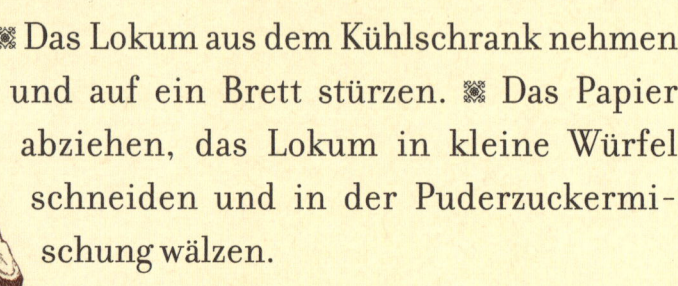

Kleine Hexenfibel

Gelatine: Gelatine verleiht Desserts und Süßigkeiten Festigkeit. Man bekommt sie in 6-Gramm-Päckchen als Pulver oder in Form von Blättern. 6 g gemahlene Gelatine entsprechen einem Blatt.

Farbe: Verwenden Sie möglichst ein Naturprodukt, z.B. Annatto, das aus den Samen des Orleansstrauchs gewonnen wird.

Rosenwasser wird durch Destillation von Rosenblüten gewonnen. Es sollte stets kühl und lichtgeschützt aufbewahrt werden.

Form: Für die Herstellung von Lokum eignet sich am besten eine flache quadratische oder rechteckige Form.

AUS FLORA UND FAUNA

Die Rose, das Symbol der Liebe schlechthin, wird schon seit der Antike von den Dichtern besungen. Die Wildform ist unter dem Namen Hunds- oder Heckenrose bekannt. Die Rose ist die am häufigsten gezüchtete Pflanze. Weltweit sind derzeit 3000 Züchtungen bekannt.

Wissenswertes

Der rote Farbstoff Annatto, in Brasilien Urucum genannt, wird aus den Samen des in Amazonien beheimateten Ruku- oder Orleansstrauchs gewonnen. Die Einheimischen verwenden ihn zum Färben von Lebensmitteln, aber auch als Sonnenschutzmittel und um sich vor Insektenstichen zu schützen. Annatto ist reich an Antioxidantien und Spurenelementen.

Tausendundeine Geschichte

In der marokkanischen Stadt El-KelâaM'Gouna feiert man jedes Jahr im Mai ein dreitägiges Rosenfest. In der Stadt, die auch den Beinamen Rosenstadt trägt, hat man sich auf die Herstellung der unterschiedlichsten Rosenprodukte spezialisiert.

Mein Lokum …

Wichtig!
In einer luftdicht verschlossenen Dose kann das Lokum 1 Monat bei Zimmertemperatur aufbewahrt werden.

❧ 2 ❧

Glasierte Maronen

Hätten Sie Lust auf eine Traumreise?

Mit glasierten Maronen versüßt man sich in Frankreich gerne die langen Winterabende. Und so mancher Franzose träumt dabei vielleicht von Reisen ins ferne Mexiko, Indien oder Madagaskar, von wo die Vanille kommt, die den Maronen ihren herrlichen Geschmack verleiht. Hätten Sie nicht auch Lust auf so eine Traumreise?

Zutaten
Für 6 Personen

1,25 kg Maroni
1 kg Zucker
ausgekratztes Mark von
1 Vanilleschote

VORBEREITUNG: 30 Min.
KOCHZEIT: 6 Std.
RUHEZEIT: 12 Std.

Abrakadabra …! ❈ Wasser in einem Kochtopf zum Kochen bringen. ❈ Die Kastanienschalen oben einritzen. ❈ Die Kastanien ins kochende Wasser geben und 5 Min. köcheln lassen. ❈ Abgießen, schälen und 2 Std. in kaltes Wasser legen. ❈ Zucker und Vanille mit 1 Glas Wasser in eine Kasserolle geben. ❈ Die Maroni hinzufügen und 6 Std. bei geringer Hitze köcheln lassen. Anschließend mit einem Schaumlöffel herausheben, abtropfen lassen und den Sirup am Kochen halten. ❈ Die Kastanien wieder in den Sirup legen und 2 Std. ruhen lassen. ❈ Erneut abtropfen lassen und nochmals 2 Std. in den Sirup legen. ❈ Abtropfen und 6 Std. trocknen lassen.

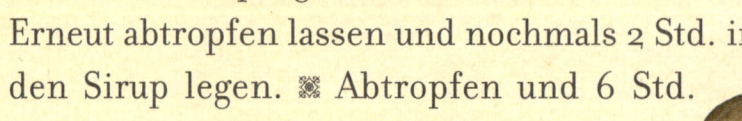

Wissenswertes

Ein zwölfjähriger Sklave mit Namen Edmond entwickelte 1841 auf der Insel Réunion das Verfahren zur künstlichen Bestäubung der Vanillepflanze. In Anspielung auf die Farbe der Vanilleblüte gab man ihm den Nachnamen Albius, von lat. *albus* (weiß).

Tausendundeine Geschichte

In Mexiko kennt man die Vanille – *tlilxochitl* (schwarze Schote), wie sie hier heißt – schon seit Jahrtausenden.

Wichtig!
Die Zubereitung der Maronen ist eine recht monotone Angelegenheit, aber davon sollten Sie sich nicht abschrecken lassen …

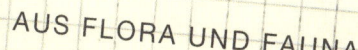

Kleine Hexenfibel

Vorsicht! Die Früchte der Rosskastanie sind nicht genießbar.

Schale: Die Rosskastanie ist größer als die Esskastanie, und man erkennt sie an ihrer stacheligen Fruchtschale.

Herbst: Maroni werden von Oktober bis Januar auf den Märkten angeboten. Sie werden vorwiegend in Frankreich und Italien kultiviert.

Schälen: Maroni lassen sich am besten schälen, solange sie heiß sind. Sind sie erst einmal abgekühlt, lässt sich die Schale nur noch schwer entfernen.

Aroma: Das Aroma von Vanilleschoten bleibt am besten erhalten, wenn man sie in Glasröhrchen aufbewahrt.

Auf ins Abenteuer!

AUS FLORA UND FAUNA

Die Echte Vanille (*Vanilla planifolia*) ist eine immergrüne Kletterpflanze, die bis zu 15 Meter lang werden kann. In einem Monat wächst sie zwischen 60 und 120 Zentimeter. Am besten gedeiht sie bei Temperaturen zwischen 21 und 31 °C. Seit die Eroberer sie in der Neuen Welt entdeckten, ist die Vanille auch in Europa heimisch.

❧ 3 ❧

Weißer Nougat mit Safran

Klein, aber Gold wert

Ich!

Ich auch!

Beim Anblick von Safranfäden muss man unweigerlich an
Goldfäden denken … Safran, in manchen Ländern auch
»rotes Gold« genannt, ist das teuerste Gewürz der Welt.
Ein Kilogramm kostet nicht weniger als 30 000 Euro. Genießen
Sie diese kleinen Nougatwürfel also mit Bedacht, schließlich
ist es fast ein bisschen so, als würde man Gold essen …

Zutaten
Für 8 Personen

1 l Milch

1 Vanilleschote

2 Kapseln Safranfäden

150 g kandierte Orangen-
schalen

100 g Pistazien, geschält

12 Eier

150 g Zucker

100 g Akazienblütenhonig

500 g eisgekühlte Sahne

40 g Butter

VORBEREITUNG: 1½ Std.

KOCHZEIT: 25 Min.

RUHEZEIT: 30 Min.

KÜHLZEIT: 8 Std.

Abrakadabra …! ❈ In einer Kasserolle die Milch bei geringer Hitze mit der Vanilleschote aufkochen. ❈ Sofort vom Feuer nehmen und den Safran hinzufügen. Umrühren und 30 Min. ziehen lassen. ❈ Orangenschalen und Pistazien hacken. ❈ Die Eier trennen. 2 Eiweiße in den Kühlschrank stellen. ❈ Eigelbe und Zucker 7 Min. mit dem Schneebesen aufschlagen. ❈ Die Milch abseihen und unterrühren. ❈ Die Mischung 10 Min. bei geringer Hitze unter Rühren kochen lassen, bis sie eingedickt ist. Die Creme anschließend abkühlen lassen. ❈ Den Honig 5 Minuten bei mittlerer Hitze in einer kleinen Kasserolle erhitzen. ❈ Die Eiweiße aus dem Kühlschrank nehmen und steif schlagen. Den Honig hinzufügen und das Ganze 5 Minuten kräftig mit dem Schneebesen aufschlagen. ❈ Die Vanillecreme vorsichtig mit einem Teigschaber unter den Eischnee heben. ❈ Anschließend die geschlagene Sahne unterziehen. ❈ Zum Schluss die Orangenschalen und die Pistazien hinzufügen. ❈ Eine Kastenform mit Butter einfetten, die Mischung einfüllen und 8 Std. in die Gefriertruhe stellen. ❈ Den Nougat aus der Form stürzen und zunächst in Scheiben und danach in kleine Würfel schneiden.

AUS FLORA UND FAUNA

Der Safran (*Crocussativus*) ist eine Krokusart mit langen, schmalen Blättern. Die Griffel der rotvioletten oder lilafarbenen Blüte verzweigen sich in drei lange orangerote, außerordentlich aromatisch duftende Stempelfäden. Die Blüten werden von Hand gepflückt, und die Stempelfäden werden im Dunkeln getrocknet und danach über einer Holzglut erhitzt. So entstehen die getrockneten bräunlich roten Safranfäden. Safran ist auch gemahlen als Pulver erhältlich. Für 500 Gramm Safrangewürz benötigt man etwa 60 000 Blüten.

Wichtig!
Den Nougat einfach so naschen oder auf Tellern mit einer Orangenmousse oder einem Apfel-Orangen-Kompott (Rezept 76) servieren.

Wissenswertes

Der Nougat stammt aus dem Orient und wird aus Honig, Gewürzen und Trockenfrüchten hergestellt. Der Franzose Olivier de Serres pflanzte im 17. Jahrhundert in der Nähe von Montélimar die ersten Mandelbäume. Die Bäume trugen so herrliche Früchte, dass die Stadt für ihren Nougat berühmt wurde.

Tausendundeine Geschichte

Als Alexander der Große im Jahr 326 v.Chr. während der Eroberung Kaschmirs zum ersten Mal das prächtige Farbenspiel blühender Safranpflanzen sah, hielt er dies für ein Zeichen der Götter und zog unverzüglich mit seinen Soldaten ab.

»Safran – ich geh's lieber langsam an«, reimt die Schildkröte …

Kleine Hexenfibel

Vanille: Die Schote vor dem Kochen der Länge nach aufschlitzen.

Rühren: Die Creme während des Kochens laufend mit einem Holzkochlöffel umrühren und den Topf kurz bevor die Creme zum Kochen kommt vom Feuer nehmen.

Kandieren: Wie man kandierte Orangenschalen herstellt, erfahren Sie in Rezept 18.

Bernstein: Akazienhonig ist flüssig und kristallisiert nicht aus. Seine Farbe erinnert an Bernstein.

❦ 4 ❦
Apfelpaste mit Sternanis
Greifen Sie nach den Sternen!

Es soll ein herabfallender Apfel gewesen sein, dem wir das newtonsche Prinzip
der allgemeinen Gravitation und der Anziehung von Erde und Mond verdanken.
Ein Himmelskörper ist auch bei dieser Kombination von Apfel und Sternanis im Spiel.
Greifen Sie also ruhig mal nach den Sternen …

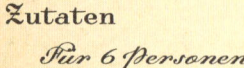

Zutaten
Für 6 Personen

4 Sternanis
2 kg Äpfel
1,3 kg Zucker
40 g Pectine Jaune
150 ml Glucosesirup
100 ml Zitronensaft
200 g Kristallzucker

VORBEREITUNG: 50 Min.
KOCHZEIT: 20 Min.
RUHEZEIT: 4 Tage

Abrakadabra …! ❖ Den Sternanis im Mörser zu Pulver zermahlen und beiseitestellen. ❖ Die Äpfel schälen und die Kerngehäuse entfernen. ❖ Das Fruchtfleisch klein schneiden und 10 Min. bei geringer Hitze in 300 ml Wasser kochen. ❖ Das Pectine Jaune mit 300 g Zucker mischen. ❖ Unter die Äpfel rühren und das Ganze bei geringer Hitze aufkochen lassen. ❖ Den restlichen Zucker, den Sternanis und den Glucosesirup hinzufügen und gut umrühren. ❖ Aufkochen lassen und auf 105 °C erhitzen. Dabei laufend mit einem Holzkochlöffel umrühren. ❖ Den Topf vom Feuer nehmen und den Zitronensaft einrühren. ❖ Die Mischung in eine Silikonkonfektform füllen, abkühlen und fest werden lassen. ❖ Die Geleefrüchte anschließend aus der Form stürzen und im Kristallzucker wälzen.

Auf die Plätze, fertig los …

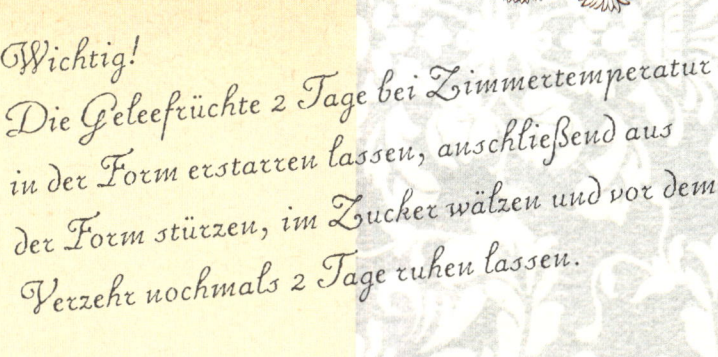

Wichtig!
Die Geleefrüchte 2 Tage bei Zimmertemperatur in der Form erstarren lassen, anschließend aus der Form stürzen, im Zucker wälzen und vor dem Verzehr nochmals 2 Tage ruhen lassen.

Wissenswertes

Im April öffnen sich die Blüten des Echten Stern-anis (*Illiciumverum*), und der immergrüne, bis zu 20 Me-ter hohe Baum ist dann über und über mit weißen Blüten bedeckt, aus denen sich die fleischigen, sternförmigen Früchte entwickeln. Sie wer-den dreimal jährlich geerntet und danach getrocknet. In hundert Jahren produziert ein Baum 60 Kilogramm Früchte. Das ätherische Öl riecht nach Anis.

Tausendundeine Geschichte

Fruchtpaste kennt man bereits seit dem Mittelalter. Damals war dies die einzige Möglich-keit, Früchte zu konservieren, um sie das ganze Jahr über genießen zu können. Kannte man vielleicht schon damals die Empfehlung, fünfmal am Tag Obst zu essen?

AUS FLORA UND FAUNA

Nur die Früchte des Echten Sternanis (*Illiciumverum*), der in China, Laos, Vietnam und auf den Philippinen kultiviert wird, sind genießbar. Hochgiftig sind dage-gen die Früchte des Japanischen Sternanis (*I. anisatum* oder *I. religiosum*), die man an ihrer unregelmäßigen Form und ihrem Kampfergeruch erkennt.

Kleine Hexenfibel

Mörser: Das Zerkleinern des Sternanis im Mörser erfordert ein bisschen Kraft.

Thermometer: Um zu prüfen, ob der Zucker die richtige Temperatur hat, ist ein Zucker-thermometer hilfreich.

Pinsel: Die Zuckerkristalle, die sich beim Zuckerkochen an den Topfwänden absetzen, entfernt man am besten mit einem nassen Pinsel.

Motive: Besonders dekora-tiv sehen Ihre Geleefrüchte aus, wenn Sie die Apfelmasse in Silikonförmchen mit ver-schiedenen Motiven (Sterne, Herzen …) füllen.

Glucosesirup: Ist in Apotheken erhältlich und verhindert, dass die Apfelpaste austrocknet.

❧ 5 ❧

Kandierte Schlüsselblumen

Ein absoluter Hochgenuss

Kandierte Blüten und Blütenblätter sind einfach etwas Herrliches, vor allem wenn es die Blüten von *Primulaveris*, der Echten Schlüsselblume, sind, die am Frühlingsanfang als Allererste auf den Wiesen erscheint. Und wenn sie dann auch noch mit Zucker umhüllt sind, ist das ein absoluter Hochgenuss.

Zutaten

Für 4 Personen

100 g Schlüsselblumen
3 Eiweiß
100 g Puderzucker

⏰

VORBEREITUNG: 25 Min.
TROCKENZEIT: 30 Min.

Abrakadabra …! ❈ Die Schlüsselblumen (mit den Stängeln) unter fließendem kaltem Wasser waschen und auf Küchenpapier abtropfen lassen. ❈ Die Eiweiße 3 Min. schlagen. ❈ Die Blüten 5 Min. in das Eiweiß tauchen und 5 Min. auf Küchenpapier abtropfen lassen. ❈ Mit Puderzucker bestreuen. ❈ Ein Backblech mit Backpapier auslegen, die Schlüsselblumen darauf verteilen und 30 Min. in den 50 °C (Umluft 30 °C) warmen Backofen schieben. ❈ Abkühlen lassen und servieren.

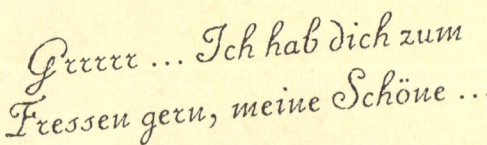

Grrrrr … Ich hab dich zum Fressen gern, meine Schöne …

Kleine Hexenfibel

Nach oben: Die Blumen so auf das Backblech legen, dass die Stängel nach oben stehen und die Blütenkelche nach vorne zeigen.

Farbe: Gelbe Schlüsselblumen verändern ihre Farbe durch die Wärme des Backofens nicht, rosafarbene verfärben sich grün.

Kuchen: Die kandierten Blüten eignen sich wunderbar zum Verzieren dunkler Kuchen, wie etwa Kuchen mit Schokoladen- oder Karamellüberzug.

Wissenswertes

Neben vielen anderen volkstümlichen Namen hat die Schlüsselblume im Volksmund auch den Namen Kuckucksblume. Den Namen jenes Vogels also, der seine Eier gerne in fremden Nestern ablegt und der in der schönen Jahreszeit unermüdlich sein »Kuckuck« ertönen lässt. Wenn Sie die ersten Kuckucksrufe hören und die ersten Schlüsselblumen sehen, können Sie also sicher sein, dass nun endlich der Frühling kommt.

Kuckuck, Kuckuck ruft's aus dem Wald

Wichtig!
Wollen Sie die Blüten einfach so naschen, das Eiweiß noch mit Zitrone, Vanille oder einem anderen Aroma parfümieren. Aber gehen Sie sparsam damit um, damit der Geschmack dieser Frühlingsblume nicht überdeckt wird. Damit ihre zarte Farbe erhalten bleibt, möglichst ein Aroma mit heller Farbe verwenden.

AUS FLORA UND FAUNA

Die wild wachsenden Schlüsselblumenarten (*Primulaveris* und *P. elatior*) sind die ersten Blumen, die sich im Frühling zeigen. Sie blühen bis Mai. Die Schlüsselblumen gehören zur Gattung der Primeln. Die hängenden Blütendolden sitzen auf einem langen, blattlosen und behaarten Stängel.

Tausendundeine Geschichte

In der Normandie, wo die beste französische Butter produziert wird, dient die Schlüsselblume auch als Liebesorakel. Man windet die Blume um den Hals des oder der Angebeteten und fragt ihn oder sie, ob er/sie gerne Butter isst. Zeigt sich auf der Haut ein gelber Fleck, lautet die Antwort ja.

❧ 6 ☙
Kokoscreme mit Bananen

Damit Sie sich richtig ins Zeug legen können!

Die Perltapioka ist nicht nur besonders gut verdaulich, sondern hat überdies den Vorzug, dass dieses exotische Dessert – eine Mischung aus orientalischen, brasilianischen und karibischen Aromen – damit schön leicht wird. Und da es obendrein reich an Vitaminen und Mineralstoffen ist, verleiht es Ihnen neue Kraft, damit Sie sich so richtig ins Zeug legen können!

Zutaten

Für 4 Personen

500 ml Kokosmilch
75 g Zucker
120 g Perltapioka
3 Bananen
80 g Zartbitterschokolade

VORBEREITUNG: 10 Min.
KOCHZEIT: 25 Min.

Abrakadabra …! ❖ Die Kokosmilch mit 250 ml Wasser und dem Zucker 5 Min. in einer Kasserolle erhitzen. ❖ Die Tapioka einrühren und das Ganze 15 Min. bei mittlerer Hitze kochen lassen. ❖ Die Bananen schälen, in Scheiben schneiden, dazugeben und die Creme weitere 5 Min. kochen lassen. ❖ Die Schokolade raspeln, das Dessert damit bestreuen und lauwarm servieren.

*Mein lieber Dino!
Kakao und Kokosnuss –
das gibt Kraft!*

*Wichtig!
Das Dessert lauwarm in
Portionsförmchen servieren.
Dazu passt hervorragend die
Schokoladenwurst (Rezept 61).*

AUS FLORA UND FAUNA

❖

Bananenstauden können bis zu 9 Meter hoch werden. Es handelt sich dabei nicht um einen Baum, sondern um eine krautige Pflanze aus der Familie der Musagewächse. Denn der aus Blättern gebildete Stamm ist ein Scheinstamm. Die Blätter können bis zu 4 Meter lang und 1 Meter breit werden. Aus der Mitte der Blätter heraus bildet sich der Fruchtstand mit vielen Einzelblüten, aus denen sich jeweils eine Frucht entwickelt.

Kleine Hexenfibel

Tapioka: Tapiokaperlen und Tapiokamehl bekommt man in asiatischen Lebensmittelgeschäften.

Maniok: Tapioka wird aus der Maniokwurzel hergestellt. Perltapioka ist weiß und wird beim Kochen durchsichtig.

Schokolade: Die geraspelte Schokolade erst über das Dessert streuen, wenn es nur noch lauwarm ist.

Wissenswertes

Auch wenn man sie in China gerne zum Frühstück isst, stammt die Tapioka ursprünglich aus Süd- und Mittelamerika. In Brasilien bereitet man damit süßen Pfannkuchenteig zu. Und in Nordamerika ist gerade *Bubble Tea* groß in Mode, ein erfrischendes taiwanesisches Getränk, das ebenfalls mit Tapioka hergestellt wird.

*Und Bananen
geben noch mehr
Kraft!*

Tausendundeine Geschichte

Nicht umsonst ist die Bananenstaude im Buddhismus das Symbol für die Vergänglichkeit und Veränderlichkeit der Dinge. Stirbt der oberirdisch wachsende Spross doch ab, nachdem er Früchte getragen hat.

❧ 7 ❧

Rosenbaisers

Wollen Sie Ihr rosa Wunder erleben?

Eine feine kleine Leckerei, die voller Überraschungen steckt … Verwandelt sich
das durchsichtige, flüssige Eiklar doch zunächst in einen luftigen, blütenweißen Eischnee,
um schließlich als knuspriges rosafarbenes Baiser aus dem Ofen zu kommen.
Probieren Sie's aus und erleben Sie Ihr rosa Wunder!

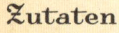

Zutaten
Für 8 Personen

4 Eiweiß
100 g Zucker
100 g Puderzucker
1 Prise Salz
2 Tropfen rote Lebensmittelfarbe
1 TL Rosenwasser

VORBEREITUNG: 10 Min.
BACKZEIT: 75 Min.
RUHEZEIT: 1 Std.

Abrakadabra …! ❖ Den Backofen auf 110 °C (Umluft
90 °C) vorheizen. ❖ Die Eiweiße steif schlagen und
dabei nach und nach den Zucker, 70 g Puderzucker und
das Salz unterschlagen. ❖ Zum Schluss nach und nach
die Lebensmittelfarbe und das Rosenwasser hinzufügen.
❖ Ein Backblech mit Backpapier auslegen. Die Baisermasse in einen Spritzbeutel füllen und in ausreichendem Abstand unterschiedliche Motive (Herzen, Rosenblüten …) auf das Blech spritzen. ❖ Die Baisers mit
dem restlichen Puderzucker bestäuben und 75 Min.
backen.

*Ga, ga, gack …
Wie sieht denn euer
Eiweiß aus?*

Wichtig!
Halten Sie sich bei der Lebensmittel-
farbe und dem Rosenwasser genau an
die angegebenen Mengen, sonst fällt
der Eischnee zusammen.

AUS FLORA UND FAUNA

Unsere Eier legenden Hennen kommen nicht selten in den schicksten Outfits daher. Und die Palette der Färbungen und Zeichnungen ihrer Gefieder ist so vielfältig, dass der Hühnerhof regelrecht zum Catwalk wird …

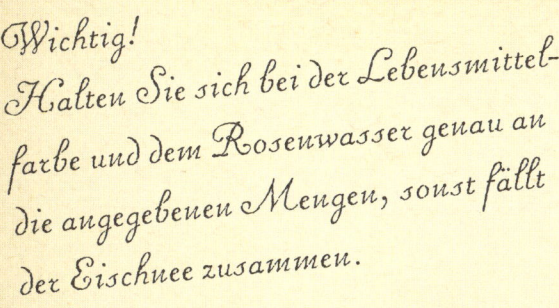

Kleine Hexenfibel

Form: Sind Ihnen Rosenblüten zu schwierig, spritzen Sie die Baisermasse einfach in ganz kleinen Häufchen – als Rosenknospen – auf das Blech.

Glanz: Bestäubt man die Baisers vor dem Backen noch mit Puderzucker bekommen sie einen schönen samtigen Glanz.

Trocknen: Die Baisers nach dem Backen 1 Std. im geschlossenen, ausgeschalteten Backofen trocknen lassen.

Eischnee: Beim Trennen der Eier darauf achten, dass kein Eigelb und keine Schalensplitter in das Eiweiß gelangen. Es wird sonst nicht steif. Außerdem müssen die Schüssel und der Schneebesen absolut sauber sein.

Wissenswertes

Die Farbe der Eierschale variiert von Hühnerrasse zu Hühnerrasse. Sie kann weiß, beige, braun oder blaugrün sein. Eine besonders dicke Schale haben die Eier des französischen Marans-Huhns, deren intensives Rötlichbraun an Kupfer erinnert.

Tausendundeine Geschichte

Von der Existenz des Zuckers erfuhr man im Okzident erstmals im Jahr 325 v.Chr. durch Nearchos, einen kretischen Admiral und Jugendfreund Alexanders des Großen, der diesen auf seinen Seeexpeditionen begleitete und in seinem Reisebericht von »einem Schilfrohr« berichtete, »das ohne die Mithilfe von Bienen Honig hervorbringt«.

Baisers?
Wo!?

❧ 8 ❧
Gefüllte Datteln
Machen müde Gäste munter

Nicht nur ein ausgezeichneter Energiespender, sondern auch etwas für Augen und Gaumen ist diese raffinierte kleine Leckerei, die Gewürze und Blütenaromen aus allen Ecken der Welt in sich vereint. Damit werden selbst die müdesten Gäste wieder munter.

Zutaten
Für 4 Personen

3 Hyazinthenblüten
1 Zweig Lavendel
1 Safrankapsel
250 g Datteln
200 g Marzipan
100 g Blütenhonig
300 ml Rosenwasser
1 Päckchen Vanillezucker
50 g Puderzucker

VORBEREITUNG: 30 Min.
RUHEZEIT: 15 Min.
KOCHZEIT: 10 Min.

Abrakadabra …! ❖ Die Hyazinthenblüten unter fließendem kaltem Wasser waschen und auf Küchenpapier abtropfen lassen. ❖ 300 ml Wasser in einem Topf erhitzen. ❖ Den Lavendel kurz unter fließendem kaltem Wasser waschen und 10 Min. im heißen Wasser ziehen lassen. ❖ Den Safran hinzufügen und das Ganze weitere 5 Min. ziehen lassen. ❖ Die Datteln entkernen und mit dem Marzipan füllen. ❖ Den Honig 5 Min. bei sehr geringer Hitze in einer Kasserolle verflüssigen. ❖ Das Rosenwasser, die Lavendelinfusion, Vanillezucker, die gefüllten Datteln und die Hyazinthenblüten dazugeben und vorsichtig umrühren. ❖ Den Puderzucker darüberstäuben und die Datteln 5 Min. bei geringer Hitze in der Flüssigkeit ziehen lassen. ❖ Die Kasserolle vom Feuer nehmen, die Datteln abtropfen und abkühlen lassen.

Datteln! Schöne frische Datteln!

Wichtig!
Die Datteln in einem Schraubglas aufbewahren.
Ein nettes Geschenk wird daraus, wenn Sie ein
dekoratives Glas wählen und es mit einem hübsch
gestalteten Etikett versehen.

Wissenswertes

Die Dattelpalme (*Phoenix dactylifera*) kannte man bereits in der Urzeit. Die Palme, die nie ihre Blätter verliert, findet man vor allem in Nordafrika und in der Sahara. Die Dattel ist ein hervorragender Energiespender und lässt sich auf die unterschiedlichsten Arten (130 hat man bislang gezählt) verwenden.

AUS FLORA UND FAUNA

Der Mandelbaum ist der erste Baum, der im Frühling blüht – und das noch bevor er Blätter trägt. Er erreicht eine Höhe von 6 bis 8 Metern und war ursprünglich in Asien beheimatet, gedeiht inzwischen aber auch bei uns. Der Baum hat eine tief gefurchte, fast schwarze Rinde und trägt weiße oder rosafarbene Blüten, aus denen sich die flachen, gelblich-grünen Früchte entwickeln.

Kleine Hexenfibel

Farbe: Noch unwiderstehlicher werden die Datteln, wenn Sie das Marzipan in verschiedenen Farben (grün, rosa, weiß …) einfärben.

Qualität: Marzipan wird aus Marzipanrohmasse und Puderzucker hergestellt. Je geringer der Zuckeranteil, desto besser die Qualität.

Erfolg garantiert: Die gefüllten Datteln sind eine Leckerei, die Groß und Klein begeistert.

Tausendundeine Geschichte

Der Honig gilt bis heute in vielen Kulturen als heilig. So ist es etwa in Indien Brauch, die Lippen von Neugeborenen mit Honig zu bestreichen, nachdem der Vater dem Kind seinen Namen ins rechte Ohr geflüstert hat.

✣ 9 ✣
Cornflakes mit Schokoladenüberzug
Eine Götterspeise der besonderen Art

Der Kakaobaum wurde schon lange von den Maya kultiviert, als ihn Anfang des 16. Jahrhunderts die Spanier in Venezuela entdeckten. Sein botanischer Name, *Theobromacacao*, bedeutet so viel wie »Speise der Götter«. Aus den Kakaobohnen stellte man damals vor allem ein nahrhaftes Getränk her, das sich bis heute bei Jung und Alt ebenso großer Beliebtheit erfreut wie die Schokolade, die hier knusprige Cornflakes umhüllt.

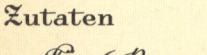

Zutaten
Für 6 Personen

170 g Butter
300 g Zartbitterschokolade
170 g Puderzucker
200 g Cornflakes

VORBEREITUNG: 15 Min.
KOCHZEIT: 20 Min.
RUHEZEIT: 3 Std.

Abrakadabra …! ✣ Butter und Schokolade 20 Min. bei geringer Hitze in einer Kasserolle schmelzen lassen und dabei regelmäßig umrühren. ✣ Den Puderzucker unterrühren und die Kasserolle vom Feuer nehmen. ✣ Die Cornflakes hinzufügen und 5 Min. vorsichtig mit einem Holzkochlöffel rühren. ✣ Die Mischung auf kleine Silikonformen verteilen und mindestens 3 Std. im Kühlschrank fest werden lassen.

Kleine Hexenfibel

Schmelzen: Die Schokolade sollte schön flüssig sein, darf aber beim Schmelzen keinesfalls zum Kochen kommen.

Butter: Die Butter sorgt dafür, dass der Schokoladenüberzug schön glatt und gleichmäßig wird und auf der Zunge zergeht.

Silikon: Silikonbackformen erfreuen sich wachsender Beliebtheit, denn man muss sie nicht einfetten und das Gebäck lässt sich mühelos aus der Form stürzen, ohne dabei zu Bruch zu gehen.

Motiv: Die Cornflakes sehen besonders unwiderstehlich aus, wenn Sie dafür Förmchen in Blütenform nehmen.

*Wichtig!
Verwenden Sie zum Umrühren der weichen Schokolade unbedingt einen Holz- und keinen harten Metalllöffel.*

Wissenswertes

Der erste Chocolatier von Paris war ein gewisser David Chaillou, ein Offizier der Königin, dem Ludwig XIV. im Jahr 1659 die Lizenz zur Herstellung und zum Verkauf von Schokolade erteilte. Seither genießt der Beruf des Chocolatiers in Frankreich hohes Ansehen, und die jährliche Schokoladenmesse lockt immer mehr Liebhaber der braunen Köstlichkeit in die französische Hauptstadt.

AUS FLORA UND FAUNA

Der Kakaobaum gedeiht in Südamerika, auf den Antillen, in Afrika, in Sri Lanka und auf Java. Die zunächst sehr kleinen grünen unreifen Früchte verwandeln sich mit zunehmender Reife in die großen ledrigen Kakaofrüchte, in denen sich die Samen, die Kakaobohnen, befinden, aus denen durch Fermentation der wertvolle Kakao gewonnen wird. Es gibt zahlreiche Varietäten des Kakaobaums. Die edelste Kakaosorte ist der *Criollo*.

Tausendundeine Geschichte

Die Cornflakes wurden Ende des 19. Jahrhunderts in Amerika erfunden und werden vor allem von Kindern gerne mit Milch als Frühstück gegessen. Da sie sehr nahrhaft sind, erfreuen sie sich vor allem in kinderreichen Familien großer Beliebtheit. Es kommt nicht von ungefähr, dass ihr Erfinder, Harvey Kellogg, 14 Geschwister zu ernähren hatte ...

❧ 10 ❧

Kandierte Rosenblätter

Ein Vorgeschmack auf ein kleines Glück zu zweit

Zucker und Rosen – das ist wohl der höchste aller Genüsse. Ob man sie nun als kleine Leckerei genießt, die auf der Zunge zergeht, oder ob man damit ein Dessert verfeinert, diese Rosenblätter geben Ihnen einen Vorgeschmack auf ein kleines Glück zu zweit. Ist die Rose doch die Blume der Liebe …

Zutaten

Für 2 Personen

50 g rote Rosenblütenblätter
220 g Zucker

⏰

VORBEREITUNG: 10 Min.
RUHEZEIT: 14 Tage

Abrakadabra …! ❖ Die Rosenblätter vorsichtig unter fließendem kaltem Wasser waschen und auf Küchenpapier abtropfen lassen. ❖ Anschließend in ein Schraubglas füllen, den Zucker dazugeben und vorsichtig umrühren. ❖ Das Glas verschließen und die Rosenblätter 2 Wochen an einem warmen Platz (20 °C) ruhen lassen.

Ihr Rosenduft raubt mir den Verstand!

36

Kleine Hexenfibel

Naturbelassen: Achten Sie darauf, dass die Rosenblätter nicht gespritzt sind, oder nehmen Sie Blütenblätter von wild wachsenden Rosensträuchern.

Genuss: Die Rosenblätter genießt man einfach so — wie eine Süßigkeit oder man reicht sie in einer dekorativen Schale zum Kaffee.

Aroma: Der aromatisierte Zucker kann wie Vanillezucker verwendet werden und eignet sich vorzüglich zum Verfeinern von Kuchen.

Wissenswertes

Im spanischen Granada stellen Mönche Rosenkränze noch ganz traditionell her. Der heilige Dominikus soll der Erste gewesen sein, der aus zu Perlen gepressten Rosenblättern Rosenkränze mit Rosenduft herstellte.

Tausendundeine Geschichte

Nicht nur in unseren Breiten ist die Rose eine Blume mit außerordentlich vielfältiger Symbolik. Ihr asiatisches Pendant ist der Lotus. In Indien steht die kosmische Rose für höchste Vollendung und symbolisiert die Seele, das Herz und die Liebe.

Die Eroberer der Windrose!

AUS FLORA UND FAUNA

Rosa pimpinellifolia, die Bimbernell- oder Felsenrose, gedeiht auf trockenen Böden, an sonnigen Standorten von den Küsten- bis in die Mittelgebirgsregionen. Der Strauch erreicht eine Höhe von etwa 1 Meter. Die jungen Zweige sind mit zahlreichen kleinen stacheligen Borsten besetzt.

Wichtig!
Den Inhalt des Glases vor dem Servieren in ein Sieb schütten und nur die Blätter genießen. Der Zucker kann zum Aromatisieren weiterverwendet werden.

❧ 11 ❧

Zwetschgenpaste
Schmecken Sie die Verwandlung!

Unter den 400 verschiedenen Pflaumenarten zeichnet sich die Zwetschge
durch ein besonders saftiges, süßes und aromatisches Fruchtfleisch aus.
Hier werden die Früchte püriert, mit Apfelsaft gekocht, um sich anschließend
im Backofen in eine herrliche Fruchtpaste zu verwandeln.
Schmecken Sie die Verwandlung!

Zutaten
Für 6–10 Personen

2,2 kg Zwetschgen
800 ml Apfelsaft
2,6 kg Zucker
Saft von 2 Zitronen
100 g Kristallzucker

VORBEREITUNG: 45 Min.
RUHEZEIT: 24 Std.
KOCHZEIT: 2 ¾ Std.

Abrakadabra …! ❈ Die Zwetschgen waschen, halbieren und entkernen. ❈ In einer Kasserolle mit 300 ml Wasser aufkochen und 15 Min. kochen lassen. ❈ Die Zwetschgen anschließend pürieren. ❈ Den Apfelsaft dazugeben und das Ganze mit 2,5 kg Zucker und dem Zitronensaft in einem Marmeladentopf zum Kochen bringen. ❈ Die Mischung 2 Std. bei starker Hitze kochen lassen. ❈ Eine große rechteckige Form mit Backpapier auslegen und mit 50 g Zucker ausstreuen. ❈ Die Fruchtpaste 2 cm hoch einfüllen, mit einem Spatel glatt streichen und mit dem restlichen Zucker bestreuen. ❈ Mit einem Geschirrtuch abdecken und 24 Std. bei Zimmertemperatur an einem trockenen Platz ruhen lassen. ❈ Anschließend in Würfel schneiden und diese im Kristallzucker wenden.

*Gute Reise! Und
kommt bald mit leckeren
Zwetschgen wieder!*

Kleine Hexenfibel

Saft: Pro Kilogramm Zwetschgen benötigen Sie 350 ml Apfelsaft.

Zucker: Die Zuckermenge muss dem Gewicht des mit dem Apfelsaft gemischten Fruchtpürees entsprechen.

Topf: Falls Sie keinen Marmeladentopf besitzen, tut es auch ein großer Kochtopf.

Schaum: Den Schaum, der sich beim Kochen an der Oberfläche bildet, regelmäßig mit einem Schaumlöffel abschöpfen.

Fertig: Die Paste ist fertig, wenn das Püree eingedickt ist und sich von den Topfwänden löst.

Wissenswertes

Die saftigen Früchte des Pflaumenbaums (*Prunusspinosa*) schätzten die Menschen bereits in der Steinzeit, also lange vor den Griechen und Römern. Das belegen Pflaumenkerne, die man in den Überresten steinzeitlicher Pfahlbauten gefunden hat.

Tausendundeine Geschichte

Die verdauungsfördernde Wirkung der Pflaume ist allseits bekannt. Wussten Sie aber auch, dass Pflaumen nervöse Verstimmungen und Depressionen lindern und die Konzentrationsfähigkeit fördern? Hildegard von Bingen allerdings hielt sie für eher schädlich, ja sogar gefährlich, weil sie die bitteren Säfte aufwühlen.

Na warte, du Pflaume!

AUS FLORA UND FAUNA

Zu den bekanntesten Pflaumensorten zählen neben der länglichen violetten Zwetschge und der runden, saftigen Echten Pflaume auch die kleinen gelben Mirabellen und die großen Renekloden.

Wichtig!
Die Paste erst in Würfel schneiden,
wenn sie vollständig trocken ist und sich
nicht mehr klebrig anfühlt.

12

Kandierte Minzeblätter mit Schokoladenüberzug

Ein unschlagbares Team

Der große Verführer Casanova pries die Schokolade wegen ihrer aphrodisischen Wirkung. Das gilt aber ebenso für die Minze. Kein Wunder also, dass die beiden so gut zusammenpassen. Und selbst wenn die Minzeblätter hier nur mit einer hauchdünnen Schokoladenschicht überzogen sind, ist diese kleine Leckerei ein unvergleichlicher Genuss, den man sich keinesfalls entgehen lassen sollte.

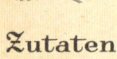

Zutaten

Für 5 Personen

50 frische Minzeblätter
2 Eiweiß
80 g Zucker
300 g Zartbitterschokolade
30 g Butter

VORBEREITUNG: 35 Min.
RUHEZEIT: 3 Std.
TROCKENZEIT: 45 Min.

Abrakadabra …! ❂ Die Minzeblätter vorsichtig unter fließendem kaltem Wasser waschen und auf Küchenpapier abtropfen lassen. ❂ Die Eiweiße mit einer Gabel aufschlagen, die Blätter auf beiden Seiten damit bepinseln und auf Küchenpapier legen. ❂ Den Zucker in einen Suppenteller schütten und die Blätter darin wenden. ❂ Ein Backblech mit Backpapier auslegen und die Blätter darauf verteilen. ❂ 30 Min. im 80 °C (Umluft 60 °C) heißen Backofen trocknen und danach 1 Std. abkühlen lassen. ❂ Schokolade und Butter 15 Min. bei geringer Hitze schmelzen lassen. ❂ Die Blätter einzeln in die flüssige Schokolade tauchen, abtropfen und dann 2 Std. auf einem Teller abkühlen lassen.

Ich möchte Ihre Schokolade sein. Wollen Sie meine Minze sein?

Kleine Hexenfibel

Minze: Minze bekommen Sie auf dem Markt oder im Supermarkt; Sie können sie aber auch selber sammeln.

Ideales Paar: Die Frische der Minze harmoniert aufs Vortrefflichste mit dem warmen Aroma der Schokolade.

Präsentation: Besonders hübsch sieht es aus, wenn Sie die Minzeblätter in Pralinenförmchen servieren.

Hochgenuss: Genießen Sie die Minzeblätter am besten zu einer schönen Tasse Kaffee – ein absoluter Hochgenuss!

Wissenswertes

Kakaobäume – »xochica-caoatl« – gehörten zu den besonderen Reichtümern des Tolteken-Königs Quetzalcoatl, einem legendären mexikanischen Herrscher, der als überaus weise und friedlich galt und unter dessen Herrschaft das Land eine enorme kulturelle Blüte erlebte.

Wichtig!
Zum Dessert sollten Sie pro Person 10 und zum Kaffee 5 Blätter rechnen. Das ist allerdings das absolute Minimum, denn die Schoko-Minze-Aficionados sind unersättlich.

AUS FLORA UND FAUNA

Die Wasserminze (*Menthaaqua-tica*) gedeiht in Hülle und Fülle in Sumpfgebieten. Man erkennt die etwa 50 cm hohe Pflanze an ihren ovalen, gezackten Blättern und den kleinen roten bis violetten Blüten. Die Pflanze blüht von Juli bis September und verströmt, vor allem an heißen, sonnigen Tagen, einen intensiven Duft.

Tausendundeine Geschichte

Die Wörter Kakao und Schokolade sind aus der Sprache der Maya abgeleitet, die als Erste den ursprünglich am Amazonas und am Orinoko beheimateten Kakaobaum kultivierten. Die Samen, die Kakaobohnen, wurden getrocknet, geröstet und zerstoßen und anschließend mit Wasser und Gewürzen gemischt. Aus diesem Gemisch bereitete man Pasten und Getränke zu.

❧ *13* ❧
Kandierte Mohnblätter
Nicht nur etwas für Kunstliebhaber

Der Klatschmohn (*Papaverrhoeas*) darf nicht mit dem giftigen Schlafmohn (*P. somniferum*) verwechselt werden, den man an seinen weißen, rot gefleckten Blüten erkennt. Schlafmohn enthält unter anderem Codein, Morphin und Narkotin. Hüten sollte man sich auch vor dem Sandmohn (*P. argemone*). Er hat rote Blüten und ist ebenfalls giftig. Die dünnen, knallroten Blütenblätter des Klatschmohns hingegen werden nicht nur die Gaumen von Kunstliebhabern in Entzücken versetzen.

Zutaten
Für 6 Personen

30 Klatschmohnblütenblätter
2 Eiweiß
60 g Zucker

⏰
VORBEREITUNG: 20 Min.
TROCKENZEIT: 10 Min.

Abrakadabra …! ✠ Die Mohnblätter vorsichtig unter fließendem kaltem Wasser waschen und auf Küchenpapier abtropfen lassen. ✠ Die Eiweiße mit dem Schneebesen nicht zu steif schlagen. ✠ Die Mohnblätter durch den Eischnee ziehen und auf beiden Seiten mit Zucker bestreuen. ✠ Auf ein mit Backpapier ausgelegtes Backblech legen und 10 Min. im 50 °C (Umluft 30 °C) warmen Backofen trocknen lassen.

*Mmmm …
Hab ich einen
Hunger …
Ich könnte sogar
Blumen fressen …*

Wichtig!
Die zarten Mohnblätter müssen sehr vorsichtig behandelt werden, damit sie nicht beschädigt werden.

AUS FLORA UND FAUNA

❊

Der Klatschmohn blüht von Juni bis September. Die leuchtend roten Blüten, die die schwarzen Fruchtkapseln umschließen, sind – meist als rote Farbtupfer in einem Feld – schon von Weitem zu erkennen.

Kleine Hexenfibel

Pinsel: Um zu verhindern, dass die zarten Blätter einreißen, den Eischnee vorsichtig mit einem Backpinsel auftragen.

Deko: Besonders hübsch sieht es aus, wenn Sie die Mohnblätter auf einer roten Tischdecke servieren. Das Nonplusultra wäre natürlich, wenn Sie dazu auch noch ein Service mit Klatschmohnmotiven hätten. Ein dekorativer Dessertteller oder eine mit altmodischen Motiven bemalte Dose ist aber eine ebenso gute Alternative.

Wissenswertes

Sonnenblumen, Margeriten, Anemonen, Iris ... – Vincent van Gogh verstand es wie kein anderer Blumen – ob in der Vase oder in der Natur – zu malen. Sein bekanntestes Mohnblumenbild trägt den Titel *Feld mit Mohnblumen* und entstand im Jahr 1889.

Tausendundeine Geschichte

Wer das »verflixte siebente Jahr« gut überstanden hat, der kann übrigens seine Klatschmohnhochzeit feiern. Der Klatschmohn gilt als Symbol der Fruchtbarkeit und wird als Liebesorakel benutzt. In manchen ländlichen Gegenden ist es heute noch Brauch, Brautpaare mit Mohnblüten zu überschütten. Die leuchtend roten Blüten haben immer wieder Maler inspiriert, etwa van Gogh, Gustav Klimt oder Claude Monet.

∞ 14 ∞

Quittenbrot

... bringt alles wieder ins Lot

Der Legende nach erfanden die Nymphen dieses Rezept, um Zeus gnädig zu stimmen.
Denn auch wenn er den Beinamen »der Sanfte« trug – wehe dem, den sein Zorn traf ...
Doch lag einmal ein Gewitter in der Luft, musste man ihm nur eine Quitte reichen,
und schon war sein Zorn verflogen. Probieren Sie's aus, wenn bei Ihnen der Haussegen
wieder einmal schief hängt. Sie werden sehen, im Nu sind Sie mit
Ihrem Liebsten wieder quitt.

Zutaten

Für 6 Personen

1 kg Quitten
1,1 kg Zucker
40 g Gelierzucker
30 g Butter
100 g Kristallzucker

VORBEREITUNG: 45 Min.
KOCHZEIT: 40 Min.
RUHEZEIT: 3 Tage

Abrakadabra ...! ❀ Die Quitten waschen und die Kerngehäuse entfernen. ❀ Die Kerne in ein Gazesäckchen füllen. ❀ Die Früchte klein schneiden und mit den Kernen in einen Topf geben. ❀ Mit Wasser bedecken, aufkochen und 20 Min. bei mittlerer Hitze kochen lassen. ❀ Die Quitten anschließend grob pürieren und wieder in den Topf füllen. ❀ 1 kg Zucker, Gelierzucker sowie Butter hinzufügen und das Ganze 20 Min. erhitzen. ❀ Die Mischung in eine mit Pergamentpapier ausgelegte rechteckige Form füllen und 3 Tage an einem kühlen, trockenen Ort trocknen lassen. ❀ Ein Küchenbrett mit 100 g Zucker bestreuen und das Quittenbrot auf das Brett stürzen. ❀ In kleine Würfel schneiden und im Zucker wälzen.

Kleine Hexenfibel

Fertig: Die Quittenpaste ist fertig, wenn sich die Mischung von den Topfwänden löst.

Schnell: Wer es nicht erwarten kann, kann das Quittenbrot zum Trocknen 2–3 Stunden in den 120 °C (Umluft 100 °C) heißen Backofen schieben.

Aufbewahrung: In einer Blechdose hält sich das Quittenbrot bei kühler Lagerung mindestens 1 Monat.

Hochprozentig: Quitten werden gerne auch zu Schnäpsen und Likören verarbeitet.

Wissenswertes

Bei den goldenen Äpfeln, die die Hesperiden bewachten, handelte es sich vermutlich nicht um Äpfel, sondern um Quitten. War die goldgelbe Frucht, die in den Wäldern des Kaukasus, in Anatolien und am Kaspischen Meer gedieh, doch schon im antiken Griechenland, wo man sie *melakudonia* nannte, bekannt.

AUS FLORA UND FAUNA

Der Quittenbaum (*Cydonia vulgaris*) ist ein 5–8 Meter hoher Baum. Er gehört zur Familie der Rosengewächse und war ursprünglich in den wärmeren Regionen des Kaukasus und im Iran beheimatet. Aus den rosafarbenen, zart duftenden Blüten, die im Mai erscheinen, entwickeln sich die apfel- oder birnenförmigen, außerordentlich aromatischen gelben Früchte, die im Oktober und November geerntet werden. Das harte Fruchtfleisch enthält sehr viel Pektin.

Wichtig!
Die Kerne verleihen den Früchten Geschmack. Vor dem Pürieren nicht vergessen, das Säckchen zu entfernen!

Tausendundeine Geschichte

In der römischen Mythologie war die Quitte Venus, der Göttin der Schönheit und der Liebe, geweiht. Bevor eine Braut das eheliche Schlafgemach betreten durfte, musste sie eine Quitte essen, damit der Duft der Frucht, der als Zeichen der Treue galt, auf ihren Lippen lag.

Trüffel & und & Makronen

❦ 15 ❦
Knuspriges Haselnusskonfekt
Da darf's auch mal ein Stück mehr sein!

Diese knusprigen, mit Kakao umhüllten Kugeln zergehen geradezu auf der
Zunge und sind so leicht, dass man sie sogar noch als krönenden Abschluss
nach einem üppigen Festessen zum Dessert oder zum Digestif genießen kann.
Da darf's also ruhig mal ein Stück mehr sein …

Zutaten

Für 6 Personen

175 g Zartbitterschokolade
125 g Haselnüsse,
    grob gehackt
125 g Puderzucker
2 Eigelb
ungesüßtes Kakaopulver

⏰

VORBEREITUNG: 20 Min.
RUHEZEIT: 4 Std.

Abrakadabra …! ❖ Die Schokolade reiben und mit
den Haselnüssen und dem Puderzucker mischen. ❖ Die
Eigelbe hinzufügen und das Ganze sorgfältig mit einem
Holzkochlöffel vermengen. ❖ Die Mischung mindestens 2 Std. im Kühlschrank fest werden lassen. ❖ Mit
einem Teelöffel Häufchen von der Masse abstechen
und haselnussgroße Kugeln daraus formen. ❖ Die Kugeln im Kakaopulver wälzen, auf eine Platte legen und
vor dem Servieren mindestens 2 Stunden in den Kühlschrank stellen.

*Nimm Platz, meine
Liebe, und lass
uns dies herrliche
Konfekt genießen …*

Wichtig!
Die Schokolade und die Reibe vorher einige Zeit
in den Kühlschrank legen, damit die Schokolade
beim Reiben nicht schmilzt.

Kleine Hexenfibel

Geschmack: Rösten Sie die Haselnüsse vorher in der trockenen Pfanne noch etwas an. Das verleiht dem Konfekt einen unvergleichlichen Geschmack.

Reibe: Zum Reiben, Raspeln und Hobeln von Schokolade ist eine spezielle Schokoladenreibe besonders praktisch, eine herkömmliche Reibe tut es aber ebenso.

Eiweiß: Die Eiweiße für ein anderes Gericht aufheben.

Überzug: Statt in Kakao können die Kugeln zum Schluss auch in geriebener Schokolade gewälzt werden.

AUS FLORA UND FAUNA

Die Gemeine Hasel (*Corylusa-vellana*) gedeiht überall auf der Welt – nur nicht auf den Shetland-Inseln. Der Strauch kann bis zu 10 Meter hoch werden. Man erkennt ihn an seinen runden, am Rand gezackten Blättern und den rosafarbenen Blüten. Früchte trägt die Gemeine Hasel erst nach 9 Jahren.

Wissenswertes

Die Baumhasel oder Türkische Hasel (*Coryluscolurna L.*) ist vor allem in der Türkei, in Südosteuropa, Kleinasien und im Kaukasus anzutreffen. In der keltischen Mythologie ist der Haselstrauch der Hüter der Quelle der Weisheit. Die Gemeine Hasel (*C. avellana*) gilt seit jeher als Symbol des Lebens und der Unsterblichkeit.

Tausendundeine Geschichte

In der Bretagne erzählt man sich die Geschichte von einem Geist, der einem Mann im Wald Furcht einflößen wollte. Der Mann erklärte, er werde sich erst fürchten, wenn es dem Geist gelänge, in eine Haselnuss zu schlüpfen. Der Geist tat's, und der Mann ging mit der Haselnuss zum Schmied. Der zerschlug die Nuss in tausend Stücke, die sich in Kobolde verwandelten.

❧ 16 ❧

Ingwertrüffel
Und was fehlt Ihnen?

In Westafrika presst man den Ingwer zu Saft, den man als Aphrodisiakum trinkt.
In China dagegen gilt der Ingwer als probates Mittel gegen morgendliche
Übelkeit bei Schwangeren. Egal, wogegen diese Trüffel Ihnen vielleicht
helfen sollen – sie sind in jedem Fall ein ganz besonderer Genuss.

Zutaten

Für 6 Personen

50 g eingelegter Ingwer
200 g Zartbitterschokolade
150 g Crème fraîche
25 g gesalzene Butter
50 g ungesüßtes Kakaopulver

VORBEREITUNG: 20 Min.
RUHEZEIT: 5 Std.

Abrakadabra …! ❈ Den Ingwer fein würfeln. ❈ Die Schokolade in Stücke brechen und mit dem Ingwer in eine Kasserolle geben. ❈ In einer zweiten Kasserolle die Butter bei geringer Hitze mit der Crème fraîche aufkochen lassen. ❈ Sofort über die Schokolade gießen und die Schokolade bei geringer Hitze schmelzen lassen. Dabei laufend mit einem Holzkochlöffel rühren. ❈ Sobald die Mischung glatt ist, den Topf vom Feuer nehmen und 5 Std. kalt stellen. ❈ Den Kakao in einen tiefen Teller schütten. ❈ Mit einem Teelöffel Häufchen von der Schokoladenmasse abstechen, zu Kugeln formen und im Kakao wälzen. ❈ Die Trüffel kühl lagern.

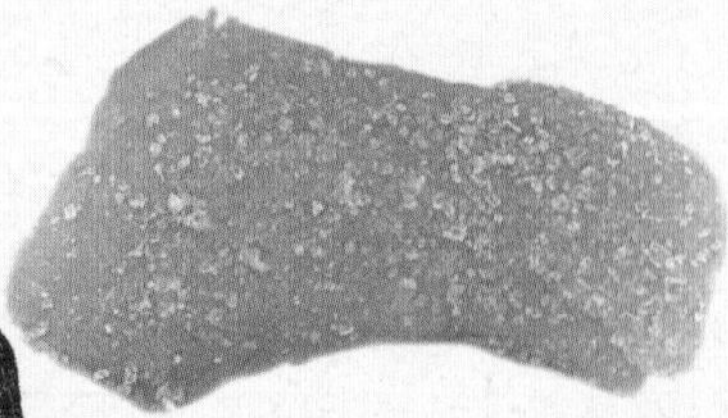

*Es wird mir ein
Genuss sein …*

AUS FLORA UND FAUNA

❖

Der Ingwer (*Zingiberofficinale*) ist eine krautige Pflanze mit dickem Stängel und langen, schilfartigen Blättern, die einen intensiven Duft verströmen. Bei der Ingwerwurzel handelt es sich um den Wurzelstock der Pflanze. Ingwer wird vorwiegend in Indien, China und Indonesien kultiviert.

Kleine Hexenfibel

Rollen: Die Schokoladenmasse einfach zwischen den Handflächen zu kleinen Kugeln rollen.

Gabel: Damit die Kugeln schön rund bleiben, wenn Sie sie im Kakao wälzen, am besten eine Gabel zu Hilfe nehmen und die Kugeln damit vorsichtig im Kakao wenden.

Kaufen: Eingelegten Ingwer bekommt man im Glas in gut sortierten Supermärkten. Schauen Sie am besten bei den »Exoten« nach.

Aaah ...
War der scharf!

Wissenswertes

Aus der Wurzel der *Curcuma amada*, einer anderen Pflanze aus der Familie der Ingwergewächse, stellt man auf La Réunion ein Gewürz her. Wegen ihres gelben Fruchtfleischs und ihres an Mango und Möhre erinnernden Geschmacks wird die *Curcuma amada* auch Mango-Ingwer genannt.

Tausendundeine Geschichte

In Indien ist der Ingwer nicht nur in der Küche unverzichtbar. Gilt er in der ayurvedischen Medizin doch als Allheilmittel.

Wichtig!
Da sie mit Butter und Crème fraîche hergestellt werden,
müssen die Ingwertrüffel im Kühlschrank aufbewahrt
werden (maximal 10 Tage).

❦ 17 ❦
Kaffee-Minze-Trüffel
Glück hoch drei

Schokolade und Minze sind ein absolut ideales Paar, und das
nicht nur wegen der wundervollen Geschmackskombination,
sondern auch weil sich ihre Wirkung aufs Beste ergänzt.
Die Schokolade fördert die Bildung von Endorphinen, den
sogenannten Glückshormonen, die für Ausgeglichenheit und seelisches
Wohlbefinden sorgen. Und die Minze ist, vor allem in den warmen Ländern,
für ihre aphrodisische Wirkung bekannt. Und wenn dazu dann noch
die anregende Wirkung des Kaffees kommt …

Zutaten
Für 6 Personen

5 Minzeblätter
150 g Zartbitterschokolade,
    gerieben
150 g Marzipan
125 g Puderzucker
1 EL Instantkaffeepulver
2 Eigelb

VORBEREITUNG: 50 Min.
RUHEZEIT: 5 Std.

Abrakadabra …! ❈ Die Minzeblätter unter fließendem Wasser waschen. ❈ 300 ml Wasser zum Kochen
bringen und die Minze 3 Std. darin ziehen lassen. ❈
Das Marzipan mit dem Puderzucker und 125 g geriebener Schokolade vermengen. ❈ Die abgeseihte Minzein-
fusion darübergießen, das Kaffeepulver hinzufügen und
die Zutaten sorgfältig mit einem Holzkochlöffel verrühren. ❈ Zum Schluss die Eigelbe unterrühren. ❈ Mit
einem Teelöffel Häufchen von der Masse abstechen, zu
Kugeln formen und in der restlichen
geriebenen Schokolade wälzen. ❈
Die fertigen Trüffel auf eine Platte legen und mindestens 2 Std. in den
Kühlschrank stellen.

*Erzählen Sie,
meine Liebe …*

Kleine Hexenfibel

Servieren: Die Kaffee-Minze-Trüffel in – möglichst mintfarbenen – Pralinenförmchen servieren.

Aphrodisiakum: In Nordafrika und im Mittleren Osten verwendet man Speerminze (*Mentha spicata*) für die Zubereitung des viel getrunkenen Tees. Der Speerminze wird eine aphrodisische Wirkung nachgesagt.

Katzenminze ...?

Tausendundeine Geschichte

Die Katzenminze (*Nepeta cataria*) ist eine Pflanze aus der Familie der Lippenblütler. Ihren Namen verdankt sie der Tatsache, dass ihr Duft geschlechtsreife Katzen anzieht und eine euphorisierende Wirkung auf die Tiere hat. Ob Mensch, ob Katze – der Minze kann eben keiner widerstehen.

Wissenswertes

Die Wasserminze (*Mentha aquatica*) gedeiht wie der Name schon vermuten lässt vorzugsweise am Rande von Gewässern. Man erkennt sie an ihrem frischen Geruch und den hellgrünen, am Rand leicht rötlichen Blättern. Die krautige Pflanze wird bis zu 50 cm hoch und trägt zwischen Juli und Oktober hellviolette Blüten.

AUS FLORA UND FAUNA

Es gibt 25 verschiedene Minzearten. Die Pfefferminze (*Mentha x piperita*), eine Kreuzung von Wasser- und Speerminze, erkennt man an ihrem violetten Stängel, den dunkelgrünen gezahnten Blättern und dem intensiven aromatischen Duft, den die Pflanze verströmt. Die rosafarbenen, in Ähren wachsenden, 4–6 cm langen Blüten erscheinen im Juni.

Wichtig!

Anstelle der Minzeblätter können Sie für diese Trüffel auch selbst gemachten Pfefferminzlikör nehmen: 50 Pfefferminzblätter in ein sterilisiertes Schraubglas füllen, mit 1 Liter klarem Schnaps (45 Vol.-%) bedecken und das Glas zuschrauben. Die Minze an einem sonnigen Platz 2 Wochen mazerieren lassen. 120 ml Wasser mit 150 g Würfelzucker aufkochen, 12 Min. kochen und danach abkühlen lassen. Etwas abgeriebene Zitronenschale dazugeben und den Sirup in das Glas mit der Minze füllen. Das Glas verschließen und das Ganze 1 Woche ruhen lassen. Anschließend durch ein feines, mit einem Tuch ausgelegtes Sieb seihen, in Flaschen füllen und 2 Monate ruhen lassen.

❧ 18 ❧
Kandierte Orangenschalen mit Schokoladenüberzug
Ein Leckerbissen für besondere Gelegenheiten

Orange und Schokolade sind eine unschlagbare Kombination, die den Geschmackspapillen angenehm schmeichelt. Eine ausgesprochen edle Variante sind diese dünnen,
kandierten und mit feiner Zartbitterschokolade überzogenen Orangenschalen.
Ein Leckerbissen für besondere Gelegenheiten.

Zutaten
Für 6 Personen

6 unbehandelte Orangen
500 g Zucker
300 g Zartbitterschokolade
Butter

VORBEREITUNG: 30 Min.
RUHEZEIT: 10–14 Tage
KOCHZEIT: 4 ¼ Std.

This is the rythm of the night …

Abrakadabra …! ❋ Die Orangen waschen und abtrocknen. ❋ Die Schale von oben nach unten so einschneiden, dass 4 gleiche Viertel entstehen. ❋ Die Orangen schälen, ohne dass die Schale beschädigt wird, und die weiße Haut entfernen. ❋ Eine Schüssel zu ¾ mit Wasser füllen, die Schalen hineinlegen und 6 Tage ruhen lassen. Das Wasser täglich wechseln. ❋ Die Schalen anschließend abtropfen lassen. ❋ Eine Kasserolle zu ¾ mit Wasser füllen und die Schalen 2 Std. darin kochen lassen. ❋ Unter fließendem kaltem Wasser abschrecken und abtropfen lassen. ❋ Die Schalen in gleichmäßige Streifen schneiden. ❋ Den Zucker 5 Min. bei geringer Hitze mit 1 l Wasser erhitzen, bis ein Sirup entstanden ist. ❋ Die Schalen hineingeben und zugedeckt 2 Std. bei geringer Hitze kochen lassen. ❋ Im Sirup abkühlen lassen, abtropfen und 2 Tage trocknen lassen (oder besser noch 2 Wochen im Sirup ziehen lassen). ❋ Die Schalen 8 Stunden in den Kühlschrank stellen. ❋ Ein Stück Alufolie mit Butter einfetten. ❋ Die Schokolade 10 Min. bei geringer Hitze in einer Kasserolle schmelzen lassen und glatt rühren. ❋ Die Orangenschalen in die Schokolade legen, sofort wieder mit einer Gabel herausnehmen, auf die Folie legen und 12 Stunden in den Kühlschrank stellen, bis die Schokolade fest ist.

AUS FLORA UND FAUNA

❦

Der Orangenbaum wird in heißen Ländern kultiviert. Der kleine Baum mit den dornigen Zweigen, den dunkelgrünen Blättern und den weißen, angenehm duftenden Blüten erreicht eine Wuchshöhe von 10 Metern. Die fleischigen Früchte enthalten meist mehrere Kerne und entwickeln sich auch ohne Fremdbefruchtung.

Tausendundeine Geschichte

Der Zauber der Früchte und der Farben hat die Dichter zu allen Zeiten inspiriert, so auch den französischen Dichter Paul Éluard zu seinem Gedicht »Die Erde ist blau wie eine Orange«. Gewiss, für manche ist die Orange eine Kugel, aber doch eher in der Farbe der Sonne …

Wissenswertes

Die Zahl der Orangensorten, die heute auf den Märkten angeboten werden, nimmt stetig zu. Neben der ursprünglich in Südostasien beheimateten süßen Orange (*Citrus sinensis*) zählen die säuerliche Blutorange mit dem roten Fruchtfleisch und der rot gefleckten Schale und die Bitterorange oder Pomeranze (*Citrus x aurantium*) zu den bekanntesten Sorten. Letztere wird vorwiegend zu Marmeladen oder Sirup verarbeitet. Noch bis weit ins 20. Jahrhundert galt die Orange als Luxusgut, das man den Kindern am Nikolaustag gerne in die Stiefel steckte.

Kleine Hexenfibel

Bio: Achten Sie beim Einkauf unbedingt darauf, dass die Orangen unbehandelt sind.

Menge: Für 400 g kandierte Orangenschalen benötigen Sie 6 Orangen.

Weich: Damit Sie keine Enttäuschung erleben, die Schalen unbedingt so lange im Wasser liegen lassen, bis sie wirklich weich sind.

Größe: Die Streifen sollten etwa ½ cm breit und 5–6 cm lang sein.

Überzug: Für den Schokoladenüberzug kann man auch Vollmilchschokolade nehmen.

Butter: Besonders zart schmelzend wird der Schokoladenüberzug, wenn Sie 50 g Schokolade durch Butter ersetzen.

Transparent: Die Orangenschalen so lange im Sirup kochen, bis sie durchsichtig sind.

Wichtig!
Die Orangenschalen wenn möglich
2 Wochen im Sirup ziehen lassen,
umso besser schmecken sie.

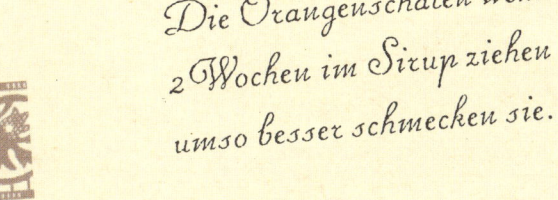

❧ 19 ❧

Lavendel-
trüffel

Damit wickeln Sie ihn garantiert
um den Finger

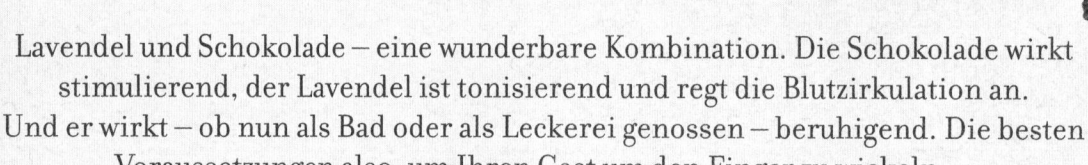

Lavendel und Schokolade – eine wunderbare Kombination. Die Schokolade wirkt stimulierend, der Lavendel ist tonisierend und regt die Blutzirkulation an. Und er wirkt – ob nun als Bad oder als Leckerei genossen – beruhigend. Die besten Voraussetzungen also, um Ihren Gast um den Finger zu wickeln …

Zutaten

Für 6 Personen

1 Dutzend Lavendelzweige
500 g Zucker
300 g Crème double
150 g Zartbitterschokolade,
    gerieben
200 g Puderzucker
50 g ungesüßtes Kakaopulver

⏰

VORBEREITUNG: 15 Min.
RUHEZEIT: 10 Std.
KOCHZEIT: 17 Min.

Abrakadabra …! ❖ Den Lavendel waschen. ❖ Den Zucker unter Rühren mit 1 l Wasser aufkochen. ❖ Den Lavendel in den kochenden Sirup geben und 5 Min. unter Rühren kochen lassen. ❖ Den Topf vom Feuer nehmen und den Lavendel 2 Std. ziehen lassen. ❖ Den Sirup durch ein Sieb seihen. ❖ In einer Kasserolle die Crème double 5 Minuten heiß werden lassen. ❖ 200 ml Lavendelsirup hinzufügen, das Ganze 2 Min. leicht erhitzen, dann vom Feuer nehmen. ❖ Schokolade und Puderzucker unterrühren und die Mischung 8 Std. im Kühlschrank fest werden lassen. ❖ Mit einem Teelöffel Häufchen von der Masse abstechen und zu kleinen Kugeln formen. ❖ Diese im Kakaopulver wälzen und bis zum Servieren in den Kühlschrank stellen.

*Ich brauche jetzt
erst mal ein kleines
Beruhigungsbad …*

56

AUS FLORA UND FAUNA

Der Echte Lavendel ist ein kleiner, stark verästelter Strauch, der zwischen 15 und 60 cm hoch wird. Er wächst an sonnigen, steinigen Hängen. Die blauen oder violetten Blütenähren erscheinen im Juli und August.

Wissenswertes

Der Lavendel ist vor allem im östlichen Mittelmeerraum anzutreffen, wo er als Gewürz und als Duftstoff kultiviert wird. In Süd- und Mitteleuropa, wo er bis in Höhen von 1400 Metern gedeiht, wird er vor allem als Heilpflanze angebaut.

Kleine Hexenfibel

Kühl: Den Lavendelsirup kühl lagern.

Deko: Stellen Sie doch ein Lavendelsträußchen auf den Tisch, wenn Sie diese Trüffel servieren und nehmen Sie eine Tischdecke und Servietten in der passenden Farbe.

Jung: Die jungen Blätter und Triebe des Lavendels eignen sich hervorragend zum Verfeinern der unterschiedlichsten süßen und pikanten Gerichte.

Tausendundeine Geschichte

Der Name Lavendel ist vom lateinischen lavare – waschen – abgeleitet. Verwendete man die Pflanze früher doch gerne zum Parfümieren der Wäsche und des Badewassers.

Wichtig!
Für das Rezept benötigen Sie nur 200 ml Lavendelsirup. Den Rest in einer Flasche aufbewahren. Wer mag, kann ein kleines Gläschen davon zu den Trüffeln servieren.

❧ 20 ❧
Makronen mit Schoko-Bananen-Creme
Da werden Sie den Gürtel wohl ein bisschen weiter schnallen müssen

Der französische Schriftsteller Bernardin de Saint-Pierre schrieb in einem seiner Werke über die Bananenpflanze: »ein einziges Blatt reicht aus, um daraus einen breiten Gürtel für einen Menschen zu fertigen«. Bleibt nur zu hoffen, dass Ihr Gürtel auch noch lang genug ist, wenn Sie diesen köstlichen Makronen nicht widerstehen konnten …

Zutaten
Für 6 Personen

200 g gemahlene Mandeln
200 g Puderzucker
200 g Zucker
6 Eiweiß
2 TL Kurkuma
30 g Zartbitterschokolade
200 g Bananenkonfitüre
100 g Vollmilchschokolade

VORBEREITUNG:
2 Std.
KOCH- UND BACK-
ZEIT: 50 Min.
RUHEZEIT: 20 Min.

Abrakadabra …! ❈ Mandeln und Puderzucker mischen. ❈ Den Zucker mit 300 ml Wasser in eine Kasserolle geben und schmelzen lassen. Anschließend 15 Min. auf 120 °C erhitzen. ❈ Eiweiße steif schlagen und die Hälfte des Eischnees 5 Min. vorsichtig mit dem Sirup verrühren. ❈ Den Topf vom Feuer nehmen und die Kurkuma hinzufügen. ❈ Restlichen Eischnee unterheben. ❈ Die Mandeln unterrühren. ❈ Die Masse in Häufchen auf einem mit Backpapier ausgelegten Backblech verteilen und die Makronen 30 Min. kalt stellen. ❈ 15 Min. im 150 °C (Umluft 130 °C) heißen Backofen backen und auskühlen lassen. ❈ Die Zartbitterschokolade in 600 ml Wasser schmelzen und die Makronen mithilfe eines Pinsels mit großen Schokoladentropfen verzieren. ❈ Bananenkonfitüre und Vollmilchschokolade 10 Min. unter Rühren schmelzen lassen. ❈ Die Hälfte der Makronen auf der flachen Seite mit der Ganachecreme bestreichen und mit einer unbestrichenen Makrone zusammenkleben.

Kleine Hexenfibel

Temperatur: Damit der Sirup gelingt, am besten ein Zucker-thermometer verwenden.

Kompakt: Die Makronenmasse sollte relativ kompakt sein.

Papier: Das Backblech mit Backpapier auslegen und die Makronen nach dem Backen 5 Min. abkühlen lassen. Dann lassen sie sich mühelos vom Blech lösen.

Ganache: Unter einer Ganache versteht man in der Küchen-sprache – vereinfacht gesagt – eine Masse aus Sahne und Schokolade.

Wissenswertes

Die Banane diente den Menschen in Südostasien schon vor 10 000 Jahren als Nutzpflanze, noch bevor man den Reis und das Zuckerrohr kannte. Bis heute wird die gelbe Frucht wegen ihrer vitalisierenden Wirkung geschätzt.

Tausendundeine Geschichte

Warum ist die Banane krumm? Eine häufig gestellte Frage, die mit den lustigsten Reimen beantwortet wird. Dabei ist die Lösung ganz einfach: Die Banane ist krumm, weil sie zum Licht hin wächst, um mehr Energie speichern zu können.

AUS FLORA UND FAUNA

Die Kurkuma ist eine krautige Pflanze aus der Familie der Ingwergewächse, die in tropischen Regionen kultiviert wird. Die beste Kurkuma kommt aus Bengalen. Wegen ihrer leuchtenden, gelborangen Farbe wird die Kurkuma auch zum Färben von Textilien verwendet.

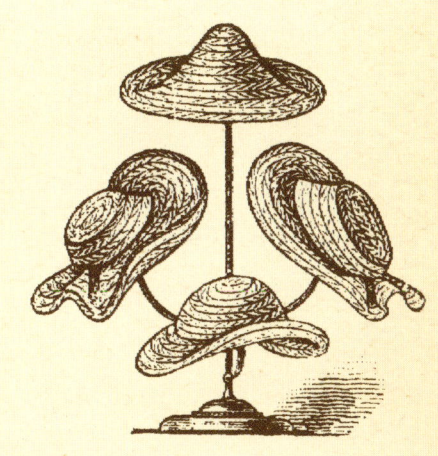

Wichtig!

Hier das Rezept für die Bananenkonfitüre: 2 Bananen schälen und in Scheiben schneiden. 2 Liter Wasser 10 Min. bei mittlerer Hitze unter Rühren mit 250 g Farinzucker, 1 TL Zimt und 1 Vanilleschote erhitzen. Die Bananen hinzufügen und unter gelegentlichem Rühren 15 Min. kochen lassen. Den Topf vom Feuer nehmen, 1 EL Rum unterrühren und die Konfitüre abkühlen lassen.

❧ *21* ❧
Makronen mit Karamell
Ein gelungener Genremix

Die Kombination von Karamell und Mandelmakronen bringt die Geschmacksknospen
mitunter ziemlich durcheinander. Schmeckt man nun den Karamell oder die Mandeln?
Das ist fast ein bisschen so wie beim viel zitierten Genremix in der Literatur
oder im Film. Und der ist ja bisweilen recht gelungen …

Zutaten

Für 6 Personen

150 g frische Mandeln,
   geschält
50 g Puderzucker + Puder-
   zucker zum Bestäuben
1 Eiweiß
125 g Zucker
10 g gesalzene Butter

VORBEREITUNG: 20 Min.
KOCH- UND BACKZEIT: 22 Min.

Abrakadabra …! ❖ Die Mandeln hacken und mit einem Holzkochlöffel mit dem Puderzucker und dem Eiweiß zu einem geschmeidigen Teig verrühren. ❖ Etwa 3 cm große Kreise aus dem Teig formen und auf einem mit Backpapier ausgelegten Backblech verteilen. ❖ In einer Kasserolle den Zucker mit 100 ml Wasser verrühren und 10 Min. bei mittlerer Hitze kochen lassen, bis ein Karamell entstanden ist. Die Kasserolle dabei laufend drehen. ❖ Zum Schluss die Butter unterrühren. ❖ Die Makronen mit dem flüssigen Karamell überziehen, mit Puderzucker bestäuben und 12 Min. im 170 °C (Umluft 150 °C) heißen Ofen backen. ❖ 5 Min. abkühlen lassen und vom Blech nehmen.

Kleine Hexenfibel

Weich: Der Makronenteig darf nicht zu weich sein, damit er sich noch gut formen lässt.

Kristalle: Damit der Karamell nicht auskristallisiert, den Saft von ¼ Zitrone hinzufügen.

Farbe: Der Karamell darf nicht zu hell und nicht zu dunkel sein. Ist er zu hell, schmeckt er nach nichts, ist er zu dunkel, schmeckt er bitter.

Ungenießbar: Den Zuckersirup nicht über 150 °C erhitzen. Er bekommt sonst einen beißenden, angebrannten Geschmack und ist ungenießbar.

Fertig: Wenn Sie auf Nummer sicher gehen wollen, können Sie auch einen fertigen Karamell nehmen.

Wichtig!
Das Überziehen der Makronen mit dem flüssigen Karamell muss schnell gehen, damit der Karamellüberzug schön gleichmäßig wird.

Wissenswertes

Der Mandelbaum galt früher als Fruchtbarkeitssymbol. Im Mittelalter glaubte man sogar, eine Frau müsse nur unter einem Mandelbaum einschlafen und schon sei sie schwanger. Man dachte sogar, die Mandel als Frucht eines göttlichen Baumes, sei in der Lage eine Jungfrau zu befruchten.

Tausendundeine Geschichte

Caramel ist der Titel eines Spielfilms der libanesischen Regisseurin Nadine Labaki, der 2007 in die Kinos kam. Er erzählt die Geschichte von fünf Frauen, die in einem Beiruter Schönheitssalon arbeiten. Ihre Gespräche kreisen um Männer, Sex und Kinder – und das alles zur mitreißenden Musik von Khaled Mouzannar. Seinen Titel verdankt der Film übrigens dem Karamell, der hier als Enthaarungsmittel verwendet wird.

AUS FLORA UND FAUNA

Der Mandelbaum (*Prunusdulcis*) gehört zur Familie der Rosengewächse. Er war ursprünglich in Westasien und Nordafrika beheimatet, ist heute aber auch bei uns, vorzugsweise in Weinbaugebieten, heimisch. Die Rinde des etwa 8 Meter hohen Baumes ist fast schwarz und weist tiefe Furchen auf. Die schmalen, lanzettförmigen Blätter haben eine gelblich grüne bis dunkelgrüne Färbung. Die rosafarbenen Blüten sind wie Girlanden auf den Zweigen aufgereiht. Die flachen, ovalen Früchte haben eine gelblich grüne Farbe.

❧ 22 ❧
Mandel-Aprikosen-Plätzchen
Rund und gesund

Gleich zwei gesunde Zutaten vereinen diese Plätzchen in sich. Der regelmäßige Genuss von Mandeln hält Sie gesund. Und die Aprikose mit ihrem hohen Vitamin-A-Gehalt sorgt für ein langes Leben. Der beste Beweis dafür war der französische Schriftsteller Bernard Le Bouyerde Fontenelle (1657–1757). Er aß für sein Leben gern Aprikosen – und wurde hundert Jahre alt.

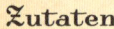

Zutaten

Für 6 Personen

300 g frische Mandeln
300 g Puderzucker
12 g gemahlene Vanille
2 EL Aprikosenkonfitüre
2 Eiweiß

VORBEREITUNG: 20 Min.
RUHEZEIT: 12 Std.
BACKZEIT: 15 Min.

Abrakadabra …! ❖ Die Mandeln schälen und hacken. ❖ Nach und nach mit Puderzucker, Vanille, Konfitüre und Eiweiß zu einem festen Teig verrühren. ❖ Den Teig 12 Std. ruhen lassen und danach mit den Händen zu einer nicht zu dicken Rolle formen. ❖ In Scheiben schneiden und die Scheiben auf einem mit Backpapier ausgelegten Backblech verteilen. ❖ 12 Min. im 170 °C (Umluft 150 °C) heißen Backofen backen, 5 Min. abkühlen lassen und danach vom Blech nehmen.

Täh! Täh!

Kleine Hexenfibel

Konfitüre: Die Aprikosenkonfitüre können Sie auch selber machen. Die Anleitung folgt hier.

Menge: Für 1 kg Konfitüre benötigen Sie 1,8 kg reife Aprikosen und 1 kg Zucker.

Ruhen lassen: Die entsteinten Aprikosen in eine Schüssel schichten, den Zucker darüberstreuen, zudecken und das Ganze 8 Std. ruhen lassen.

Kochen: Den Inhalt der Schüssel in einen Marmeladentopf umfüllen und 35 Min. bei geringer Hitze kochen lassen. Dabei regelmäßig mit einem Holzkochlöffel umrühren.

Gläser: Die Konfitüre in sterilisierte Gläser füllen und 2 EL für die Makronen zurückbehalten.

Wissenswertes

Die Aprikose ist seit der christlichen Zeitrechnung bekannt. In den arabischen Ländern sagte man ihr alle möglichen schlechten Eigenschaften nach, vor allem glaubte man, man bekäme durch den Genuss von Aprikosen Fieber. Jean-Baptiste de La Quintinie, der Hofgärtner Ludwigs XIII., war, ebenso wie Ludwig XIV., der Ansicht, die Frucht eigne sich nur für Konfitüre. Es sollte noch bis zum 18. Jahrhundert dauern, bis sie zur »königlichen Frucht« wurde.

Wichtig!
Halten Sie sich unbedingt exakt an die Zutatenmengen und an das Rezept. Dann ist Ihnen der Erfolg garantiert.

AUS FLORA UND FAUNA

Der Aprikosenbaum war ursprünglich in China beheimatet, von wo aus er nach Indien und Persien und schließlich nach Armenien gelangte, dem Land, dem er auch seinen botanischen Namen – *Prunusarmeniaca* – verdankt. Der anspruchslose Baum gedeiht heute auch in kälteren Regionen, vorzugsweise auf Kalk- oder Kiesböden. Aprikosenbäume können bis zu hundert Jahre alt werden.

Tausendundeine Geschichte

Der Genuss von Bittermandeln kann tödlich sein, denn die Frucht enthält Blausäure. Es ist allerdings höchst unwahrscheinlich, sich damit zu vergiften. Müsste man dazu doch etwa 50 Mandeln essen, und obendrein hat die Bittermandel einen so unangenehmen Geschmack, dass man nicht einmal eine herunterbringen würde.

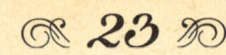

❧ 23 ❧

Makronen mit Weinbergpfirsichkonfitüre

Damit Sie wieder Farbe bekommen

Das rote Fruchtfleisch der Weinbergpfirsiche und das Safrangelb von Kurkuma verleihen diesen Makronen etwas Leuchtendes, Sonniges. Und sollte Ihr Gast vor Hunger schon ganz blass sein, wird er damit ganz schnell wieder Farbe bekommen.

Zutaten

Für 6 Personen

200 g Puderzucker
120 g gemahlene Mandeln
3 Eiweiß
30 g Zucker
1 geh. EL Kurkuma
500 ml Rote-Bete-Saft
1 Glas Weinbergpfirsich-
   konfitüre

VORBEREITUNG: 40 Min.
RUHEZEIT: 65 Min.
BACKZEIT: 17 Min.

Abrakadabra …! ❈ Den Puderzucker mit den Mandeln mischen und die Mischung durch ein feines Sieb auf ein Stück Backpapier sieben. ❈ Die Eiweiße mit 1 EL Zucker steif schlagen und anschließend den restlichen Zucker unterschlagen. ❈ Die Kurkuma darüberstreuen und unterziehen. Dann die Puderzuckermischung unterheben, bis eine dicke, cremige Masse entstanden ist. ❈ Diese in einen Spritzbeutel füllen und etwa 3 cm breite Häufchen auf ein mit Backpapier ausgelegtes Backblech spritzen. ❈ Die Makronen 1 Std. ruhen lassen, danach 17 Min. im 150 °C (Umluft 130 °C) heißen Ofen backen. ❈ 5 Min. abkühlen lassen. ❈ Den Rote-Bete-Saft in eine Sprühflasche füllen und die Makronen damit besprühen. ❈ Die Konfitüre in einen Spritzbeutel füllen, die Hälfte der Makronen auf der flachen Seite 1 cm dick mit Konfitüre bedecken und jeweils eine unbestrichene Makrone daraufsetzen.

Ich bin so wild nach deiner Pfirsichhaut …

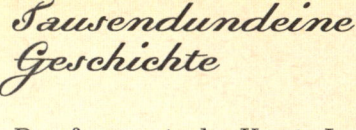

Tausendundeine Geschichte

Der französische König Ludwig XVIII. aß leidenschaftlich gerne Pfirsiche. Eines Tages beauftragte sein Gärtner seinen Sohn, einen Korb mit Pfirsichen zu Seiner Majestät zu bringen. Der König bot dem Jungen ebenfalls einen Pfirsich an. Und als dieser ein Messer aus der Tasche zog, rief Seine Majestät entrüstet aus: »Ja weißt du kleiner Dummkopf denn nicht, dass man Pfirsiche niemals schält?« Seitdem ist viel Wasser die Seine heruntergeflossen, und inzwischen weiß man, dass man Pfirsiche sogar schälen sollte.

Kleine Hexenfibel

Feinkost: Konfitüre aus Weinbergpfirsichen ist in Delikatessengeschäften erhältlich.

Spitze: Der Eischnee muss so steif sein, dass sich eine Spitze bildet, wenn man den Schneebesen herauszieht.

Groß: Das Backpapier, auf das die Puderzuckermischung gesiebt wird, sollte nicht zu klein sein.

Wissenswertes

In China gilt der Pfirsichbaum als Symbol der Unsterblichkeit. Merkwürdig nur, dass die Lebensdauer des Baumes kaum mehr als 15 Jahre beträgt …

AUS FLORA UND FAUNA

Die Zahl der Pfirsichsorten ist groß. Am bekanntesten sind neben dem Pfirsich mit der samtigen Schale die glatte Nektarine, eine Kreuzung aus Pfirsich und Pflaume, die ebenso wie der Weinbergpfirsich ein rötliches Fruchtfleisch hat.

LOUIS XVIII.
Roi de France & de Navarre

Wichtig!
Die Makronen verlaufen beim Backen etwas und sind danach mindestens 1 cm breiter. Achten Sie deshalb auf ausreichenden Abstand, wenn Sie den Teig auf das Blech spritzen.

❧ 24 ❧
Makronen mit weißer Ganache und Orangenblütenwasser
Genuss mal zwei

Brevis oder doppelganze Noten, d.h. Noten mit einem Notenwert von zwei ganzen Noten, findet man heute in der Musik nicht mehr so häufig, stattdessen tummeln sich in den Musikstücken hauptsächlich die munteren Viertel-, Achtel- und Sechzehntelnoten. Was die Doppelganzen mit diesen »Doppeldeckermakronen« gemeinsam haben? Nun, man hat den doppelten Genuss …

Zutaten
Für 6 Personen

200 g Puderzucker
120 g gemahlene Mandeln
3 Eiweiß
30 g Zucker
1 TL Kurkuma
1 TL rosa Lebensmittelfarbe
200 g weiße Backschokolade
50 g flüssige Sahne
2 EL Orangenblütenwasser

VORBEREITUNG: 20 Min.
RUHEZEIT: 12 Std.
BACKZEIT: 15 Min.

Abrakadabra …! ❋ Den Puderzucker mit den Mandeln mischen und auf ein Stück Backpapier sieben. ❋ Die Eiweiße steif schlagen und dabei den Zucker einrieseln lassen. ❋ Kurkuma und Lebensmittelfarbe vorsichtig unterziehen. ❋ Nach und nach die Puderzuckermischung unterheben. ❋ Den Teig in einen Spritzbeutel füllen und in Häufchen auf ein mit Backpapier ausgelegtes Backblech spritzen. ❋ Die Makronen 12 Std. ruhen lassen und danach 15 Min. im 150 °C (Umluft 130 °C) heißen Ofen backen. ❋ Inzwischen die Schokolade bei geringer Hitze schmelzen. Sahne und Orangenblütenwasser hinzufügen, glatt rühren und abkühlen lassen. ❋ Die Hälfte der Makronen auf der flachen Seite mit der Ganache bestreichen und jeweils eine unbestrichene Makrone daraufsetzen.

Wissenswertes

In Nordafrika werden Getränke und Gebäck, z.B. die marokkanischen Mandelhörnchen, mit Orangenblütenwasser parfümiert.

AUS FLORA UND FAUNA

Orangenblütenwasser ist ein ätherisches Wasser, das als Kondenswasser bei der Destillation von Orangenblütenknospen anfällt. Es wird in der Medizin, bei der Parfümherstellung und – vor allem in der marokkanischen, libanesischen und tunesischen Küche – zum Aromatisieren von Gebäck, Süßspeisen und Getränken verwendet.

Kleine Hexenfibel

Eiweiß: Rohes Eiweiß und Speisen, die rohes Eiweiß enthalten, nicht länger als 12 Stunden aufbewahren und im Kühlschrank lagern.

Salz: Damit das Eiweiß schön steif wird, vor dem Schlagen einige Körnchen Salz hinzufügen.

Tausendundeine Geschichte

Caterina von Medici aß für ihr Leben gerne Amaretti, das kleine italienische Mandelgebäck, das aus Bittermandeln hergestellt wird. Allerdings brachte die Gemahlin Heinrichs II. die Mandel so sehr in Verruf, dass sie für lange Zeit ganz aus der Küche verschwand. Pflegte sie sich doch mithilfe der in ihr enthaltenen Blausäure ihrer Feinde zu entledigen.

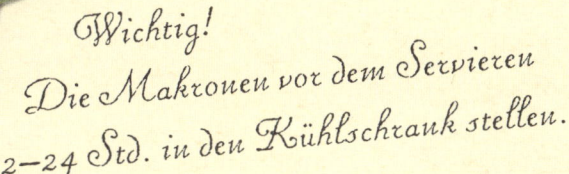

Wichtig!
Die Makronen vor dem Servieren 12–24 Std. in den Kühlschrank stellen.

❧ 25 ❧

Croque-menthe en macarons

Zu Deutsch: Knusprige Minzemakronen

Makronen zählen bereits seit dem 17. Jahrhundert zu den beliebtesten französischen Gebäckspezialitäten, und die Franzosen werden nicht müde, sich immer wieder neue Variationen wie diesen Croque-menthe en macarons auszudenken.

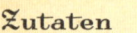

Zutaten

Für 6 Personen

200 g Puderzucker
120 g gemahlene Mandeln
40 cl Pfefferminzlikör
3 Eier
80 g Zucker
120 ml Milch

VORBEREITUNG: 40 Min.
RUHEZEIT: 65 Min.
BACKZEIT: 27 Min.

Abrakadabra …! ❊ Puderzucker und Mandeln mischen und durch ein feines Sieb auf ein Stück Backpapier sieben. ❊ 30 cl Pfefferminzlikör zufügen und das Ganze gut verrühren. ❊ Die Eier trennen. ❊ Eiweiße mit 1 EL Zucker steif schlagen, dann weitere 30 g Zucker unter den Eischnee schlagen. ❊ Die Puderzuckermischung unterheben, sodass ein dicker, cremiger Teig entsteht. ❊ Den Teig in einen Spritzbeutel füllen und in Häufchen auf ein mit Backpapier ausgelegtes Backblech spritzen. ❊ Die Makronen 1 Std. ruhen lassen, danach 17 Min. im 150 °C (Umluft 130 °C) heißen Ofen backen. ❊ 5 Min. auf dem Blech abkühlen lassen. ❊ Die Milch in einer Kasserolle zum Kochen bringen. ❊ Die Eigelbe in einer Schüssel mit 50 g Zucker verrühren. ❊ Die heiße Milch und 10 cl Pfefferminzlikör darübergießen und das Ganze mit dem Schneebesen verrühren. ❊ Die Creme 10 Min. bei geringer Hitze unter Rühren köcheln lassen. ❊ In einen Spritzbeutel füllen, die Hälfte der Makronen auf der flachen Seite mit der Creme bedecken und jeweils eine unbestrichene Makrone daraufsetzen.

Kleine Hexenfibel

Minze: Alles Wissenswerte über die Minze können Sie auf Seite 53 nachlesen.

Likör: Zu diesen knusprigen Minzemakronen passt hervorragend ein Gläschen Pfefferminzlikör. Selbst gemachten Likör in eine dekorative Flasche abfüllen und mit einem selbst bemalten Etikett versehen.

Trick 17: Damit sich die Makronen mühelos vom Blech lösen lassen, nach dem Backen etwas Wasser unter das Backpapier gießen. Durch die Feuchtigkeit löst sich das Gebäck leichter.

Wissenswertes

Milch ist ein ausgesprochen vielseitiges Lebensmittel, das man nicht nur trinken kann. Man stellt daraus unter anderem Butter, Sahne, Käse und Joghurt her. Aus geronnener Milch bereitete die Landbevölkerung früher die verschiedensten Speisen zu. Fermentierte Milchprodukte findet man in allen Kulturen: Kefir im Mittleren Osten, Kumys aus Esels-, Stuten- oder Kamelmilch bei den Mongolen, Khir in Indien oder Skyr in Island …

AUS FLORA UND FAUNA

Kuhmilch gehört in der Patisserie zu den wichtigsten Zutaten. Die Kuh produziert die Milch, um ihre Kälber damit zu ernähren. Milch war zu allen Zeiten ein Symbol der Fruchtbarkeit und des Wohlstands. In der Bibel wird das Gelobte Land als »das Land, wo Milch und Honig fließen« beschrieben. In anderen Ländern dienen den Menschen auch Kamele, Esel, Pferde, Zebras oder Büffel als Milchlieferanten, und im Mittleren Osten betrieb man bereits vor 10 000 Jahren Milchviehzucht.

Tausendundeine Geschichte

Die Makrone stammt ursprünglich aus Italien, ist inzwischen aber durch und durch »eine Pariserin«. In den 1880er-Jahren kam ein Cousin des Pariser Patissiers Louis-Ernest Ladurée auf die Idee, zwei Baiserschalen mit Ganachecreme zu füllen. 1862 eröffnete Ladurée in der Pariser Rue Royale sein erstes Geschäft, und die knusprige Makrone mit der weichen Cremefüllung wurde zu seinem Markenzeichen.

Wichtig!
Wenn Sie Ihren Pfefferminzlikör selbst machen wollen, sollten Sie rechtzeitig damit beginnen, denn die Minze muss 3 Monate im Alkohol ziehen.

❧ 26 ☙

Lothringer Vanillemakronen

Eine göttliche Kreation

Gutes Gebäck muss nicht zwangsläufig die Erfindung eines Starpatissiers sein. Auch die Nonnen in den Klöstern haben köstliche Gebäckspezialitäten kreiert, wie zum Beispiel die Benediktinerinnen, die die berühmten Macarons de Nancy erfanden. Und auch das Rezept für dieses köstliche, weiche Gebäck stammt aus einem Nonnenkloster. Eine göttliche Kreation!

Zutaten
Für 6 Personen

1 Vanilleschote
400 ml Milch
100 g Mandeln
150 g Puderzucker
200 g Zucker
2 Eiweiß

VORBEREITUNG: 25 Min.
RUHEZEIT: 1 Std. 5 Min.
BACKZEIT: 15 Min.

Abrakadabra …! ❖ Die Vanilleschote der Länge nach aufschlitzen. ❖ Die Milch in einer kleinen Kasserolle aufkochen lassen und die Vanilleschote 1 Std. darin ziehen lassen. ❖ Die Mandeln hacken, mit dem Puderzucker fein mahlen und durch ein feines Sieb auf ein Stück Backpapier sieben. ❖ Die Eiweiße mit dem Zucker und der Vanillemilch (die Schote vorher herausnehmen) kräftig mit dem Schneebesen aufschlagen. ❖ Die Mandelmischung dazugeben und das Ganze vorsichtig zu einer dicken Masse verrühren. ❖ In einen Spritzbeutel füllen und gleichmäßige Häufchen auf ein mit Backpapier ausgelegtes Backblech spritzen. ❖ Die Makronen 1 Std. ruhen lassen, bis sie außen fest sind und danach 15 Minuten im 150 °C (Umluft 130 °C) heißen Backofen backen. ❖ Nach dem Backen 5 Min. auf dem Blech abkühlen lassen.

Hier bringe ich euch einen kleinen Lothringer!

Kleine Hexenfibel

Aufbewahrung: Die Vanillemakronen können 8 Tage im unteren Fach des Kühlschranks aufbewahrt werden.

Trocken: Bei geringer Luftfeuchtigkeit trocknen die Vanillemakronen aus, werden aber im Handumdrehen wieder weich, wenn man sie 3 Min. auf einem Papierteller auf einen Topf mit kochendem Wasser stellt.

AUS FLORA UND FAUNA

Die Gattung Vanille umfasst etwa hundert Kletterpflanzen. Die Pflanzen werden am Fuß eines Baumes gepflanzt, der ihnen als Rankhilfe dient. Die Gewürzvanille (*Vanillaplanifolia*) gehört zur Familie der Orchideen. Im dritten Jahr erscheinen erstmals die herrlichen, in Trauben wachsenden Blüten, deren Kelche sich jeden Tag nur wenige Stunden öffnen und aus denen sich schließlich die länglichen, ledrigen Vanilleschoten entwickeln.

Tausendundeine Geschichte

Im Zentrum von Nancy, der Hauptstadt des ehemaligen Herzogtums Lothringen, steht die Maison des Sœurs Macarons, ein berühmtes Schokoladen- und Süßwarengeschäft. Als man in den Klöstern noch kein Fleisch essen durfte, erfanden die Benediktinerinnen eine Vielzahl von Gebäckspezialitäten.

Wissenswertes

Aussehen und Aroma der Vanille sind je nach Boden und von Ernte zu Ernte verschieden. Berühmt ist die Vanille aus Madagaskar mit ihrer süßlichen, leicht holzigen Note. Eine außergewöhnliche Vanilleart findet man im kongolesischen Teil des Ruwenzori-Gebirges oberhalb des Viktoriasees. Diese naturbelassene Vanille hat ein besonders intensives Aroma, wird aber nur in geringen Mengen hergestellt.

Ein bisschen zu hart, diese Makronen!

Wichtig! Behalten Sie die Makronen beim Backen unbedingt im Auge, damit sie nicht hart werden.

27

Kokosmakronen

Ein Traum von Sonne, Strand und Meer!

Ob nun geraspelt oder als Kokosmilch, die Kokosnuss verleiht jedem Gericht einen Hauch von Exotik. Lange sonnige Strände, man liegt im Sand unter einer Kokospalme und hört nichts als das Rauschen des Meeres – solche Postkartenbilder werden sich beim Genuss dieser Makronen garantiert auch bei Ihnen einstellen.

Zutaten

Für 6 Personen

- 5 Eiweiß
- 500 g Kokosraspel
- 160 g Zucker
- ½ Päckchen Backpulver
- 160 g weiche Butter

VORBEREITUNG: 15 Min.
BACKZEIT: 10 Min.

Abrakadabra ...! ❖ Eiweiße steif schlagen. ❖ In einer Schüssel die Kokosraspel mit dem Zucker und dem Backpulver mischen. ❖ Die Butter mit den Fingern unterkneten, bis ein feinkrümeliger Teig entstanden ist. ❖ Zum Schluss den Eischnee untermischen. ❖ Häufchen vom Teig abstechen und auf ein mit Butter eingefettetes Backblech setzen. ❖ Den Backofen auf 200 °C (Umluft 180 °C) vorheizen und die Makronen 10 Min. backen. ❖ Nach dem Backen auf dem Blech abkühlen lassen, bis sie lauwarm sind.

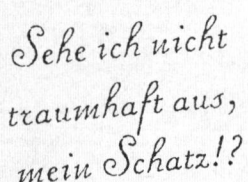

Sehe ich nicht traumhaft aus, mein Schatz!?

Tausendundeine Geschichte

Die Inder sind stolz auf ihre vielseitige Kokospalme, die nicht nur als Nahrungsmittel dient. Man kann damit heizen, Seile und Kleider daraus fertigen und vieles andere mehr. Und man schätzt sie nicht zuletzt wegen der köstlichen, erfrischenden Kokosmilch, die sich unter der dicken Schale verbirgt.

AUS FLORA UND FAUNA

Die Kokosnuss ist die Frucht der in den tropischen Meeresregionen beheimateten Kokospalme (*Cocosnucifera*), die bis zu 25 Meter hoch werden kann und die uns immer wieder von der einsamen Insel mit dem endlosen weißen Sandstrand und der Schatten spendenden Kokospalme träumen lässt …

Wissenswertes

Die durchschnittliche Höhe einer Kokospalme liegt bei 25 Metern. Die Pflanze trägt erst im fünften oder sechsten Jahr (bis zu 50) Früchte. Nach etwa 50 Jahren nimmt die Anzahl der Früchte allmählich ab.

Kleine Hexenfibel

Weich: Die Butter mindestens 15 Minuten vor der Zubereitung aus dem Kühlschrank nehmen, damit sie weich wird.

Form: Die Form der Makronen spielt keine Rolle. Nur die gleiche Größe (2–3 cm Durchmesser) sollten sie haben. Und immer daran denken, dass der Teig beim Backen etwas »in die Breite geht«.

Wichtig!
Wenn Sie glauben, diese Kokosmakronen schmeckten wie Kokoshütchen, dann liegen Sie absolut falsch. Denn es handelt sich hier um ein weiches Gebäck mit einem ganz eigenen Geschmack.

Biskuit-rouladen

❧ und ☙

Crèmes brûlées

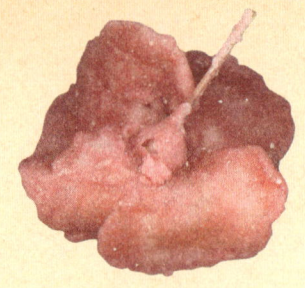

❧ 28 ❧
Biskuitroulade
mit Rosencreme

Nicht den Kopf verlieren!

Rosenblätter, Rosensirup, Rosenwasser – ein Traum in Rosa ist diese köstliche Biskuitroulade. Bei so viel Romantik könnte man glatt den Kopf verlieren. Doch dafür, dass das nicht passiert, sorgt reichlich Zucker, der dem Gehirn die nötige Energie liefert.

Zutaten

Für 6 Personen

1 EL Rohrzuckersirup
400 ml Rosenwasser
550 ml Rosensirup
7 Eier
70 g Zucker
40 g Mehl
40 g Kartoffelstärke
1 Prise Salz
240 g weiche Butter
140 g Puderzucker
5 Tropfen rote Lebensmittelfarbe
24 Pralines roses oder
kandierte Rosenblätter

VORBEREITUNG: 40 Min.
BACKZEIT: 10 Min.
RUHEZEIT: 12 Std. 15 Min.

Abrakadabra …! ❈ Den Zuckersirup mit 300 ml Rosenwasser und 400 ml Rosensirup verrühren. ❈ Die Eier trennen. ❈ Die Eigelbe mit 50 g Zucker aufschlagen. ❈ 4 Eiweiße mit 20 g Zucker steif schlagen. ❈ 2 EL Eischnee unter die Eigelbmischung ziehen. ❈ Mehl, Kartoffelstärke und Salz hinzufügen und nach und nach den restlichen Eischnee unterheben. ❈ Ein Backblech mit Backpapier auslegen, das Papier mit Butter einfetten und mit Mehl bestäuben. ❈ Den Teig auf dem Backpapier verstreichen. ❈ Den Backofen auf 210 °C (Umluft 190 °C) vorheizen und den Biskuit 10 Min. backen. ❈ Ein angefeuchtetes Geschirrtuch auf der Arbeitsfläche ausbreiten, den Biskuit darauf stürzen, mit einem zweiten Geschirrtuch abdecken und 15 Min. abkühlen lassen. ❈ Die Butter mit 120 g Puderzucker, Lebensmittelfarbe und dem restlichen Rosensirup vermengen. ❈ 12 zerkrümelte Pralines roses oder Rosenblätter untermischen. ❈ Den Biskuit mit 100 ml Rosenwasser tränken, mit ¾ der Pralines-roses-Creme bestreichen und aufrollen. ❈ Die Roulade mit der restlichen Pralines-roses-Creme bestreichen und über Nacht in den Kühlschrank stellen.

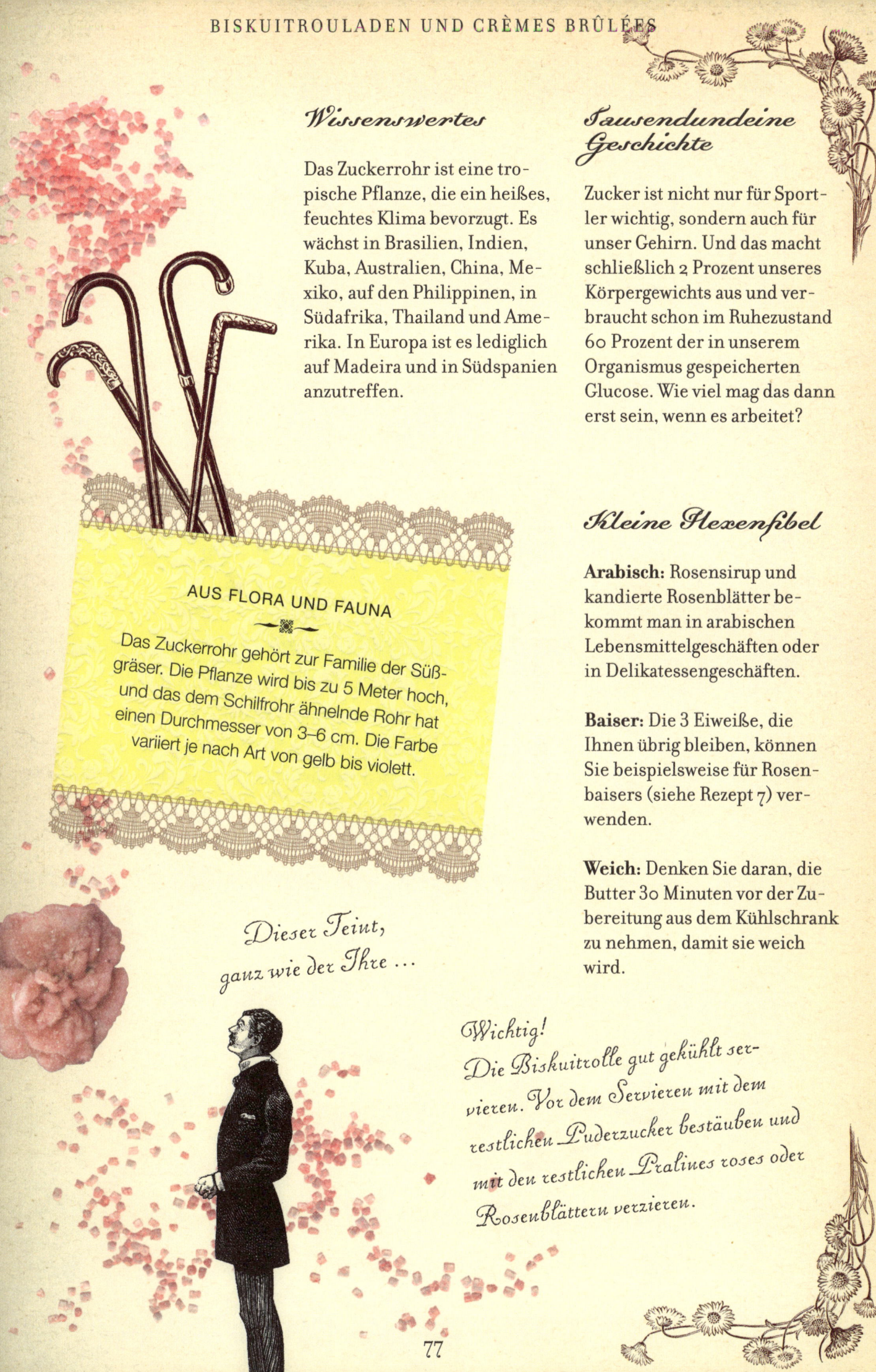

Wissenswertes

Das Zuckerrohr ist eine tropische Pflanze, die ein heißes, feuchtes Klima bevorzugt. Es wächst in Brasilien, Indien, Kuba, Australien, China, Mexiko, auf den Philippinen, in Südafrika, Thailand und Amerika. In Europa ist es lediglich auf Madeira und in Südspanien anzutreffen.

AUS FLORA UND FAUNA

Das Zuckerrohr gehört zur Familie der Süßgräser. Die Pflanze wird bis zu 5 Meter hoch, und das dem Schilfrohr ähnelnde Rohr hat einen Durchmesser von 3–6 cm. Die Farbe variiert je nach Art von gelb bis violett.

Dieser Teint,
ganz wie der Ihre ...

Tausendundeine Geschichte

Zucker ist nicht nur für Sportler wichtig, sondern auch für unser Gehirn. Und das macht schließlich 2 Prozent unseres Körpergewichts aus und verbraucht schon im Ruhezustand 60 Prozent der in unserem Organismus gespeicherten Glucose. Wie viel mag das dann erst sein, wenn es arbeitet?

Kleine Hexenfibel

Arabisch: Rosensirup und kandierte Rosenblätter bekommt man in arabischen Lebensmittelgeschäften oder in Delikatessengeschäften.

Baiser: Die 3 Eiweiße, die Ihnen übrig bleiben, können Sie beispielsweise für Rosenbaisers (siehe Rezept 7) verwenden.

Weich: Denken Sie daran, die Butter 30 Minuten vor der Zubereitung aus dem Kühlschrank zu nehmen, damit sie weich wird.

Wichtig!
Die Biskuitrolle gut gekühlt servieren. Vor dem Servieren mit dem restlichen Puderzucker bestäuben und mit den restlichen Pralines roses oder Rosenblättern verzieren.

❧ 29 ❧
Biskuitroulade mit Ricotta und Pistazien
Brauchen Sie eine Verjüngungskur?

Diese Biskuitrolle mit der frischen Ricotta und den zartgrünen Pistazien ist geradezu dazu prädestiniert, den krönenden Abschluss eines festlichen Osteressens zu bilden. Symbolisiert die Farbe Grün doch Kraft und Wiedergeburt. Sie werden sehen, auch auf Sie wird sie ihre Wirkung nicht verfehlen, und Sie werden sich nach ihrem Genuss um Jahre jünger fühlen.

Zutaten
Für 8 Personen

4 Eier
200 g Zucker
130 g Mehl
1 Prise Salz
100 g Pistazien
250 g Ricotta
Puderzucker zum Bestäuben

⏰

VORBEREITUNG: 35 Min.
BACKZEIT: 15 Min.
RUHEZEIT: 30 Min.

Wo kommen denn die vielen Pistazien her?

Abrakadabra …! ❖ Für den Biskuit die Eier trennen. ❖ Die Eigelbe mit 100 g Zucker schaumig schlagen und das Mehl unterrühren. ❖ Die Eiweiße mit dem Salz steif schlagen und den Eischnee vorsichtig unter die Eigelbmischung ziehen. ❖ Ein Backblech mit Backpapier auslegen und das Papier mit Butter einfetten und mit Mehl bestäuben. ❖ Den Backofen auf 180 °C (Umluft 160 °C) vorheizen und den Biskuit 15 Min. backen. ❖ Anschließend aus dem Ofen nehmen, mit einem angefeuchteten Geschirrtuch abdecken und 30 Min. abkühlen lassen. ❖ Inzwischen die Pistazien hacken und mit 100 g Zucker unter die Ricotta mischen. ❖ Den Biskuit mit Ricotta bestreichen und mithilfe des Backpapiers aufrollen. ❖ Die Biskuitroulade vor dem Servieren mit Puderzucker bestäuben.

Kleine Hexenfibel

Zweimal: Die Ricotta ist ein italienischer Frischkäse. Der Name bedeutet »noch einmal gekocht«. Tatsächlich wird die Molke, aus der sie hergestellt wird, zweimal erhitzt.

Locker: Damit der Biskuitteig schön locker wird, ist es wichtig, dass die Eigelbe wirklich schaumig geschlagen werden. Und den Teig, sobald er fertig ist, sofort in den vorgeheizten Ofen schieben.

Wissenswertes

Die Biskuitrolle ist ein ausgesprochen vielseitiges Gebäck. Lässt sie sich doch mit den unterschiedlichsten Zutaten – Schokoladencreme, Erdbeersahne, Pistaziencreme und, und, und … – füllen. Daher ist es kein Wunder, dass auch jedes Land seine eigene Variante kennt.

Tausendundeine Geschichte

Die Pistazie erfreute sich seit jeher großer Beliebtheit. Die Königin von Saba soll sie sogar zu einer königlichen Frucht erklärt und dem Volk ihren Genuss verboten haben.

AUS FLORA UND FAUNA

Die Pistazie ist die Frucht des Pistazienbaumes (*Pistaciavera*), der zur Familie der Sumachgewächse zählt und vor allem im mediterranen Klima gedeiht. Heute wird die kleine grüne Steinfrucht vor allem im Iran und in Amerika kultiviert.

Jetzt müssen wir uns aber sputen, damit wir noch was von der Biskuitrolle abbekommen!

Wichtig!
Besonders appetitlich sieht die Biskuitrolle aus, wenn Sie sie noch mit einer Glasur aus 1 Eiweiß, 100 g Puderzucker und 5 Tropfen grüner Lebensmittelfarbe überziehen. Das Gebäck in diesem Fall unbedingt im Kühlschrank aufbewahren.

❧ 30 ❧
Biskuitrolle mit Schokoladencreme
Einfach unwiderstehlich!

Diese Biskuitrolle, die man auch noch mit Schokolade überziehen kann,
ist etwas für festliche Anlässe. Selbst nach dem üppigsten Festschmaus wird niemand
dieser Köstlichkeit widerstehen können. Mancher wird vielleicht sogar noch nach
einem zweiten Stück verlangen. Schneiden Sie die Scheiben also nicht zu dick,
damit ihre Gäste den doppelten Genuss haben.

Zutaten
Für 8 Personen
6 Eier
200 g Zucker
40 g Mehl
40 g Kartoffelstärke
1 Prise Salz
150 g Butter, zerlassen
3 EL ungesüßtes Kakaopulver

VORBEREITUNG: 20 Min.
BACKZEIT: 10 Min.

Abrakadabra …! ❖ Den Backofen auf 210 °C (Umluft 190 °C) vorheizen. ❖ 4 Eier trennen. ❖ Die Eigelbe mit 100 g Zucker cremig aufschlagen, das Mehl und die Stärke unterrühren. ❖ Die Eiweiße mit dem Salz steif schlagen, dann vorsichtig unter die Eigelbmischung ziehen. ❖ Ein Backblech mit Backpapier auslegen und mit Mehl bestäuben. ❖ Den Teig darauf verstreichen und 10 Minuten backen. ❖ Ein angefeuchtetes Geschirrtuch auf der Arbeitsfläche ausbreiten und den Biskuit darauf stürzen. ❖ Mit einem zweiten Geschirrtuch abdecken und etwas abkühlen lassen. ❖ Die restlichen Eier ebenfalls trennen und die Eigelbe mit 100 g Zucker verrühren. Die Butter und das Kakaopulver hinzufügen und die Zutaten gut verrühren. ❖ Die Creme auf dem Biskuit verstreichen, den Teig aufrollen und die Rolle vor dem Servieren 1 Std. kalt stellen.

*Langsam, langsam!
Sie rollen mir ja
noch davon!*

Tausendundeine Geschichte

Theobromacacao lautet der wissenschaftliche Name des in Mittelamerika beheimateten Kakaobaums. Davon hergeleitet ist auch der Name der in Kakao enthaltenen Substanz Theobromin, die für manche Tiere außerordentlich schädlich ist. Deshalb gilt für unsere Lieblinge, die Katzen (und auch für die Hamster) ein striktes Schokoladenverbot.

Wichtig!
Biskuit niemals vor Ablauf der Backzeit aus dem Ofen nehmen.

Wissenswertes

Das Aroma des Kakaos hängt vom Boden ab, aber auch davon, wie die Früchte geerntet werden. Der wichtigste Kakaoproduzent ist Afrika und hier vor allem die Region zwischen Ghana und der Elfenbeinküste.

Kleine Hexenfibel

Kakao: Das ungesüßte Kakaopulver kann auch durch 3 TL Instantkakaopulver ersetzt werden.

Luft: Den Eischnee vorsichtig und locker unter den Teig heben, damit der Biskuit schön luftig wird.

AUS FLORA UND FAUNA

In den mittelamerikanischen Regenwäldern blühen die Kakaobäume das ganze Jahr über. Die kleinen weißen Blüten wachsen unter den Blättern direkt am Stamm.

❧ 31 ❧

Pouèt !!!

Biskuitroulade nach Großmutters Art

Ob wohl für Sie noch etwas übrig bleibt?

Ihre Kinder werden diese Biskuitroulade, die normalerweise mit Schokoladencreme gefüllt und mit einer Schokoladenglasur überzogen wird, lieben. Und sollte Ihnen gerade ein Kindergeburtstag ins Haus stehen, wäre das genau das Richtige. Die Kleinen werden begeistert sein. Aber ob da für Sie noch etwas übrig bleibt?

Zutaten

Für 8 Personen

3 Eier
160 g Zucker
120 g Mehl
1 Prise Salz
250 g Milchkonfitüre

⏰

VORBEREITUNG: 10 Min.
BACKZEIT: 15 Min.
RUHEZEIT: 3 Std. 5 Min.

Abrakadabra …! ❊ Den Backofen auf 120 °C (Umluft 100 °C) vorheizen. ❊ Die Eier trennen und die Eigelbe mit 150 g Zucker cremig aufschlagen. ❊ Das Mehl mit einem Holzkochlöffel unterrühren. ❊ Die Eiweiße mit dem Salz steif schlagen und den Eischnee vorsichtig unter die Eigelbmischung ziehen. ❊ Ein Backblech mit Backpapier auslegen und mit Mehl bestäuben. ❊ Den Teig darauf verstreichen und 15 Min. backen. ❊ Anschließend auf ein angefeuchtetes und mit Zucker bestreutes Geschirrtuch stürzen und 5 Min. abkühlen lassen. ❊ Mithilfe des Geschirrtuchs aufrollen und 3 Std. ruhen lassen, ohne das Tuch zu entfernen. ❊ Den Biskuit danach wieder entrollen, mit der Konfitüre bestreichen und vorsichtig aufrollen.

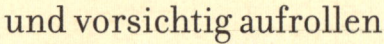

Confiture de lait

Kleine Hexenfibel

Gewicht: Wussten Sie, dass ein durchschnittlich großes Ei 60 g wiegt?

Füllung: Die Milchkonfitüre kann auch durch eine andere Konfitüre, durch Schokoladen- oder Mokkacreme ersetzt werden.

Kaufen: Milchkonfitüre ist in Feinkostgeschäften erhältlich.

Wissenswertes

Vögel sind nicht die einzigen Eier legenden Tiere. Auch Fische, Amphibien und Reptilien legen Eier, die sie im Wasser, in Pflanzen oder im Sand ausbrüten. Und dabei sind sie niemals so unvorsichtig, nur auf ein einziges Ei zu setzen. Ganz schön clever, diese Viecher.

Tausendundeine Geschichte

Die Milchkonfitüre wurde in Kriegszeiten erfunden. Der Legende nach haben wir sie dem Küchenchef der napoleonischen Armee zu verdanken. Jedem Soldaten stand täglich eine Schale mit gezuckerter Milch zu. Eines Tages erhitzte der Koch die Milch zu lange, und so bekamen die Soldaten statt heißer Milch eine Schale mit Konfitüre. Ein prima Tausch, wie ich finde.

AUS FLORA UND FAUNA

Dass es verboten ist, Vogeleier aus dem Nest zu nehmen, hat seinen guten Grund. Denn sind die Eier bereits befruchtet, befindet sich darin ein lebendes Wesen. Die Jungen piepsen schon, bevor sie geschlüpft sind. Und kaum haben sie sich aus der Schale befreit, sperren sie den Schnabel weit auf und verlangen nach Futter. Und die Eltern eilen herbei und »stopfen ihnen den Schnabel« …

Wichtig!
Halten Sie sich unbedingt genau an die angegebenen Zutatenmengen. Auf diese Weise kommt auch Ihre Küchenwaage wieder einmal zum Einsatz.

Happy birthday to you!
Happy birthday, liebe Oma!

❧ 32 ☙

Crème brûlée
mit Mohnlikör

Fehlt es Ihnen an Leidenschaft?

Die roten Blütenblätter des Klatschmohns symbolisieren die vergängliche und mitunter gefährliche leidenschaftliche Liebe. Wer dieses Stadium aber heil überstanden hat, der kann im achten Jahr die sogenannte Klatschmohnhochzeit feiern …
Was wäre also besser geeignet, um die Leidenschaft neu zu entfachen, als diese …

Zutaten
Für 6 Personen

6 Eigelb
125 g Zucker
1 TL flüssige Vanille
2 TL Mohnlikör
500 g Sahne
50 g Farinzucker

⏱

VORBEREITUNG: 20 Min.
KOCHZEIT: 1 Std.
RUHEZEIT: 6 Std.

Abrakadabra …! ❈ Die Eigelbe in einer Schüssel mit Zucker, Vanille, Likör und der flüssigen Sahne verrühren. ❈ Die Mischung auf 6 kleine hitzebeständige Formen verteilen und die Förmchen in ein Wasserbad stellen. ❈ Die Cremes 1 Std. im 100 °C (Umluft 80 °C) heißen Backofen garen, anschließend abkühlen lassen und danach 6 Std. in den Kühlschrank stellen. ❈ Die Cremes mit Farinzucker bestreuen. ❈ Den Backofengrill vorheizen. ❈ Die Förmchen 3 Min. unter den heißen Grill schieben, bis der Zucker karamellisiert ist.

Gleich brennt's, garantiert!

Wissenswertes

Farinzucker oder Kassonade ist feiner brauner Rohrzucker und wird gerne in exotischen Gerichten verwendet. Bei uns kommt er vorwiegend bei der Weihnachtsbäckerei zum Einsatz.

Kleine Hexenfibel

Likör: Wenn Sie den Mohnlikör selbst machen wollen, 2 große Handvoll Mohnblütenblätter waschen, in ein Schraubglas füllen und mit klarem Schnaps bedecken. An einem hellen Ort 2 Wochen durchziehen lassen. Aus 500 g Zucker und 1 Glas Wasser einen Sirup kochen und abkühlen lassen. Die Mohnblätter aus dem Glas nehmen, die Flüssigkeit mit dem Sirup mischen, abseihen und in Flaschen füllen.

Aufbewahrung: Den Mohnlikör an einem kühlen, lichtgeschützten Ort aufbewahren – sofern Sie ihn nicht gleich trinken …

Tausendundeine Geschichte

Der Gattungsname *Papaper* ist vom lateinischen Wort *papa*, Brei, abgeleitet. Denn es war früher allgemein üblich, Mohnsaft in den Kinderbrei zu geben, damit die Kinder besser einschliefen.

Rot wie der Mohn ist mein Kamm!

AUS FLORA UND FAUNA

Der Klatschmohn (*Papaverrhoeas*), auch Mohnblume genannt, wächst auf Getreidefeldern, weshalb er im angloamerikanischen Sprachraum auch *cornpoppy* oder *fieldpoppy* genannt wird. Man trifft ihn in ganz Europa, in Asien und Nordamerika an. Der Klatschmohn darf nicht mit dem giftigen Schlafmohn (*P. somniferum*) verwechselt werden.

Wichtig!
Wenn Sie das Glück haben, an Mohnkonfitüre zu kommen (am besten bei einem Mohnerzeuger fragen), die Cremes vor dem Servieren noch mit 1 EL Mohnkonfitüre garnieren oder ein Gläschen Mohnlikör dazu servieren.

Holundercreme

Verscheucht jede dunkle Wolke

Ein alter Volksglaube besagt, man könne sich vor Unwetter und bösen Geistern schützen, wenn man am Johannistag um Mitternacht Holunderblüten pflückt. Aber auch wenn Sie die Holunderblüten für dieses Dessert schon frühmorgens gepflückt haben, vertreibt es garantiert jede dunkle Wolke.

Zutaten

Für 6 Personen

500 ml Milch + 3 EL
6 Holunderblüten
30 g Zucker
2 EL Maisstärke

VORBEREITUNG: 10 Min.
KOCHZEIT: 10 Min.
RUHEZEIT: 5 Min.

Abrakadabra …! ❈ 500 ml Milch in einer Kasserolle zum Kochen bringen. ❈ Die Holunderblüten vorsichtig unter fließendem kaltem Wasser waschen. Stiele und Blätter entfernen, Blüten 5 Min. in der kochenden Milch ziehen lassen. ❈ Den Zucker hinzufügen und die Milch abseihen. ❈ Die Maisstärke mit 3 EL Milch anrühren, die aromatisierte Milch darübergießen und das Ganze kräftig mit dem Schneebesen verrühren. Die Mischung 3 Min. unter Rühren kochen lassen, auf 6 hitzebeständige Förmchen verteilen und auskühlen lassen.

*Die Wolken verziehen sich,
dem Holunder sei Dank!*

Kleine Hexenfibel

Aroma: Holunderblüten verwendet man gerne auch zum Aromatisieren von Sirup, Essig und Getränken oder man bereitet daraus Beignets zu.

Trocknen: Holunderblüten kann man auch trocknen.

Variation: Wer möchte, der kann den Holunder zur Abwechslung auch einmal durch Lavendel ersetzen.

Konfitüre: Sammeln Sie im Herbst doch einmal Holunderbeeren. Aus den kleinen schwarzen Früchten kann man herrliche Konfitüren, Chutneys und Gelees herstellen.

Wissenswertes

Man kann häufig beobachten, dass auf den Zweigen des Holunders Pilze wachsen. Es handelt sich dabei um das auch unter dem Namen Mu-Err-Pilz bekannte Judasohr (*Auriculariaauricula-judae*), einen Speisepilz, dessen Form an das menschliche Ohr erinnert. Das Judasohr darf keinesfalls mit dem giftigen Gezonten Ohrlappenpilz (*A. mesenterica*) verwechselt werden, den man an seiner bereiften Unterseite erkennt.

AUS FLORA UND FAUNA

Der Schwarze Holunder (*Sambucusnigra*) gehört zur Familie der Geißblattgewächse. Sowohl die weißen Blüten als auch die schwarzen Beeren sind genießbar. Allerdings sollte man die rohen Beeren nicht in größeren Mengen essen, denn das darin enthaltene Gift kann Übelkeit, Erbrechen und Durchfall verursachen.

Wichtig!

Holunderblüten sollte man möglichst frühmorgens pflücken. Dann sind sie besonders aromatisch. Sind sie längere Zeit der Sonne ausgesetzt, verströmen sie einen unangenehm muffigen Geruch.

Tausendundeine Geschichte

Holundersträucher wachsen in Hecken und an Waldrändern. Ihre graubraune Rinde ist tief gefurcht. Der Legende nach war das Kreuz Christi aus Holunderholz gemacht, und Judas soll sich an einem Holunderbaum erhängt haben.

❧ 34 ❧

Crème brûlée mit gemahlenen Zypressenzapfen

Machen Sie dem Übel den Garaus!

Bei Arthrose und Nervosität greift man gerne auf das aus den Blättern und Zapfen der Zypresse gewonnene ätherische Öl zurück. Hilfreich kann in diesen Fällen vielleicht aber auch dieses Dessert sein. Machen Sie dem Übel also ganz schnell den Garaus!

Zutaten

Für 4 Personen

4 Zypressenzapfen
300 ml Milch
200 g Sahne
50 g Zucker
5 Eigelb
4 EL Farinzucker

VORBEREITUNG: 15 Min.
KOCHZEIT: 65 Min.

Abrakadabra …! ✺ Den Backofen auf 100 °C (Umluft 80 °C) vorheizen. ✺ Die Zypressenzapfen unter fließendem kaltem Wasser waschen, in der Küchenmaschine fein mahlen und das Pulver durch ein Holzrahmensieb streichen. ✺ In einer Kasserolle 4 EL Zypressenpulver mit der Milch und der Sahne aufkochen und danach beiseitestellen. ✺ Den Zucker und die Eigelbe mit dem Schneebesen schaumig schlagen. ✺ Die kochend heiße Milch unter Rühren hinzufügen. ✺ Die Mischung auf 4 hitzebeständige Förmchen verteilen, in ein Wasserbad stellen und die Cremes 1 Std. im Backofen garen. ✺ Den Backofengrill vorheizen. ✺ Die Cremes etwas abkühlen lassen, mit Farinzucker bestreuen und 3 Min. unter den Grill schieben, bis der Zucker karamellisiert ist.

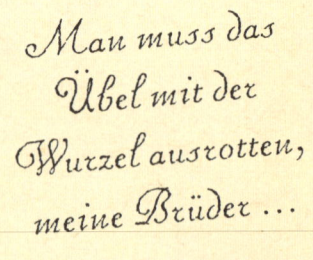

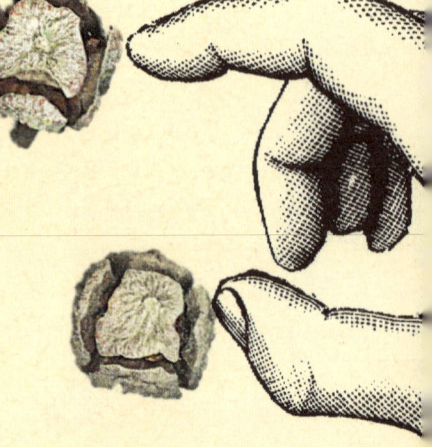

Man muss das Übel mit der Wurzel ausrotten, meine Brüder …

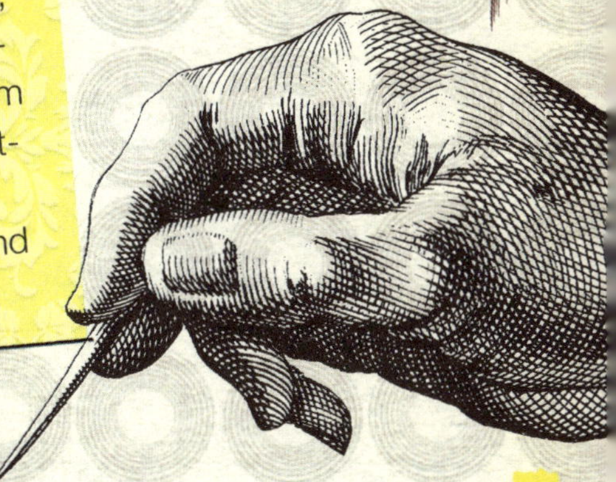

Kleine Hexenfibel

Zapfen: Zypressenzapfen bekommen Sie in gut sortierten Gewürzhandlungen oder über das Internet.

Sieb: Wenn Sie kein Holzrahmensieb besitzen, tut es auch ein herkömmliches feines Sieb.

Duft: Zerdrückt man die Nadeln der Zypresse, verströmen sie ihren charakteristischen, an Ambra und Kampfer erinnernden Duft.

Pulver: Die Cremes unmittelbar vor dem Servieren noch mit etwas Zypressenpulver (etwa 10 g) bestreuen.

AUS FLORA UND FAUNA

Die Echte Zypresse (*Cupressussempervivens*), auch Trauerzypresse oder Mittelmeerzypresse genannt, gehört zur Familie der Zypressengewächse. Man findet sie vor allem im Mittelmeerraum und in Südostasien in Höhen bis 800 Meter. Sie gedeiht auf kargen Böden und wird 30–45 Meter hoch.

Wissenswertes

Mit ihrer graubraunen Borke, den dunkelgrünen, schuppenförmigen Blättern, die die Zweige vollständig bedecken, und den eiförmigen grünlichen Zapfen, die vor allem im oberen Kronenbereich sitzen, ist die Echte Zypresse in kleinen Wäldern und Baumgruppen eine auffallende Erscheinung. Zypressen lieben Wärme und gedeihen auch bei Trockenheit.

Tausendundeine Geschichte

Die Zypresse und die Pappel waren Persephone, der griechischen Göttin der Fruchtbarkeit, der Toten- und der Unterwelt, heilig.

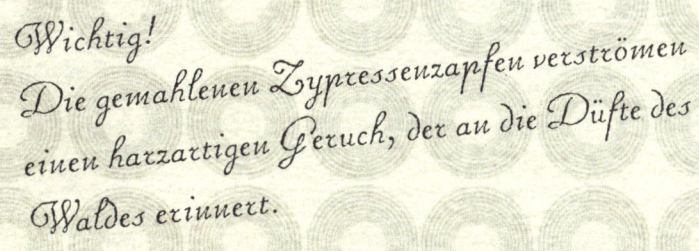

Wichtig!
Die gemahlenen Zypressenzapfen verströmen einen harzartigen Geruch, der an die Düfte des Waldes erinnert.

❧ 35 ❧

Lavendelcreme

Appetit auf Provence?

Endlose violette, duftende Lavendelfelder unter einem azurblauen Himmel und dazu das Zirpen der Zikaden … Planen Sie vielleicht einen Provence-Urlaub? Dann machen Sie sich doch mit diesem raffinierten Dessert schon mal ein bisschen Appetit!

Zutaten

Für 4 Personen

4 Eigelb
80 g Rohrzucker
60 g Reismehl
400 ml Reismilch
40 cl Lavendellikör

VORBEREITUNG: 15 Min.
KOCHZEIT: 10 Min.

Abrakadabra …! ❖ In einer Kasserolle die Eigelbe mit dem Zucker verrühren. ❖ Das Reismehl hinzufügen und nach und nach die Reismilch unterrühren. ❖ Die Mischung 10 Min. bei geringer Hitze köcheln lassen, bis sie eindickt. Dabei laufend mit einem Holzkochlöffel umrühren. ❖ Den Topf vom Feuer nehmen und den Likör mit dem Schneebesen einrühren. ❖ Die Creme auf 4 Dessertschalen verteilen und gut gekühlt servieren.

Ich geh jetzt mal den Lavendel gießen …

AUS FLORA UND FAUNA

Ein Lavendelfeld mit den blauen Blütenähren, die sich auf den geraden Stängeln mit den schmalen, langen zartgrünen Blättern wiegen, ist nicht nur eine Augenweide, es ist auch und vor allem ein olfaktorisches Erlebnis.

War das lecker!

Wissenswertes

Im Juni und Juli, zu Beginn der Blütezeit, werden die gerade erst erblühten Lavendelblüten gepflückt. Der Lavendel besitzt eine Vielzahl gesundheitsfördernder Eigenschaften und wirkt u.a. desinfizierend, krampflösend, harntreibend und beruhigend.

Tausendundeine Geschichte

Wer unter einer Laktoseunverträglichkeit leidet und keine Kuhmilch verträgt, der kann auf Sojamilch zurückgreifen, die in China bereits seit 4.000 Jahren zu den Grundnahrungsmitteln zählt. Eine gute Alternative ist auch Reismilch. Sie wird aus Vollkornreis und Wasser hergestellt, und man kann sie sogar mühelos selber machen. Reismilch ist reich an Calcium, enthält aber nur wenig Eiweiß.

Wichtig!
Lavendellikör ist ganz einfach herzustellen: 1 große Handvoll Lavendelblüten mit 50 cl Obstbrand und 400 g Zucker ansetzen, 3 Wochen ruhen lassen, anschließend abseihen und in Flaschen abfüllen.

Kleine Hexenfibel

Pflanzlich: Reismilch ist ein rein pflanzliches Produkt. Man bekommt sie in Bioläden.

Trocknen: Wenn Sie Lavendel trocknen wollen, können Sie die Sträuße entweder aufhängen (am besten auf dem Dachboden) oder an einem gut durchlüfteten, sonnengeschützten Ort auf einem Gitterrost auslegen.

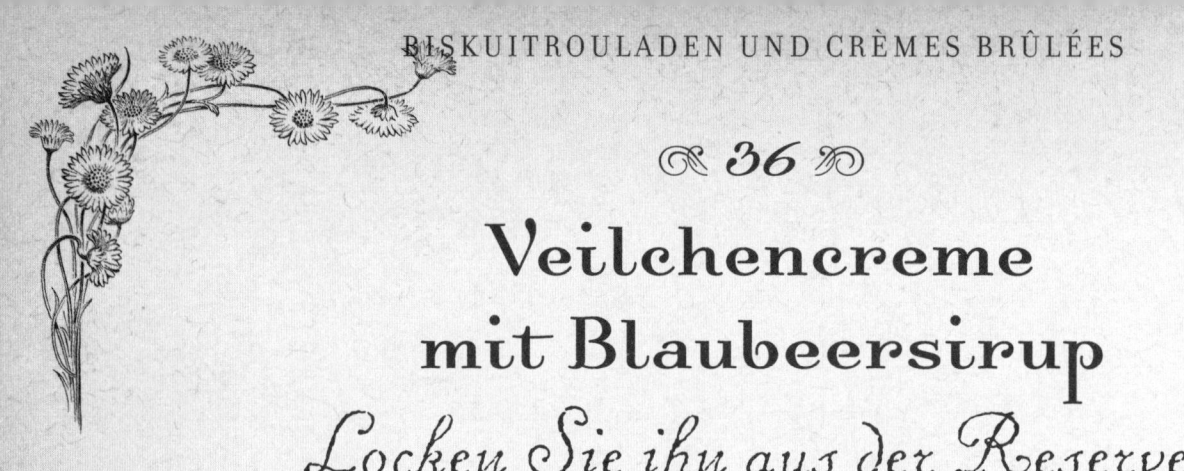

❦ 36 ❧
Veilchencreme
mit Blaubeersirup
Locken Sie ihn aus der Reserve!

Das schüchterne Veilchen und die im Verborgenen blühende Heidelbeere –
in diesem Dessert kommen die beiden Mauerblümchen mal ganz groß raus!
Und vielleicht gelingt es ja auch Ihnen, Ihren Gast damit aus der Reserve zu locken …

Zutaten
Für 4 Personen

1 große Handvoll Veilchen
500 ml Milch
250 g Crème fraîche
240 g Rohrzucker
1 g Agar-Agar
300 g Blaubeeren

⏰
VORBEREITUNG: 20 Min.
RUHEZEIT: 3 ½ Std.

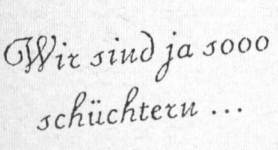

Wir sind ja sooo schüchtern …

Abrakadabra …! ❖ Die Veilchen vorsichtig unter fließendem kaltem Wasser waschen, die Stängel entfernen und die Blüten auf Küchenpapier abtropfen lassen. ❖ In einer Kasserolle Milch mit Crème fraîche und 140 g Zucker verrühren und bei geringer Hitze aufkochen. ❖ Die Herdplatte ausschalten, die Veilchenblüten hinzufügen und zugedeckt 30 Min. in der Milch ziehen lassen. ❖ Die Veilchenblüten vorsichtig ausdrücken und die Milch abseihen. ❖ Agar-Agar zufügen, die Mischung bei geringer Hitze aufkochen und 30 Sek. kochen lassen. ❖ Die Creme auf 4 Dessertschalen verteilen und 3 Std. kühl stellen. ❖ Die Blaubeeren mit dem restlichen Zucker und 2 EL Wasser aufkochen. Abkühlen lassen. Die Cremes vor dem Servieren mit Sirup überziehen.

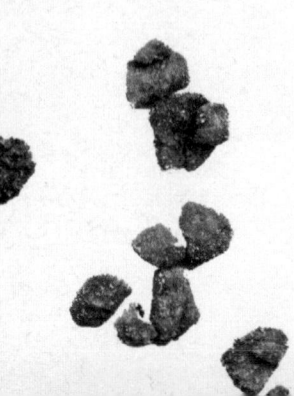

Wichtig!
Die zarten Veil-
chenblüten ganz vor-
sichtig unter einem
feinen Wasserstrahl
waschen.

Die Blau- oder Heidelbeere (*Vacciniummyrtillus*) ist ein 20–60 cm hoher Zwergstrauch und gehört zur Familie der Heidekrautgewächse. Sie gedeiht in den gemäßigten Regionen Eurasiens und Nordamerikas. Die Blütezeit dauert von April bis Juni. Ab Juli entwickeln sich aus den weißen, rosafarbenen oder grünlichen Blüten die 6–10 mm großen blauvioletten Beeren.

Wissenswertes

Wie das Stiefmütterchen gehört auch das Duftveilchen (*Viola odorata*) zur Familie der Veilchengewächse. Die Gattung umfasst 500 verschiedene Arten, von denen etwa 100 in Europa anzutreffen sind. Im Unterschied zu den Stiefmütterchen stehen beim Veilchen zwei Blütenblätter nach oben und drei nach unten ab.

Kleine Hexenfibel

Form: Besonders hübsch sieht es aus, wenn Sie die Creme in kleine Silikonformen mit unterschiedlichen Motiven (Herz, Stern, Sonne …) füllen.

Stürzen: Die Cremes lassen sich leichter stürzen, wenn man die Formen mit kaltem Wasser ausspült, bevor man die heiße Creme einfüllt.

Deko: Die Cremes vor dem Servieren noch mit kandierten Veilchenblüten verzieren.

Tausendundeine Geschichte

Nicht nur wir Menschen lieben die Blaubeere, auch der Fuchs tut sich gerne daran gütlich. Zur Gattung der Heidelbeeren zählen außerdem die säuerliche, leuchtend rote Preiselbeere (*Vacciniumvitis-idaea*) und die vor allem in Skandinavien, gelegentlich auch in den Gebirgsregionen Süd- und Mitteleuropas anzutreffende, ebenfalls blaue Rauschbeere (*V. uliginosum*). Im Unterschied zur Heidelbeere hat die Rauschbeere ein weißes Fruchtfleisch.

❧ 37 ☙

Crème brûlée
mit Ahornsirup

Brauchen Sie eine kleine Stärkung?

Der süße, aromatische Pflanzensaft des Zuckerahorns (*Acersaccharum*) diente den Indianern Nordamerikas früher als Heilmittel gegen verschiedene Krankheiten, wie z.B. Skorbut. Noch heute wird der Baum mit den handförmigen Blättern in der Pflanzenheilkunde außerordentlich geschätzt, und Ahornsirup gilt als hervorragendes Stärkungsmittel. Sollten Sie also gerade eine kleine Stärkung brauchen, ist dieses leckere Dessert genau das Richtige.

Zutaten
Für 6 Personen

1 TL Maisstärke
200 ml Milch
4 EL Ahornsirup
6 Eigelb
1 TL Vanilleextrakt
500 g Crème fraîche
60 g Ahornzucker

VORBEREITUNG: 30 Min.
KOCHZEIT: 20 Min.
RUHEZEIT: 6 Std.

Abrakadabra …! ❈ Den Backofen auf 160 °C (Umluft 140 °C) vorheizen. ❈ Die Maisstärke mit 1 EL kaltem Wasser anrühren. ❈ In einer Kasserolle die Milch mit dem Ahornsirup aufkochen und 10 Min. bei geringer Hitze kochen lassen. ❈ Die Eigelbe in einer Schüssel verrühren und die Vanille hinzufügen. ❈ Unter laufendem Rühren die kochende Milch hinzufügen, dann angerührte Stärke und Crème fraîche einrühren. ❈ Die Mischung auf 6 hitzebeständige Förmchen verteilen und die Cremes 20 Minuten im Backofen garen. ❈ Abkühlen lassen und 6 Std. in den Kühlschrank stellen. ❈ Kurz vor dem Servieren den Backofengrill vorheizen. ❈ Die Cremes jeweils mit 1 EL Ahornzucker bestreuen und 2 Min. unter den Grill schieben, bis der Zucker karamellisiert ist.

Für Dich geh ich durch's Feuer !

94

Kleine Hexenfibel

Wasserbad: Die Cremes müssen im Wasserbad gegart werden. Dazu einfach die Fettpfanne des Backofens bis zur halben Höhe mit Wasser füllen.

Karamell: Schneller geht es, wenn Sie zum Karamellisieren einen Bunsenbrenner oder ein spezielles Karamellisiereisen nehmen.

Eisen: Früher verwendete man zum Karamellisieren ein sogenanntes Crème-brûlée- oder Karamellisiereisen. Es besteht aus einer runden gusseisernen Platte mit einem langen Stiel und muss vorher ins Feuer gehalten werden. Heute gibt es auch elektrische Karamellisiereisen.

Ahornzucker: Wird aus Ahornsirup gewonnen, den man so lange eindicken lässt, bis er eine körnige Konsistenz annimmt. Ahornzucker ist in Feinkostgeschäften und Bioläden erhältlich.

Wissenswertes

Ein riesiger Ahornbaum soll sich über der Quelle erhoben haben, aus der der Zauberer Merlin das reine Wasser zu schöpfen pflegte. In der griechischen Mythologie war der Ahorn dem Kriegsgott Ares geweiht. Und das Trojanische Pferd soll aus Ahornholz gefertigt worden sein.

Ein Löffel für Mama …

Tausendundeine Geschichte

In Quebec symbolisiert der Ahornbaum die Vereinigung der frankophonen kanadischen Kolonien.

AUS FLORA UND FAUNA

Der Feldahorn (*Acercampestre*) ist bereits seit der letzten Eiszeit bekannt. Allein in der nördlichen Hemisphäre findet man 115 verschiedene Ahornvarietäten, darunter den Japan-Ahorn (*A. Japonicum*), den Eschen-Ahorn (*A. negundo*), den Schneeball-Ahorn (*A. opalus*), den Bergahorn (*A. pseudoplatanus*) und den Französischen Ahorn (*A. monspessulanum*).

Wichtig!
Falls Sie zum Karamellisieren ein Karamellisiereisen verwenden, darauf achten, dass es zwar heiß, aber nicht zu heiß ist. Denn es gibt nichts Scheußlicheres als verbrannten Karamell.

❧ 38 ❧
Schneebälle in Rosenmilch
Damit Sie das Leben
durch die rosarote Brille sehen

Duftige weiße Eischneebälle und dazu eine nach Rosen duftende Sauce und kandierte Rosenblätter – ein Dessert, das Sie garantiert aus jedem seelischen Tief herausholt!

Zutaten
Für 6 Personen

6 Eier
250 ml Milch
120 g Zucker
12 getrocknete Rosenknospen
kandierte Rosenblätter
   zum Verzieren

⏰

VORBEREITUNG: 30 Min.
KOCHZEIT: 15 Min.
RUHEZEIT: 2 Std.

*Nimmt er mich
in den Arm, wird
mir ums Herz
ganz warm …*

Abrakadabra …! ❋ Eier trennen und die Eiweiße sehr steif schlagen. ❋ In einer Kasserolle Milch und Zucker zum Kochen bringen. ❋ Mit einem Esslöffel Klößchen vom Eischnee abstechen und in die Milch gleiten lassen. ❋ Die Bällchen 3 Min. pochieren, dabei einmal wenden. ❋ Mit einem Schaumlöffel herausheben und auf einem Geschirrtuch abtropfen lassen. ❋ Die Rosenknospen in die Milch geben, diese erneut aufkochen und 2 Min. kochen lassen. ❋ Die Eigelbe in einer Kasserolle verschlagen, die heiße Milch dazugeben. ❋ Langsam zum Kochen bringen und dabei laufend mit einem Holzkochlöffel rühren. Nach dem Aufkochen sofort vom Feuer nehmen und abkühlen lassen. ❋ Die Milch in eine Servierschüssel füllen und die Schneebälle hineinsetzen. ❋ Das Dessert mit kandierten Rosenblättern bestreuen und 2 Std. kühl stellen.

Tausendundeine Geschichte

Schon seit dem Altertum gilt die Rose als das Symbol der Liebe und war in der griechischen Mythologie Aphrodite, der Göttin der Liebe, der Schönheit und der sinnlichen Begierde, sowie Eros, dem Gott der begehrlichen Liebe, geweiht. Der Legende nach entstand die Blume aus dem Blut des Adonis. Einem anderen Mythos zufolge soll sie mit Venus, der römischen Göttin der Liebe und des sinnlichen Verlangens, auf die Erde gelangt sein, als diese dem Meerschaum entstieg.

Kleine Hexenfibel

Schnee: Eiweiß lässt sich besser steif schlagen, wenn es vorher gut gekühlt wurde und wenn man eine Prise Salz hinzufügt.

Portion: Die Schneebälle in kleinen Portionen (etwa 3 Stück auf einmal) in der Milch pochieren.

Blätter: Für die kandierten Rosenblätter die gewaschenen Blütenblätter von 2 ungespritzten Rosenblüten mit 1 nicht zu steif geschlagenen Eiweiß bepinseln, mit 50 g Zucker bestreuen und auf einem Kuchengitter trocknen lassen.

Wissenswertes

Wussten Sie schon, dass … ein Straußenei in etwa so viel wiegt wie 12 Hühnereier? Ein einziges Straußenei ist also ausreichend für ein großes Omelett.

AUS FLORA UND FAUNA

Die wild wachsende Heckenrose (*Rosa canina*) blüht im Mai und Juni, und im September erscheinen die uns allen bekannten fleischigen roten Früchte – die Hagebutten.

Wichtig!

Die kandierten Rosenblätter bereits am Vortag herstellen, und die Schneebälle 4 Std. vor dem Servieren zubereiten.

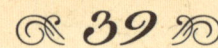

❧ 39 ❧

Bayerische Creme mit Hibiskus

Eine kleine Reise um die Welt

Diese Bayerische Creme – eine Komposition aus Kokosmilch, Zucker, Erdbeeren und Hibiskusblüten – führt uns nach China, Afrika, Österreich und ins schöne Bayern, die Heimat von Kaiserin Sisi. Wir machen also mit jedem Bissen fast eine kleine kulinarische Weltreise.

Zutaten
Für 6 Personen

150 ml Milch
150 ml Kokosmilch
40 g Hibiskusblüten
4 Eigelb
60 g Zucker
120 g Crème fraîche
1 Blatt Gelatine
200 g Erdbeeren

VORBEREITUNG: 40 Min.
KOCHZEIT: 20 Min.
RUHEZEIT: 8 ½ Std.

Abrakadabra …! ❈ 6 Dessertringe mit Frischhaltefolie ausschlagen. ❈ Die Milch mit der Kokosmilch verrühren und aufkochen lassen. ❈ Die Hibiskusblüten hineingeben, den Topf vom Feuer nehmen und die Blüten 30 Min. in der Milch ziehen lassen. ❈ Die Milch anschließend durch ein Sieb seihen. ❈ Die Eigelbe kräftig mit dem Zucker verrühren. ❈ Unter Rühren nach und nach die lauwarme Milch hinzufügen. ❈ Die Mischung bei geringer Hitze zum Kochen bringen und dabei laufend mit einem Spatel umrühren. ❈ Den Topf nach dem Aufkochen sofort vom Feuer nehmen. ❈ 120 g Creme abnehmen und in einer Schüssel mit der eingeweichten und ausgedrückten Gelatine verrühren. ❈ Die restliche Creme mit der Crème fraîche aufschlagen und zum Schluss die Gelatinemischung unterziehen. ❈ Die Creme auf die Ringe verteilen und in 8 Std. im Kühlschrank fest werden lassen. ❈ Die Ringe abnehmen und die Cremes mit Erdbeeren verzieren.

Eine kleine Weltreise …

Wissenswertes

Der Hibiskus gehört zur Familie der Malvengewächse, die mehr als 30 000 Arten umfasst. Er wächst als Halbstrauch, Strauch oder Baum und erreicht eine Höhe von bis zu 5 Metern. Die Blüten können ein- oder mehrfarbig sein.

Kleine Hexenfibel

Sauce: Die Bavarois mit einer Coulis aus 200 g Erdbeeren, 40 g Zucker und 1 EL getrockneten Hibiskusblüten servieren. Die Zutaten einfach in den Mixer füllen und pürieren.

Weich: Blattgelatine muss vor der Verwendung 1 Minute in kaltem Wasser eingeweicht und danach gut ausgedrückt werden.

Grün: Zu den roten Erdbeeren passen sehr schön ein paar frische Minzeblätter als Dekoration.

Tausendundeine Geschichte

In Ägypten und Südostasien schätzte man den Chinesischen Roseneibisch (*Hibiscus rosa-sinensis*) bereits im Altertum als Zierpflanze und wegen seiner essbaren Früchte. Im 12. Jahrhundert brachten ihn die Mauren nach Europa, und im 17. Jahrhundert gelangte er mit den Sklaven auch nach Amerika. Der Straucheibisch (*H. syriacus*), »die unvergängliche Blume«, wie er im Koreanischen heißt, ist die Nationalblume Südkoreas.

AUS FLORA UND FAUNA

Die Erdbeere ist eine mehrjährige Staude, die sich durch Ausläufer vermehrt. Bei der »Beere« handelt es sich um eine sogenannte Sammelnussfrucht, d.h. die eigentlichen Früchte sind die kleinen gelben Nüsschen, die auf der Scheinbeere sitzen.

Wichtig!
Sobald die Bayerische Creme fertig ist, darf sie keinesfalls mehr zum Kochen kommen.

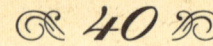

Mandarinen-soufflés

Auf zu den Mandarinen

Lassen Sie sich ins Land der Mandarine entführen …
Alles was Sie dazu brauchen, sind diese Soufflés und vielleicht noch ein chinesisches
Service und einen Mandarinenlikör, der selbstverständlich stilecht in einer
Porzellanflasche mit blauem Drachenmuster serviert werden sollte.

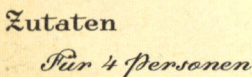

Zutaten

Für 4 Personen

20 Mandarinenblüten
500 ml Milch
1 Vanilleschote
4 Eier
140 g Zucker
70 g Mehl
Butter für die Formen

VORBEREITUNG: 40 Min.
BACKZEIT: 15 Min.
RUHEZEIT: 30 Min.

Abrakadabra …! ❈ Die Mandarinenblüten unter fließendem kaltem Wasser waschen. ❈ 300 ml Wasser aufkochen und den Topf vom Feuer nehmen. Die Blüten hineingeben und zugedeckt 30 Min. ziehen lassen. ❈ Inzwischen in einem zweiten Topf die Milch mit der Vanilleschote zum Kochen bringen. ❈ Eier trennen und die Eigelbe mit dem Schneebesen kräftig mit 120 g Zucker und dem Mehl verrühren. ❈ Unter Rühren die heiße Milch hinzufügen. ❈ Die Mischung in den Topf zurückgießen, unter Rühren 5 Min. köcheln lassen, dann vom Feuer nehmen. ❈ 600 g Creme abnehmen, mit 4 EL Mandarinenwasser verrühren und beiseitestellen. ❈ Backofen auf 200 °C (Umluft 180 °C) vorheizen. ❈ 4 Souffléförmchen mit Butter einfetten und mit Zucker ausstreuen. ❈ Eiweiße mit 1 EL Zucker steif schlagen. ❈ 3 EL Eischnee unter die Creme rühren, danach den restlichen Eischnee unterheben. ❈ Die Masse auf die Förmchen verteilen, die Soufflés 15 Min. backen und sofort servieren.

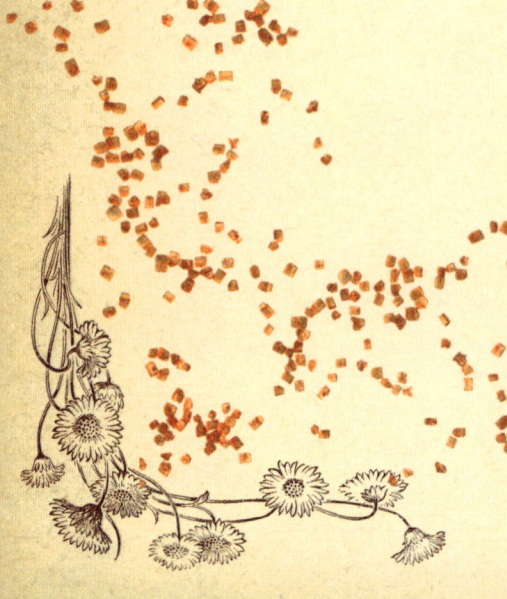

Wichtig!
Die Backofentür während des Backens
keinesfalls öffnen, sonst fallen die Soufflés
zusammen. Deshalb müssen sie nach dem
Backen auch sofort serviert werden.

Kleine Hexenfibel

Geschmack: Wer einen intensiveren Mandarinengeschmack möchte, der kann noch 1 EL Mandarinenlikör in die Konditorcreme rühren.

Kompott: Zu den Soufflés noch ein Mandarinenkompott servieren. Dazu 2 kg Mandarinen in Spalten zerteilen und mit 1 kg Zucker und 2 l Wasser kochen, bis die Früchte weich sind.

Wissenswertes

Wer das Glück hat, einen Wintergarten und ein Mandarinenbäumchen zu besitzen, fühlt sich vielleicht ein wenig in eine der berühmten Orangerien versetzt. Die Orangerie von Schloss Versailles wurde Ende des 17. Jahrhunderts von Jules Hardouin-Mansart entworfen. Bei einer Temperatur von 20–22 °C gedeihen dort 1000 Mandarinenbäumchen.

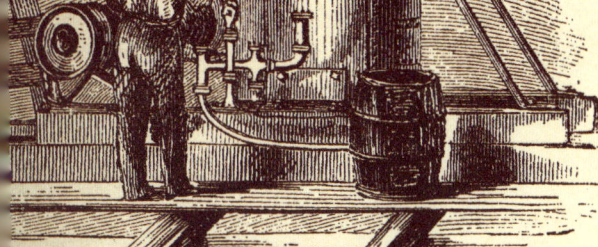

Die Mandarine (*Citrus reticulata*) gehört zur Familie der Rautengewächse. Sie war ursprünglich in China, Indonesien und Indien beheimatet. Ihre weißen Blüten verströmen einen angenehmen feinen Duft.

Tausendundeine Geschichte

Die kernlose Clementine ist nach dem französischen Pater Clément Rodier benannt, der sie Ende des 19. Jahrhunderts in Algerien entdeckte. Zu ihrer Herkunft gibt es keine gesicherten Angaben. Vermutlich handelt es sich um eine Zufallskreuzung von Mandarine und Pomeranze.

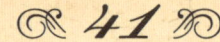

✒ 41 ✒

Sahnecreme mit frischen Veilchen

Machen Sie den ersten Schritt!

Das Veilchen ist eine der ersten Blumen, die im Frühling erscheinen.
Vielleicht ist das der Grund, weshalb es seine Blüte nur zögernd entfaltet. Das
Veilchen symbolisiert die Schamhaftigkeit, die Schüchternheit und die erste Liebe …
Wie wäre es, wenn auch Sie mit diesem Dessert den ersten Schritt machen?

Zutaten

Für 6–9 Personen

20 frische Veilchen
250 ml Milch
250 g Sahne
3 Eier + 2 Eigelb
150 g Zucker

VORBEREITUNG: 25 Min.
KOCHZEIT: 45 Min.

Abrakadabra …! ✖ Den Backofen auf 100 °C (Umluft 80 °C) vorheizen. ✖ Die Veilchen vorsichtig unter fließendem Wasser waschen und auf Küchenpapier abtropfen lassen. ✖ Milch und Sahne bei geringer Hitze in einer Kasserolle erhitzen. ✖ Die Eier und die Eigelbe mit dem Zucker schaumig schlagen. ✖ Nach und nach die heiße Milch unterschlagen. ✖ Die Mischung auf hitzebeständige Förmchen verteilen und jeweils mit Veilchen garnieren. ✖ Die Cremes 45 Min. im Backofen garen und lauwarm servieren.

*Verliebt wie am
ersten Tag …*

Wissenswertes

Das Veilchen ist das Wahrzeichen von Parma. Glaubt man der griechischen Mythologie, verwandelte Zeus die Tochter des Atlas in ein Veilchen, als diese sich hilfesuchend an den Göttervater wandte, weil sie der Sonnengott Helios mit seinen Strahlen verfolgte.

Kleine Hexenfibel

Kandiert: Kandierte Veilchenblüten stellt man wie folgt her: 40 g gewaschene Blüten mit 1 nicht zu steif geschlagenen Eiweiß bepinseln, mit 50 g Zucker bestreuen und auf einem Kuchengitter trocknen lassen.

Blätter: Veilchenblätter schmecken vorzüglich in Salaten und eignen sich hervorragend zum Parfümieren von Süßspeisen.

Deko: Was passte besser zu diesem Dessert als ein mit kleinen Veilchensträußen geschmückter Tisch?

Wichtig!
Das Dessert in den Förmchen auf Tellern servieren und die Teller mit kandierten Veilchenblüten bestreuen.

Tausendundeine Geschichte

Das Veilchen war die Lieblingsblume Napoleons. Nach seinem Tod fand man bei seinem Leichnam sogar eine Kapsel mit getrockneten Veilchen. Veilchensträuße waren auch das Erkennungszeichen der Anhänger Napoleons.

AUS FLORA UND FAUNA

Das Duftveilchen (*Viola odorata*) ist eine krautige Pflanze, die in Laub- und Nadelwäldern in Höhen bis zu 1600 Metern anzutreffen ist. Zwischen Mai und Juni erscheinen die kleinen violetten, in der Mitte gelegentlich dunkler gefärbten Blüten.

Cakes und Kekse

❦ 42 ❦

Cake mit violetten Möhren, Zimt und Ingwer

Schlagen Sie zwei Fliegen mit einer Klappe!

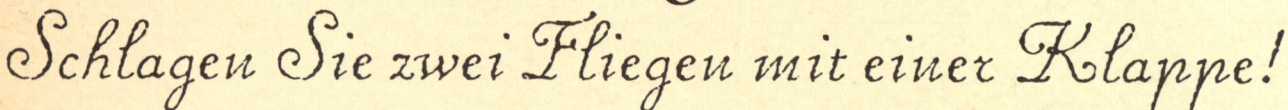

Wie heißt es so schön? Man sollte das Übel stets an der Wurzel packen. Mit diesem Möhrenkuchen schlagen Sie zwei Fliegen mit einer Klappe. Die im Farbstoff der violetten Möhren enthaltenen Antioxidantien sorgen dafür, dass Sie jung bleiben. Und der Möhre im Allgemeinen sagt man außerdem nach, sie mache den Menschen liebenswert.

Abrakadabra …! ❖ Die Möhren unter fließendem kaltem Wasser abbürsten und fein reiben. ❖ Den Backofen auf 180 °C (Umluft 160 °C) vorheizen. ❖ Die Butter bei geringer Hitze in einer Kasserolle zerlassen. ❖ Das Mehl in einer Schüssel mit Backpulver, Zucker, Kokosraspeln und Gewürzen mischen. ❖ Eine Mulde in die Mitte drücken, die Butter hineingießen und die Zutaten mit einem Holzkochlöffel verrühren. ❖ Die Eier einzeln unterrühren, die Möhren hinzufügen und alles gut verrühren. ❖ Eine Kastenform mit Butter einfetten. Den Teig einfüllen und 45 Minuten backen. ❖ Den Kuchen nach dem Backen auskühlen lassen.

Zutaten

Für 4 Personen

3 violette Möhren
140 g Butter
120 g Mehl
1 Päckchen Backpulver
140 g Zucker
80 g Kokosraspel
1 TL Zimt
1 TL gemahlener Ingwer
2 Eier

⏰

VORBEREITUNG: 25 Min.
BACKZEIT: 45 Min.

Meine Liebe, gestatten Sie, dass ich Ihnen meine Liebeserklärung vortrage …

Wichtig!
Beim Kochen hält die Mischung von violetten und
orangen Pigmenten eine Überraschung bereit, die
allerdings keine ist, wenn man im Physikunterricht
aufgepasst hat. Aus Gelb und Violett wird nämlich
Kaki. Das sollten Sie wissen, um das Geschirr
entsprechend zu wählen.

Kleine Hexenfibel

Schale: Die violetten Möhren nicht schaben, denn in der Schale sitzen die Vitamine.

Spieß: Um festzustellen, ob der Kuchen fertig ist, in der Mitte mit einem Spieß hineinstechen. Der Spieß muss sauber bleiben.

Kalt: Am besten schmeckt der Kuchen, wenn man ihn am Vortag bäckt und über Nacht in den Kühlschrank stellt.

Kruste: Der Kuchen muss außen eine knusprige Kruste haben und innen weich sein.

Kokos: Durch die Kokosraspeln bekommt der Kuchen einen angenehm frischen Geschmack und wird schön locker.

Tausendundeine Geschichte

Ihre violette Farbe verdankt die Möhre dem Farbstoff Anthocyan, der auch in Blaubeeren, Brombeeren und blauen Trauben enthalten ist. Die Schalen dieser Früchte sind reich an Antioxidantien, die den Alterungsprozess aufhalten.

Wissenswertes

Die violette Möhre, die bei uns gerade eine Renaissance erlebt, wird bereits seit dem 10. Jahrhundert in Zentralasien, vor allem in Afghanistan, kultiviert.

AUS FLORA UND FAUNA

Die Möhre (*Daucus carota*) ist eine krautige Pflanze aus der Familie der Doldenblütler. Die dicke, fleischige, bis zu 80 cm tief wurzelnde längliche Pfahlwurzel der Pflanze wird als Gemüse gegessen.

Ist er nicht schick,
mein Kokosschalensessel?

❧ 43 ❧

Mohn-Cake

Wollen Sie ihm den Kopf verdrehen?

Im Unterschied zu den Stielen, die einen giftigen weißen Milchsaft enthalten, sind die blauschwarzen Samen des Schlafmohns (*Papaver somniferum*) genießbar und werden gerne für Brote und Kuchen verwendet. Die unreifen Samen sind übrigens nicht schwarz, sondern weiß. Doch ob schwarz, blau oder weiß, mit diesem Kuchen werden Sie ihm bestimmt den Kopf verdrehen …

Zutaten

Für 4 Personen

5 Eier
1 Prise Salz
180 g Zucker
150 g weiche Butter
1 Päckchen Vanillezucker
200 g gemahlener Mohn
125 g gemahlene Mandeln
1 Päckchen Backpulver

VORBEREITUNG: 25 Min.
BACKZEIT: 45 Min.

Abrakadabra …! ⊠ Den Backofen auf 180 °C (Umluft 160 °C) vorheizen. ⊠ Die Eier trennen und die Eiweiße mit dem Salz und 10 g Zucker steif schlagen. ⊠ In einer Schüssel Butter mit dem restlichen Zucker und dem Vanillezucker schaumig schlagen. ⊠ Die Eigelbe unterrühren und den Eischnee vorsichtig unterziehen. ⊠ Den Mohn mit den Mandeln mischen und unter den Teig rühren. Zum Schluss das Backpulver untermischen. ⊠ Eine Kastenform mit Butter einfetten, den Teig einfüllen und 45 Minuten backen. ⊠ Den Kuchen aus dem Ofen nehmen und auskühlen lassen.

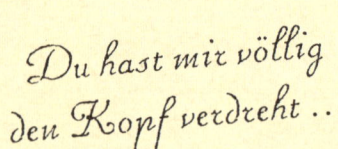

Du hast mir völlig den Kopf verdreht …

Wichtig!
Mohnöl ist ein sehr gesundes, hochwertiges, allerdings auch relativ teures Speiseöl. Es enthält Vitamin B1, Proteine und mehrfach ungesättigte Fettsäuren.

AUS FLORA UND FAUNA

Wie der Klatschmohn gehört auch der Schlafmohn zu den Mohngewächsen. Die Stiele enthalten einen morphinhaltigen Milchsaft, aus dem man Opium gewinnt. Der Anbau von Schlafmohn ist in Deutschland verboten. Die in der Bäckerei verwendeten Samen stammen zumeist vom Blau-, Weiß- und Graumohn.

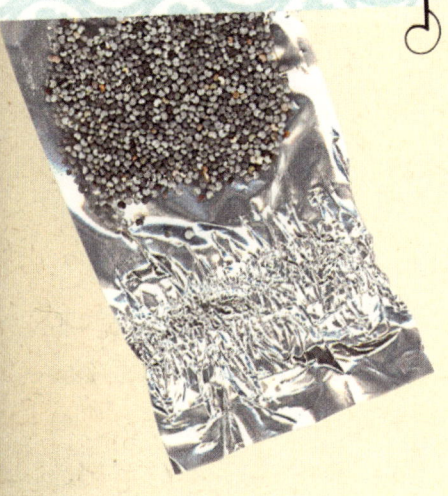

Kleine Hexenfibel

Weich: Die Butter etwa 1 Std. vor der Zubereitung aus dem Kühlschrank nehmen, damit sie weich wird.

Locker: Den Eischnee vorsichtig mit einem Spatel unter die Eigelb-Zucker-Mischung heben, damit der Teig schön locker wird.

Mohn: Mohnsamen bekommen Sie in Supermärkten und Bioläden.

Wissenswertes

Mohnöl hat einen ähnlichen Geschmack wie Haselnussöl. Im Mittelalter verwendete man das Öl, das schon damals sehr teuer war und als sehr wertvoll galt, anstelle von Olivenöl.

Tausendundeine Geschichte

Zur Familie der Mohngewächse zählen auch der giftige Gelbe Hornmohn (*Glaucium flavum*) und der ebenfalls giftige Orangerote Hornmohn (*G. flavum var. aurantiacum*). Beide sind wegen ihrer hübschen leuchtend gelben oder orangeroten Blüten, die von April bis August erscheinen, als Zierpflanzen beliebt. Verschenken sollten Sie sie allerdings nicht, denn die Blumen symbolisieren Betrug, Eifersucht und gebrochene Versprechen.

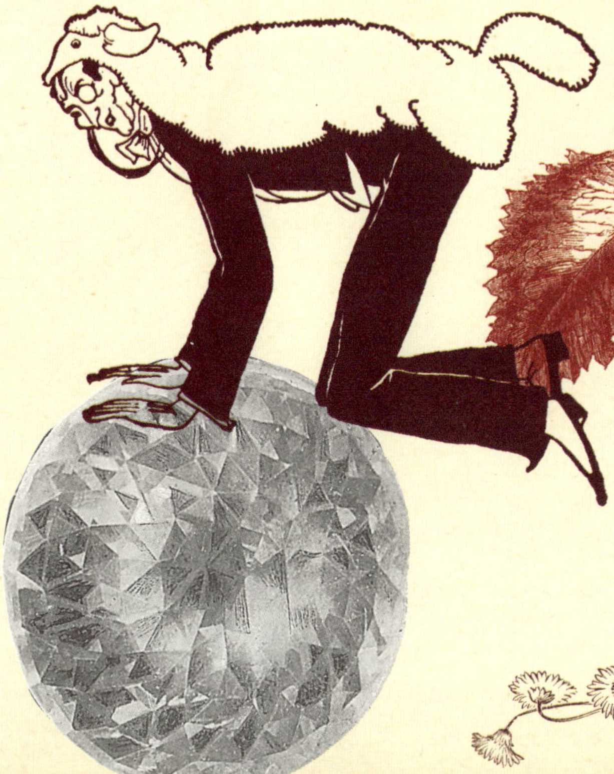
Ich glaub, ich bin ein bisschen high …

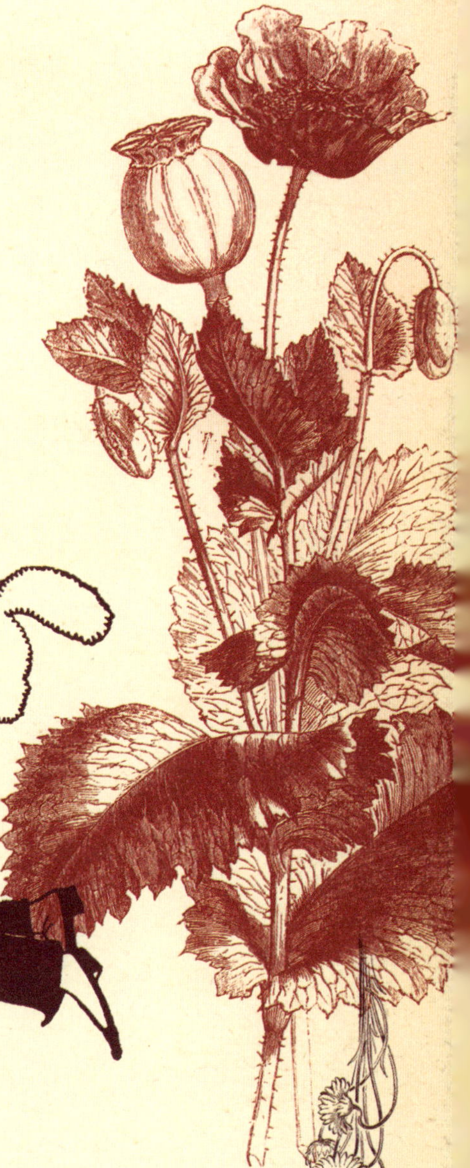

❧ 44 ❧
Apfel-Cake mit Ingwer
Schwelgen Sie in Kindheitserinnerungen – mit einem Hauch Exotik

Zimt, Apfel und Honig, das sind die Hauptzutaten dieses Kuchens – Zutaten, die ein bisschen nach Kindheit, nach Märchen schmecken. Wäre da nicht der Ingwer, der dem Ganzen eine exotische, pikante Note verleiht.

Zutaten
Für 6 Personen

130 g Butter
5 Walnusskerne
6 Stücke eingelegter Ingwer
1 Apfel
½ TL gemahlener Ingwer
1 TL Zimt
100 g Puderzucker
3 Eier
2 EL Honig
160 g Mehl
1 Päckchen Backpulver

VORBEREITUNG: 20 Min.
RUHEZEIT: 45 Min.
BACKZEIT: 50 Min.

Abrakadabra …! ❈ Die Butter etwa 1 Std. vor der Zubereitung aus dem Kühlschrank nehmen, damit sie weich wird. ❈ Die Walnusskerne grob hacken. ❈ Den Ingwer klein schneiden. ❈ Den Apfel schälen, das Fruchtfleisch fein würfeln und in einer Schüssel mit den Gewürzen mischen. ❈ In einer zweiten Schüssel die Butter mit dem Puderzucker vermengen. Die Eier einzeln unterschlagen und den Honig unterrühren. ❈ Mehl, Backpulver, Apfel, Walnusskerne sowie Ingwer hinzufügen und den Teig 45 Min. im Kühlschrank ruhen lassen. ❈ 10 Min. vor Ende der Ruhezeit den Backofen auf 210 °C (Umluft 190 °C) vorheizen. ❈ Eine Kastenform mit Butter einfetten und mit Mehl ausstäuben. Den Teig einfüllen und in den Backofen schieben. ❈ Nach 5 Min. die Temperatur auf 180 °C (Umluft 160 °C) reduzieren und den Kuchen noch 45 Min. backen. Wird er zu schnell braun, mit Alufolie abdecken. ❈ Den fertigen Kuchen auskühlen lassen und kühl lagern.

Du meinst, das ist ein Spatzenhirn?

Sieht so aus …

Wichtig!
Den Kuchen bereits am Vortag backen,
damit er durchziehen und seinen vollen
Geschmack entfalten kann.

Kleine Hexenfibel

Schale: Sollten Sie unbehandelte Äpfel im Haus haben, können Sie sie mit Schale verwenden. Der Teig bekommt so noch mehr Geschmack.

Ganz: Nehmen Sie nach Möglichkeit keine abgepackten gehackten Walnüsse.

Zimt: Der Kuchen passt ausgezeichnet zu einer Tasse mit Zimtzucker gesüßtem Tee oder Kaffee.

Wissenswertes

In China und Indien wird der Ingwer, den man als Gewürz und vielseitiges Heilmittel schätzte, bereits seit der Antike kultiviert. Und im antiken Rom war er so begehrt, dass man ihn mit einer hohen Steuer belegte.

Tausendundeine Geschichte

Bereits seit der Steinzeit schätzt der Mensch den Honig als Nahrungsmittel und wegen seiner Heilkraft. In der Naturheilkunde setzt man ihn vor allem wegen seiner antiseptischen Wirkung ein. Und bei gestresster Haut hat er sich sogar als hervorragendes Schönheitsmittel erwiesen.

AUS FLORA UND FAUNA

Die heute weltweit verbreitete Europäische Honigbiene (*Apis mellifera*) existiert vermutlich bereits seit 100 Millionen Jahren. Im alten Ägypten betrieb man schon vor 2000 Jahren eine hochentwickelte Bienenzucht, und die Biene wurde sogar zum Machtsymbol der Pharaonen.

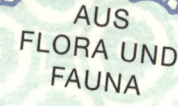

He, du da!
Komm doch mal raus!

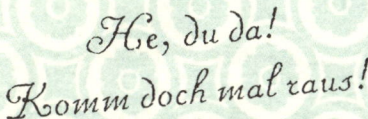

❧ 45 ❧
Mini-Cakes mit Melisse
Lassen Sie sich in ferne Zeiten entführen

Die in Europa beheimatete Zitronenmelisse wird bereits seit Menschengedenken kultiviert, und man findet sie heute noch häufig in Klostergärten. Was gäbe es also Besseres als diese kleinen Melissenkuchen, um sich auf eine kulinarische Reise in die Vergangenheit zu begeben?

Zutaten

Für 4 Personen

50 Zitronenmelisseblätter
180 g Butter
3 Eier
200 g Zucker
180 g Mehl
Saft von ½ Zitrone
1 Prise Salz

VORBEREITUNG: 20 Min.
RUHEZEIT: 30 Min.
BACKZEIT: 30 Min.

Abrakadabra …! ❈ Die Melisseblätter fein schneiden und vorsichtig unter fließendem kaltem Wasser waschen. ❈ Die Butter bei geringer Hitze in einer Kasserolle zerlassen. ❈ Die Eier trennen und die Eigelbe mit dem Schneebesen aufschlagen. Dabei nach und nach 180 g Zucker hinzufügen. ❈ Die zerlassene Butter und danach das Mehl, die Melisse und den Zitronensaft unterrühren. ❈ Den Teig 30 Min. ruhen lassen. ❈ Den Backofen auf 180 °C (Umluft 160 °C) vorheizen. ❈ Die Eiweiße mit dem Salz steif schlagen und den restlichen Zucker unterrühren. ❈ Den Eischnee vorsichtig unter den Teig heben. ❈ 4 kleine Kastenformen mit Butter einfetten und mit Mehl ausstäuben. ❈ Den Teig einfüllen und 30 Min. backen.

Platz da! Du hast dich wohl in der Zeit vertan?

Er schon wieder …

Trink nicht so viel, mein Lieber!
Iss lieber einen Melissenkuchen.

Wichtig!
Wenn Sie eine Silikonform ver-
wenden, muss die Form vor dem
Einfüllen des Teigs nicht eingefettet
und mit Mehl ausgestäubt werden.

AUS FLORA UND FAUNA

Die Zitronenmelisse (*Melissa officinalis*) ist eine krautige Pflanze aus der Familie der Lippenblütler und war ursprünglich im östlichen Mittelmeerraum und in West-asien beheimatet. Zwischen Juni und August erschei-nen die kleinen, weißen, gelblichen oder bläulichen Blüten. Während der Blüte verströmt die Pflanze einen stark an Zitronen erinnernden Duft. Die Zitronenmelisse wächst auf Ödland, an Böschungen oder Waldrändern und bevorzugt warme, trockene Standorte.

Tausendundeine Geschichte

Die Zitronenmelisse ist bei den Bienen sehr beliebt und verleiht dem Honig einen vorzüglichen Geschmack. Stechmücken mögen ihren Duft allerdings gar nicht. Will man sich diese Quälgeister an schönen Sommerabenden also vom Leibe halten, sollte man Melisseblätter in einem Ton-gefäß verbrennen. Das schlägt sie garantiert in die Flucht, und einem ungestörten Tête-à-Tête steht nichts mehr im Weg …

Kleine Hexenfibel

Minze: Die Melisse ist leicht mit der Katzenminze zu ver-wechseln, die allerdings anders riecht.

Form: Zum Backen der Mini-Cakes ist eine Mini-Cake- oder Mini-Muffin-Form mit meh-reren Vertiefungen ideal, denn die Kuchen lassen sich mühelos aus diesen Formen stürzen.

Wissenswertes

Der Zitronenbaum gehört zu den wenigen Pflanzen, die das ganze Jahr über blühen. Ein ausgewachsener Baum bringt unzählige Früchte her-vor. Zitronen werden seit dem 13. Jahrhundert in Sizilien und Spanien kultiviert. Als Zier-pflanzen erfreuten sie sich in der barocken Gartenarchitek-tur großer Beliebtheit.

❧ 46 ❧
Möhren-Cake
mit Walnüssen
Tun Sie was für Ihr Köpfchen

Dieser Kuchen aus Möhren und Walnüssen ist im doppelten Sinne etwas fürs Köpfchen. Die Möhren verleihen einen schönen Teint, und die Walnüsse bringen das Gehirn auf Vordermann.

Zutaten

Für 6 Personen

6 Möhren
3 Eier
100 g Farinzucker
100 g Zucker
1 EL Öl
300 g Mehl
1 TL Zimt
½ TL gemahlener Ingwer
½ Päckchen Backpulver
1 Prise Salz
150 g Walnusskerne, gehackt
100 g Quark
15 g weiche Butter
50 g Puderzucker

VORBEREITUNG: 20 Min.
RUHEZEIT: 10 Min.
BACKZEIT: 45 Min.

Abrakadabra …! ❖ Den Backofen auf 180 °C (Umluft 160 °C) vorheizen. ❖ Die Möhren waschen, abbürsten und reiben. ❖ Die Eier mit Farinzucker und Zucker verschlagen. Anschließend nacheinander das Öl, die Möhren, Gewürze, Backpulver, Salz und Walnüsse unterrühren. ❖ Eine Kastenform mit Butter einfetten, den Teig einfüllen und 45 Min. backen. ❖ Den Kuchen 10 Min. abkühlen lassen, danach aus der Form stürzen. ❖ Den Quark mit Butter und Puderzucker verrühren, den Kuchen mit der Glasur überziehen und die Glasur fest werden lassen.

Ist der Teint zu bleich, eilt herbei die Feuerwehr mit'ner Möhre gleich!

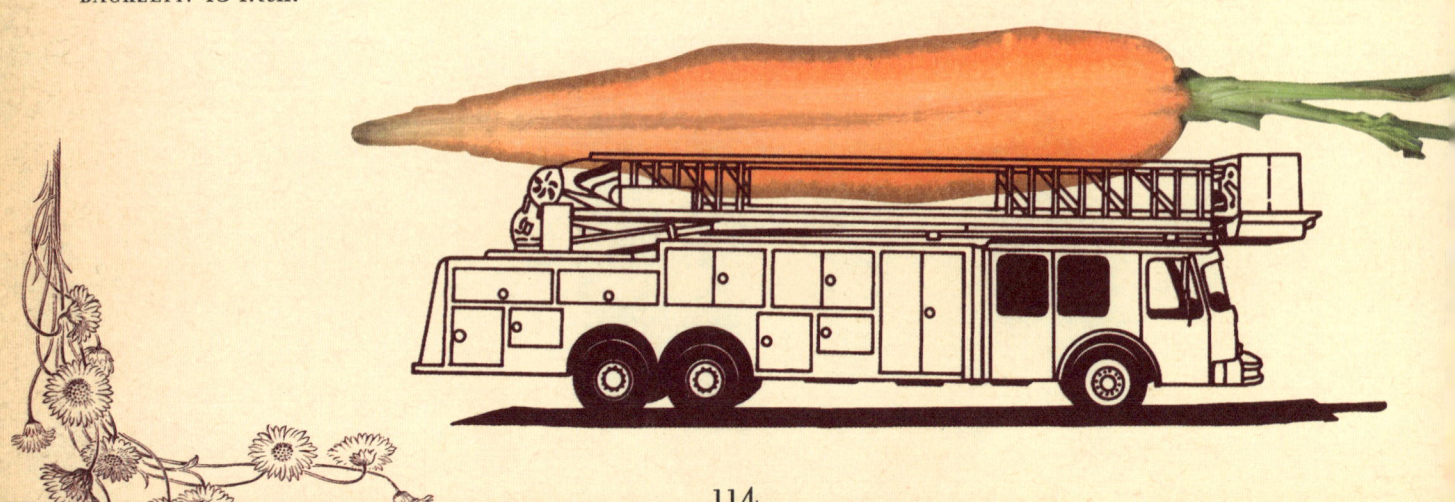

Tausendundeine Geschichte

Auch wenn Hexen eine Vorliebe für Walnussbäume haben, besitzt die Pflanze nur positive Eigenschaften. Symbolisiert sie doch Sinneslust, Fruchtbarkeit sowie Kindersegen und ist ein Freund der Liebenden. Deshalb soll man in der Johannisnacht ein Blatt von einem Walnussbaum pflücken und es dem oder der Liebsten in den Schuh legen. Das funktioniert tatsächlich … Probieren Sie's aus!

AUS FLORA UND FAUNA

Zwischen April und Mai erscheinen die Kätzchenblüten des Walnussbaums (*Juglans regia*). Die Früchte haben zunächst eine glatte grüne Schale, die mit zunehmender Reife braun und rissig wird. Wegen ihrer Form, die an das menschliche Gehirn erinnert, glaubte man im Mittelalter, damit Krankheiten des Gehirns heilen zu können.

Kleine Hexenfibel

Intensiv: Um den Walnussgeschmack noch zu unterstreichen, ein Walnussöl verwenden.

Schicht: Die Glasur in Etappen auftragen, und die einzelnen Schichten immer erst fest werden lassen, bevor Sie die nächste auftragen.

Kompakt: Die Glasur sollte relativ kompakt sein, ist sie zu weich, noch etwas Puderzucker hinzufügen.

Wissenswertes

Karottenrote Haare hat der Held eines Kinderbuchs des französischen Autors Jules Renard, der als *Karottenkopf* inzwischen auch die Herzen der deutschen Kinder erobert hat. Denn er erweist sich in der gleichnamigen Zeichentrickserie immer wieder als Held und als Retter der Hilflosen.

Wichtig!
Vergessen Sie nicht, die Butter etwa 1 Std. vor der Zubereitung aus dem Kühlschrank zu nehmen, damit sie weich wird.

❧ 47 ❧
Johannisbeerkuchen mit Matcha
So bleiben Sie fit und rüstig!

In der Pflanzenheilkunde schätzt man die Johannisbeere als Mittel gegen Fettleibigkeit, Rheumatismus, Hautprobleme und anderes mehr. Außerdem sagt man den kleinen Beeren nach, sie seien nervenberuhigend, verbesserten die Stimmung und die Konzentrationsfähigkeit und stärkten das Immunsystem. Kein Wunder, enthalten sie doch reichlich Vitamin A, B und C und wertvolle Flavonoide. Allen, die fit und rüstig bleiben wollen, ist dieser Johannisbeerkuchen also nur wärmstens zu empfehlen.

Zutaten

Für 4 Personen

100 g rote Johannisbeeren
40 g Butter
80 g Puderzucker
40 g gemahlene Mandeln
30 g Mehl
3 TL aufgebrühter Matcha-Tee
3 g Backpulver
3 Eiweiß

VORBEREITUNG: 20 Min.
BACKZEIT: 20 Min.

Abrakadabra …! ❧ Den Backofen auf 180 °C (Umluft 160 °C) vorheizen. ❧ Die Beeren kurz unter fließendem kaltem Wasser waschen, von den Stielen streifen und beiseitestellen. ❧ Die Butter bei geringer Hitze zerlassen. ❧ In einer Schüssel Puderzucker mit Mandeln, Mehl, Matcha-Tee und Backpulver verrühren. ❧ Eiweiße steif schlagen und unterziehen, und das Ganze zu einem homogenen Teig verrühren. ❧ Zum Schluss die Butter vorsichtig unterrühren. ❧ Eine quadratische Form mit Butter einfetten, den Teig einfüllen und die Johannisbeeren darauf verteilen. ❧ Den Kuchen 20 Min. backen und in der Form auskühlen lassen.

*Damit ihr fit bleibt …
müsst ihr Johannisbeeren
essen!*

Gute Idee …

Ach was …?

Wichtig!
Gibt es gerade keine Johannisbeeren, nehmen Sie stattdessen Kiwis. Zusammen mit dem Matcha halten sie den Geist fit.

Kleine Hexenfibel

Dosieren: 3 g Backpulver lassen sich schlecht abwiegen. Die Menge entspricht einem gestrichenen Teelöffel.

Mandeln: Die gemahlenen Mandeln geben diesem Kuchen die notwendige Festigkeit.

Klein: Der Kuchen passt ausgezeichnet zu einer Tasse Tee und kann auch in kleinen Formen gebacken werden.

Tee: Auch wenn er nicht ganz billig ist, sollten Sie dazu unbedingt einen Matcha-Tee trinken. Das Teepulver einfach mit dem Schneebesen – oder stilecht mit einem Matcha-Besen – in 60 °C heißes Wasser rühren und sofort genießen. Den Tee keinesfalls ziehen lassen.

Wissenswertes

Johannisbeeren sind ausgesprochen vielseitige Früchte. Sie eignen sich als Kuchenbelag, man kann sie einkochen oder zu Konfitüren und Marmeladen, Saft, Wein und Likör verarbeiten. Berühmt ist der französische Crème de Cassis, ein Likör aus schwarzen Johannisbeeren, der Hauptbestandteil des nicht minder berühmten Kir Royal ist.

Tausendundeine Geschichte

Der japanische Matcha-Tee ist reich an Vitamin C und wirkt tonisierend. Er gilt als der beste Tee überhaupt. Die Teeblätter werden zwischen Mahlsteinen zu einem ganz feinen Pulver zerrieben, das anschließend in kleine Dosen abgefüllt wird. Matcha-Tee wird auch bei der traditionellen japanischen Teezeremonie verwendet.

AUS FLORA UND FAUNA

Die Rote Johannisbeere (*Ribes rubrum*) ist ein kleiner, 1–1,5 m hoher Strauch oder Baum, der in gemäßigten und kalten Regionen gedeiht. Ihren Namen verdanken die Johannisbeeren dem Umstand, dass die ersten Sorten um den Johannistag reif werden.

❧ 48 ❧

Wolfszähne nach Hexenart

Damit Sie keinen Groll mehr gegen ihn hegen!

Diese knusprige Gebäckspezialität erfreut sich in manchen Regionen Frankreichs, etwa im Elsass, großer Beliebtheit. In Frankreich heißt das Gebäck *dent de loup*, Wolfszahn. Sollte bei Ihnen der Haussegen gerade ein bisschen schief hängen, versuchen Sie es doch einmal mit diesen Wolfszähnen. Ein einziger genügt, und schon ist die Luft ist wieder rein – und Sie müssen keinen Groll mehr gegen ihn hegen.

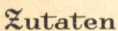

Zutaten

Für 4 Personen

250 g weiche Butter
250 g Zucker
1 Päckchen Vanillezucker
3 Eier
350 g Mehl

VORBEREITUNG: 15 Min.
BACKZEIT: 15 Min.

Abrakadabra …! ✵ Den Backofen auf 180 °C (Umluft 160 °C) vorheizen. ✵ Die Butter in einer Schüssel mit Zucker und Vanillezucker cremig rühren. ✵ Die Eier einzeln unterrühren und zum Schluss das Mehl hinzufügen. ✵ Ein Backblech mit Butter einfetten und mit Mehl bestäuben. ✵ Den Teig in Häufchen auf das Backblech setzen und das Gebäck 15 Min. backen.

Ich brauche jetzt dringend was zwischen die Zähne …

Kleine Hexenfibel

Tartelettes: Aus dem Teig lassen sich auch Tarteletteböden backen, die man mit Erdbeerkonfitüre garnieren kann.

Schnell: Die Wolfszähne sind im Handumdrehen fertig und man benötigt dafür nur wenige einfache Zutaten. Das ideale Rezept, wenn sich einmal unverhofft Besuch ankündigt und Sie mit einer leckeren Kleinigkeit aufwarten wollen.

AUS FLORA UND FAUNA

Der Wolf (*Canis lupus*) gilt als Symbol der Treue. Ist der männliche Wolf paarungsbereit, hat nur eine Wölfin ein Anrecht darauf, von ihm begattet zu werden. Wer die Auserwählte ist, ist jedoch keine Frage der Zuneigung. Denn da man davon ausgeht, dass sich nur die Alphatiere eines Rudels fortpflanzen, kommt nur ein Alphaweibchen infrage. Das Alphaweibchen wiederum sondert, wenn es empfängnisbereit ist, ein bestimmtes Sekret ab, das verhindert, dass die anderen Wölfinnen des Rudels Sexuallockstoffe aussenden.

Tausendundeine Geschichte

»Großmutter, warum hast du so große Zähne?« »Damit ich dich besser fressen kann ...« Haben Sie's erkannt? Schon im grimmschen Märchen vom Rotkäppchen spielen die Wolfszähne eine besondere Rolle. Nur dass diese Wolfszähne alles andere als lecker waren ...

Wissenswertes

Butter wird schon seit vielen hundert Jahren hergestellt. Der Herstellungsprozess ist, abgesehen von den modernen Hygieneanforderungen, nach wie vor der gleiche. Das Ausgangsprodukt ist der Rahm von Kuhmilch. Die berühmte Butter aus der Normandie hat eine besonders schöne, goldgelbe Farbe. Sie ist dem Carotin zu verdanken, das die Kühe auf der Weide mit dem fetten grünen Gras aufnehmen.

Wichtig!
Damit die Wolfszähne auch wie richtige Wolfszähne aussehen, gibt es ein spezielles gewelltes Wolfszahnbackblech. Die Anschaffung lohnt sich allerdings nur, wenn Sie das Gebäck häufiger backen, denn die Bleche sind sehr teuer.

❧ 49 ❧

Früchtebrot

Gut gegen Liebeskummer

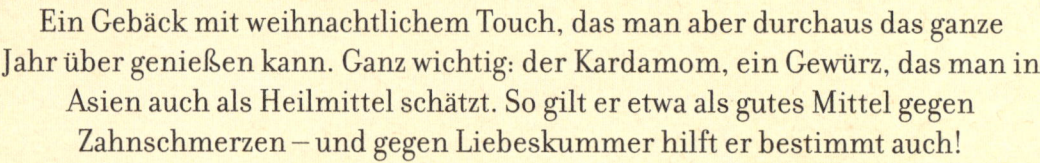

Ein Gebäck mit weihnachtlichem Touch, das man aber durchaus das ganze Jahr über genießen kann. Ganz wichtig: der Kardamom, ein Gewürz, das man in Asien auch als Heilmittel schätzt. So gilt er etwa als gutes Mittel gegen Zahnschmerzen – und gegen Liebeskummer hilft er bestimmt auch!

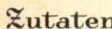

Zutaten
Für 6 Personen

100 g getrocknete Apfelringe
100 g getrocknete Birnen
100 g Datteln
100 g Backpflaumen
100 g getrocknete Feigen
100 g Rosinen
50 g gemahlene Haselnüsse
50 g gemahlene Mandeln
50 g gemischte kandierte
    Früchte
1 TL Zimt
1 Gewürznelke
1 Sternanis
1 Kardamomkapsel
1 TL Anis
40 cl Kirschlikör
125 g Zucker
500 g Brotteig

VORBEREITUNG: 15 Min.
RUHEZEIT: 2 Tage
BACKZEIT: 45 Min.

Abrakadabra …! ❊ Äpfel und Birnen würfeln und im Mixer hacken. ❊ Mit 1 Liter Wasser in einer Kasserolle aufkochen und 5 Min. kochen lassen. ❊ Datteln, Backpflaumen und Feigen grob würfeln und in die Kasserolle geben. ❊ Rosinen sowie Nüsse und zum Schluss die Gewürze hinzufügen. ❊ Den Likör, den Zucker und 1 Glas Wasser dazugeben und gut umrühren. ❊ Das Ganze in eine Gefrierdose füllen, die Dose gut verschließen und 48 Std. in den Kühlschrank stellen. ❊ Die Früchtemischung unter den Brotteig kneten und den Teig 2 Std. ruhen lassen. ❊ Ein Backblech mit Backpapier auslegen, aus dem Teig kleine Laibe formen und 45 Min. im 200 °C (Umluft 180 °C) heißen Backofen backen.

Aua … aua …
ich hab Bauchweh!

Kleine Hexenfibel

Feucht: Die Laibe lassen sich besser formen, wenn man die Hände vorher anfeuchtet.

Glanz: Die Laibe vor dem Backen noch mit einem mit etwas Wasser verquirlten Eigelb bepinseln, damit sie einen schönen Glanz bekommen.

Teig: Für den Brotteig 60 g Hefe, 3 EL Zucker, 125 ml lauwarmes Wasser und 500 g Mehl vermengen. Den Teig 2 Std. ruhen lassen. Anschließend 80 ml Salzwasser unterrühren.

Wissenswertes

Der Grüne Kardamom (*Elettaria cardamomum*) war ursprünglich in Indien beheimatet und ist schon seit dem Mittelalter bekannt. Bei uns verwendet man ihn gerne für Lebkuchen und anderes Weihnachtsgebäck. In Südasien setzt man die getrockneten Früchte bei Zahnschmerzen und Zahnfleischentzündung ein.

AUS FLORA UND FAUNA

Der Echte Sternanis (*Illicium verum*) ist die Frucht eines in den Tropen beheimateten immergrünen Baumes. Die Früchte kann man bei Verdauungsstörungen oder Blähungen auch kauen.

Tausendundeine Geschichte

Kirschlikör lässt sich mühelos selbst herstellen. Einfach 200 g Schattenmorellen (frische oder eingelegte Früchte) mit 200 g weißem Kandis, 1 kleinen Zimtstange, 1 Gewürznelke und 1 Stück Orangenschale in eine große Flasche füllen und mit 1 Flasche Korn aufgießen. 10 Wochen durchziehen lassen, anschließend durch ein feines Sieb seihen, den Likör in Flaschen füllen und vor dem Genuss noch einige Wochen ruhen lassen.

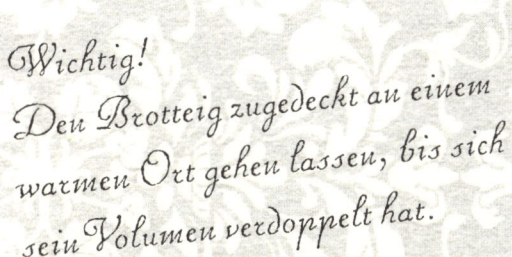

Wichtig!
Den Brotteig zugedeckt an einem warmen Ort gehen lassen, bis sich sein Volumen verdoppelt hat.

Nam, nam ...

❧ 50 ❧
Mango-Passionsfrucht-Traum für zwei
Heben Sie ab nach Wolke sieben

Eine Kurtisane soll Buddha einen Garten mit Mangobäumen geschenkt haben, weil es sich unter den großen Bäumen mit den fleischigen Früchten so gut meditieren lässt. Lange nachdenken sollten Sie bei diesem köstlichen Dessert nicht, sondern einfach genießen – und gemeinsam auf Wolke sieben schweben …

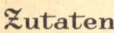

Zutaten
Für 2 Personen

1 Mango
10 Passionsfrüchte
500 ml Milch
4 Eier
2 Päckchen Vanillezucker
75 g Zucker
60 g Mehl

VORBEREITUNG: 45 Min.
KOCHZEIT: 20 Min.
ABKÜHLZEIT: 1 Std.

Abrakadabra …! ❖ Die Mango schälen, das Fruchtfleisch vom Stein schneiden und würfeln. ❖ Das Fruchtfleisch aus den Passionsfrüchten herauslösen und mit der Mango mischen. ❖ Für die Konditorcreme die Milch erhitzen. 1 Ei mit 2 Eigelben (die Eiweiße aufheben), Vanillezucker und Zucker aufschlagen und das Mehl einrühren. ❖ Die kochende Milch unter Rühren hinzufügen und die Mischung bei geringer Hitze unter laufendem Rühren noch einmal kurz aufkochen und anschließend abkühlen lassen. ❖ Die Früchtemischung auf zwei hitzebeständige Glasschälchen verteilen und die Creme darübergießen. ❖ Den Backofengrill vorheizen. ❖ 4 Eiweiße steif schlagen und die Creme mit dem Eischnee überziehen. ❖ Das Dessert 3 Minuten unter den heißen Grill schieben, bis der Eischnee leicht gebräunt ist. ❖ 1 Std. abkühlen lassen und bis zum Servieren in den Kühlschrank stellen.

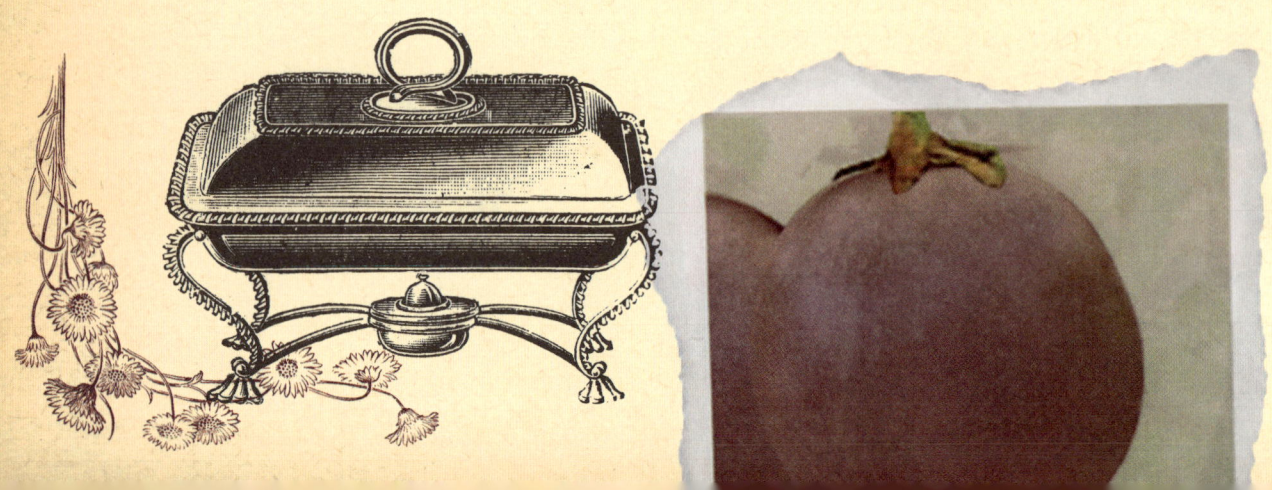

Kleine Hexenfibel

Früchte: Die eiergroßen Passionsfrüchte bekommt man in gut sortierten Supermärkten oder in Obstgeschäften.

Saft: Die hell- bis goldgelbe Gelbe Granadilla eignet sich am besten für Säfte, denn sie ist weniger aromatisch als die violette Purpurgranadilla.

Ersatz: Wenn Sie keine Passionsfrüchte bekommen, nehmen Sie stattdessen Litschis, die ebenfalls sehr gut zur Mango passen.

Schüssel: Das Dessert kann auch in einer großen Glasschüssel serviert werden. Diese muss allerdings der Hitze des Backofengrills standhalten.

Wissenswertes

Exotische Früchte wie Guaven, Kakis, Mangostanen, Kumquats, Jujuben, Passionsfrüchte, Zedratzitronen, Natalpflaumen oder Granatäpfel bekommt man heute mitunter sogar schon in großen Supermärkten. Eine Entdeckung – nicht nur für den Gaumen, sondern auch für die Gesundheit.

Tausendundeine Geschichte

Die Passionsfrucht (*Passiflora edulis*), auch Maracuja oder Granadilla genannt, gehört zur Familie der Passionsblumengewächse. Sie ist die Frucht einer Kletterpflanze, die ursprünglich in Brasilien und Paraguay beheimatet war, heute aber wegen ihrer schmackhaften Früchte auf der ganzen Welt kultiviert wird.

AUS FLORA UND FAUNA

Die saftige Mango mit dem gelborangen Fruchtfleisch und dem großen abgeflachten Stein ist eine der meistkultivierten Früchte. Sie ist die Frucht des Mangobaums (*Mangifera indica*), der zur Familie der Sumachgewächse zählt und ursprünglich in Indien beheimatet war, wo er bereits seit Jahrhunderten kultiviert wird. Von dort gelangte er über Portugal nach Brasilien, auf die Antillen und nach Mittelamerika. Er gedeiht aber auch in Pakistan und Birma.

Wichtig!
Die Konditorcreme muss sämig und locker sein und darf den Geschmack der Früchte nicht überdecken.

❦ 51 ❦

Hexenkatzenzungen
Löst selbst die Zungen
der schweigsamsten Gäste

Dieses zarte Gebäck ist nicht nur eine Gaumenfreude, es wird auch die Unterhaltung bei Tisch in Schwung bringen und selbst die Zungen der schweigsamsten Gäste lösen. Bietet der Name doch reichlich Gesprächsstoff …

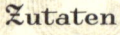

Zutaten
Für 6 Personen

120 g weiche Butter
120 g Zucker
2 Päckchen Vanillezucker
120 g Mehl
4 Eiweiß, steif geschlagen

VORBEREITUNG: 15 Min.
BACKZEIT: 8 Min.

Abrakadabra …! ❈ Den Backofen auf 200 °C (Umluft 180 °C) vorheizen. ❈ Die Butter in einer Schüssel cremig rühren. ❈ Zucker, Vanillezucker und Mehl hinzufügen und gut umrühren. Zum Schluss den Eischnee unterziehen. ❈ Ein Backblech mit Butter einfetten. ❈ Den Teig in einen Spritzbeutel füllen, in ausreichendem Abstand in Streifen auf das Blech spritzen und 8 Min. backen.

*Hast du schon
mal Katzenzunge
gegessen?*

Igitt!!!

AUS FLORA UND FAUNA

❖

Katzen sind ausgesprochen reinliche Tiere, und mit ihrer rauen Zunge verfügen sie über das ideale Instrument, um ihr Fell von Schmutz und Parasiten zu befreien. Und den Rest erledigen sie mit der angefeuchteten Pfote, die sie wie einen Waschlappen benutzen. Ein wahrhaft pflegeleichter Hausgenosse!

Wissenswertes

Dass gerade die Katze das Lieblingstier der Hexen ist, mag auch daher rühren, dass sie, zumindest in Märchen, die Fähigkeit zu sprechen besitzt, und dass Katzen recht selbstbewusste, eigenwillige Geschöpfe sind, wie etwa jene aus Rudyard Kiplings (1865–1936) *Geschichten für die allerliebsten Kinder*, die immer wieder selbstbewusst erklärt, »ich bin die Katze, die ihre eigenen Wege geht, und ein Ort ist für mich so gut wie der andere«.

Tausendundeine Geschichte

In der Märchenwelt gehört die Katze genauso zur Hexe wie der Rabe, der Besen und die lange Hakennase mit der dicken Warze. Wie aber passt das zum Image der niedlichen Schmusekatze und des Stubentigers? Das hat zum einen mit dem negativen Bild der schwarzen Katze zu tun, die bis heute als Unglücksbote gilt. Zum anderen geht es zurück auf die Zeit der Hexenverfolgung, wo die schwarze Katze als Hilfsgeist der Hexe angesehen und ebenso gejagt wurde.

Wichtig!

Am besten schmecken diese Katzenzungen, wenn man sie mit Kirsch-, Johannisbeer-, Himbeer- oder Erdbeer-konfitüre genießt.

Kleine Hexenfibel

Lang: Die Katzenzungen sollten eine schmale, längliche Form haben und relativ dünn sein.

Dose: Das Gebäck in einer Dose aufbewahren. Toll wäre es natürlich, wenn Sie eine Dose mit Katzenmotiven hätten.

❧ 52 ❧

Ananas-Quark auf rosa Hexenkatzenzungen

Sie werden mit offenen Augen träumen

Seefahrer, die durstig und ausgetrocknet in Guadeloupe landeten, erhielten als Begrüßungsgeschenk eine Ananas. Und als Zeichen der Gastfreundschaft hingen die Früchte dort auch vor den Hütten. Die Seefahrer wurden mit offenen Armen empfangen und bekamen ein Dach über dem Kopf, um sich ein wenig von der langen Seereise erholen zu können. Ob sie dabei angenehme Träume hatten, ist uns nicht bekannt. Eines aber wissen wir ganz sicher: Sie werden beim Genuss dieses Desserts mit offenen Augen träumen …

Zutaten

Für 6 Personen

1 Ananas
15 g Butter
175 g Zucker
Saft von ½ Zitrone
1 TL gemahlener Ingwer
1 TL Zimt
500 g Quark
3 Orangen
24 rosa Hexenkatzenzungen
(siehe Seite 127 »Wichtig«)

VORBEREITUNG: 20 Min.
KÜHLZEIT: 1 Std.

Abrakadabra …! ❋ Die Ananas schälen und klein schneiden. ❋ Die Butter in einer Pfanne zerlassen, die Ananas sowie 100 g Zucker hineingeben und unter Rühren erhitzen. ❋ Zitronensaft und Gewürze untermengen und abkühlen lassen. ❋ Den restlichen Zucker unter den Quark rühren. ❋ Orangen auspressen und die Katzenzungen 30 Sek. im Saft tränken. ❋ 6 Dessertschalen mit jeweils 4 Katzenzungen auslegen, Ananas und zum Schluss den Quark darauf verteilen und das Dessert vor dem Servieren 1 Stunde in den Kühlschrank stellen.

Eine Ananas, eine Fata Morgana oder was?

AUS FLORA UND FAUNA

Wie bei allen Bromeliengewächsen entwickelt sich auch bei der Ananas aus dem Stamm am oberen Ende eine Blattkrone, die den aus roten Hochblättern und blauen Einzelblüten bestehenden Blütenstand umschließt.

Kleine Hexenfibel

Weich: Beim Tränken darauf achten, dass das Gebäck nicht zu weich wird.

Fett: Wer es leichter mag oder auf seine Linie achten muss/will, der sollte am besten auf einen fettreduzierten Quark zurückgreifen.

Wissenswertes

Die Ananas ist die ideale Frucht für Sportler, denn sie ist nicht nur reich an Vitaminen und Mineralstoffen, sondern enthält außerdem das Enzym Bromelin, das sich bei Sehnenentzündungen und Gelenkbeschwerden bewährt hat. Bromelin wird darüber hinaus bei Entzündungen und Verdauungsbeschwerden eingesetzt.

Tausendundeine Geschichte

Der Name Ananas ist vom indianischen »nana nana« – Duft der Düfte – abgeleitet. Tatsächlich schmeckt die erfrischende Frucht nicht nur vorzüglich, sondern verströmt auch ein angenehmes Aroma. Der französische Mönch und Botaniker Jean-Baptiste Du Tertre nannte sie *Ananas comosus*, den »König der Früchte«, weil Gott ihr »eine Krone aufgesetzt hat«.

Wo ist die Ananas? Ich muss die Krone auslichten!

Wichtig!
Für die rosa Hexenkatzenzungen (Rezept 51) den Teig einfach mit roter Lebensmittelfarbe einfärben.

❧ 53 ❧
Schoko-Kürbis-Kekse
Drücken Sie mal ein Auge zu!

Ob Sie es glauben oder nicht: Der Kürbis ist, jedenfalls aus botanischer Sicht, eine Beere. Die wohl größte Beere der Welt! Und obwohl er so groß ist, macht er eine gute Figur. Ist er doch ein ausgesprochen kalorienarmer Sattmacher. Von der Schokolade kann man das zwar nicht behaupten. Dafür sorgt sie für gute Laune. Drücken Sie in punkto Kalorien also mal ein Auge zu. Und außerdem: Der Kürbis macht dieses Manko ja wieder wett.

Zutaten

Für 6 Personen

1 Gartenkürbis
250 g Zucker
1 TL Zimt
300 g Zartbitterschokolade
50 g Butter
4 Eiweiß
300 g Crème fraîche
150 g gemahlene Mandeln
100 g Mehl

VORBEREITUNG: 35 Min.
BACKZEIT: 10 Min.

Abrakadabra …! ▩ Den Backofen auf 200 °C (Umluft 180 °C) vorheizen. ▩ Den Kürbis schälen und die Kerne entfernen. ▩ Das Fruchtfleisch raspeln und in einer Schüssel mit 40 g Zucker und dem Zimt vermengen. ▩ Die Schokolade bei geringer Hitze in einer Kasserolle mit der Butter schmelzen lassen und den Kürbis untermischen. ▩ Die Eiweiße mit Crème fraîche, Mandeln und dem restlichen Zucker schaumig schlagen. ▩ Das Mehl unterrühren und zum Schluss die Kürbis-Schokoladen-Mischung hinzufügen. ▩ Ein Backblech mit Backpapier auslegen und den Teig in Häufchen darauf verteilen. ▩ Die Häufchen etwas flach drücken, 10 Minuten backen und die fertigen Kekse auf einem Kuchengitter auskühlen lassen.

Tausendundeine Geschichte

Der Kürbis gehörte bis zur Entdeckung Amerikas durch die Europäer zu den Grundnahrungsmitteln der Indianer. Christoph Kolumbus brachte die ersten Kürbisse aus der Karibik nach Europa, wo sich der Kürbis heute wachsender Beliebtheit erfreut. In Nordamerika ist er unverzichtbarer Bestandteil des Halloween.

AUS FLORA UND FAUNA

Bevor der Mensch mit ihrer Kultivierung begann, schmeckten alle Kürbisse bitter. Der Grund dafür sind die Cucurbitacine, giftige Bitterstoffe, die die Pflanzen bilden, um Insekten, wie z.B. den gestreiften Gurkenkäfer, abzuwehren. Leider wurde er mit der Zeit immun gegen das Gift, und so frisst er sich auch weiterhin an den Kürbissen satt, und der Geruch des Giftstoffs zeigt ihm auch noch »wo's langgeht«.

Kleine Hexenfibel

Abstand: Wenn Sie die Teighäufchen auf das Blech setzen, unbedingt auf ausreichenden Abstand achten.

Vollmilch: Die Zartbitterschokolade kann nach Belieben auch durch Vollmilchschokolade ersetzt werden.

Gabel: Die Teighäufchen am besten mit einer Gabel flach drücken, die Sie vorher in heißes Wasser getaucht haben.

Wichtig!
Der Gartenkürbis wird gerne mit dem Riesenkürbis verwechselt. Ersterer ist rund und orange, während Letzterer abgeflacht ist und die Färbung von orangerot bis dunkelgrün reichen kann.

Wissenswertes

Kürbisse enthalten sehr viel Phosphor und gelten deshalb als gute »Gehirnnahrung«. Gesund sind auch die schmackhaften Kerne, die man einfach knabbern oder zu Öl verarbeiten kann. Und auch die Blüten sind genießbar und können süß oder pikant zubereitet werden.

Kuchen,
Tartes
❀ und ❀
Allerlei

❧ 54 ❧
Schoko-Kokos-Kuchen
»Carabas«
Ein kulinarischer Goldbarren

In der französischen Version des *Gestiefelten Katers* von Charles Perrault ist Carabas der Name des dritten Müllerssohnes, der den scheinbar wertlosen Kater erbt. Da dieser in Wirklichkeit aber außerordentlich schlau ist, macht er seinen Besitzer zu einem reichen Mann. Und was besitzt ein reicher Mann? Richtig – Goldbarren. Und genau das ist dieser Kuchen: ein kulinarischer Goldbarren!

Zutaten

Für 6 Personen

150 g Vollmilchbackschokolade
100 g Butter
3 Eier
75 g Zucker
75 g Mehl
25 g Kokosraspel

VORBEREITUNG: 10 Min.
BACKZEIT: 30 Min.

Abrakadabra …! ❈ Den Backofen auf 220 °C (Umluft 200 °C) vorheizen. ❈ Die Schokolade mit der Butter in eine Kasserolle geben und unter Rühren schmelzen lassen. ❈ Die Kasserolle vom Feuer nehmen und die Eier einzeln mit dem Schneebesen einrühren. ❈ Zucker, Mehl und Kokosraspeln hinzufügen und gut umrühren. ❈ Eine Kastenform mit Butter einfetten, den Teig einfüllen und 25 Min. backen. ❈ Den Kuchen in der Form auskühlen lassen und danach auf eine Platte stürzen.

Manche behaupten, er schmeckt wie eine Krone aus Gold …

Was du nicht sagst …

Tausendundeine Geschichte

In Indien gilt die Kokosnuss als heilige Frucht und wird mit Kandiszucker und Rosinen als Prasad, d.h. als geweihte Speise, verzehrt. Kokosnüsse schwimmen auf dem heiligen Fluss Ganges und werden dem Gott Vishnu auf Altären dargebracht.

Wissenswertes

Charles Perrault (1628–1703) war ein französischer Schriftsteller und Beamter. Er ist das französische Pendant zu den Brüdern Grimm, die sogar einige seiner Märchen übernommen haben. Perrault veröffentlichte ebenfalls eine Märchensammlung.

Habit de Meusnier

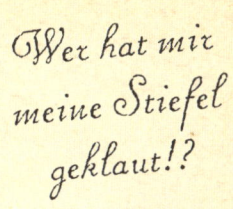

Wer hat mir meine Stiefel geklaut!?

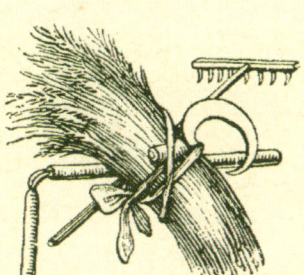

Kleine Hexenfibel

Glanz: Sobald die Schokolade geschmolzen ist und schön glänzt, die Kasserolle vom Herd nehmen.

Spieß: Um zu prüfen, ob der Kuchen durchgebacken ist, in der Mitte mit einem Spieß hineinstechen. Bleibt kein Teig daran haften, ist er fertig.

Kühl: Der Kuchen schmeckt noch besser, wenn man ihn vor dem Servieren 1 Tag im Kühlschrank ruhen lässt.

AUS FLORA UND FAUNA

Die Nachfrage nach Biomehl wächst stetig. Um das Prädikat »biologisches Mehl« zu erhalten, muss der Weizen von Feldern stammen, auf denen mindestens 2 Jahre keine Kunstdünger und keine chemischen Pflanzenschutzmittel zum Einsatz gekommen sind.

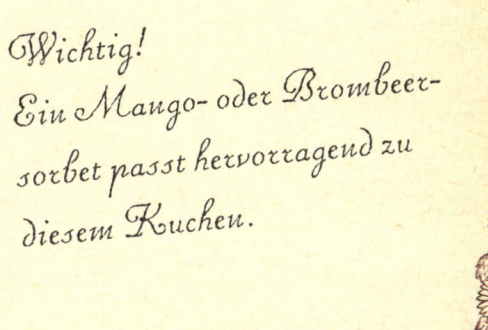

Wichtig!
Ein Mango- oder Brombeersorbet passt hervorragend zu diesem Kuchen.

❧ 55 ❧

Grapefruit-kuchen

Sonniger Genuss für trübe Tage

Wie eine leuchtende Sonne kommt sie daher, die kugelrunde, gelbe oder rötlich gelbe Grapefruit. Kein Wunder, dass sie sich gerade in der trüben, kalten Jahreszeit besonderer Beliebtheit erfreut. Denn die leuchtende Sonnenfrucht wärmt nicht nur das Herz, sie stärkt auch das Immunsystem und beugt Erkältungen vor. Und obendrein gilt sie auch noch als wahrer »Fettkiller«.

Zutaten
Für 6 Personen

1 unbehandelte gelbe
  Grapefruit
250 g weiche Butter
150 g Puderzucker
115 g Zucker
2 Eier
115 g Mehl
1 unbehandelte rosa Grapefruit
½ Päckchen Backpulver
2 EL Mandarinenlikör

VORBEREITUNG: 20 Min.
BACKZEIT: 35 Min.

Abrakadabra …! ❈ Die gelbe Grapefruit mit einem Sparschäler dünn abschälen und anschließend auspressen. ❈ Die Zeste 2–3 Min. blanchieren, abtropfen lassen und fein schneiden. ❈ Den Backofen auf 180 °C (Umluft 160 °C) vorheizen. ❈ Die Butter cremig rühren, nach und nach 100 g Puderzucker, den Zucker und die Eier untermengen. ❈ Zum Schluss Mehl, Grapefruitsaft und -zeste sowie Backpulver unterrühren. ❈ Eine Rundform mit Butter einfetten, den Teig einfüllen und 35 Min. backen. ❈ Den Kuchen abkühlen lassen, bis er lauwarm ist, und danach aus der Form stürzen. ❈ Die rosa Grapefruit auspressen, den Saft mit dem restlichen Puderzucker und dem Mandarinenlikör verrühren und den Kuchen damit überziehen. ❈ Die Glasur fest werden lassen und den Kuchen servieren.

Tausendundeine Geschichte

Napoleon trank mit Vorliebe ein Getränk aus Mandarinen und Cognac. Antoine-François de Fourcroy, der Chemiker des Herzogs von Orléans, schrieb das Rezept auf, das der belgische Chemiker Louis Schmidt Ende des 19. Jahrhunderts wiederentdeckte, und so entstand der berühmte Mandarinen-Cognac-Likör Napoléon.

Kleine Hexenfibel

Bitter: Die Grapefruitzeste am besten zweimal blanchieren, um ihr den bitteren Geschmack zu nehmen. Das Wasser dabei jeweils wechseln.

Größe: Die Form sollte einen Durchmesser von 22 cm haben.

Weich: Vergessen Sie nicht, die Butter rechtzeitig aus dem Kühlschrank zu nehmen, damit sie weich wird.

Likör: Der berühmte Mandarinenlikör ist bei uns unter dem Namen »Mandarine Napoléon, Grand Liqueur Impérial« erhältlich.

Wissenswertes

Die beiden Bezeichnungen werden zwar häufig synonym verwendet, dennoch handelt es sich bei der Grapefruit und der Pampelmuse keineswegs um ein und dieselbe Frucht. Vielmehr ist die Grapefruit aus der Kreuzung von Pampelmuse und Orange hervorgegangen.

Pampelmuse ... meine Muse ...

AUS FLORA UND FAUNA

❧

Die Grapefruit (*Citrus x paradisi*) ist die Frucht eines immergrünen Baumes aus der Familie der Rautengewächse, der ursprünglich vermutlich in Asien beheimatet war.

Wichtig!
Worauf es bei diesem Kuchen besonders ankommt, ist, dass die Zutaten gut miteinander verrührt und die Eier einzeln untergerührt werden.

❧ 56 ❧

Feigen-Trauben-Tarte mit Granatapfel

Knusprige Schale, weicher Kern

Feigen, Weintrauben, Granatapfel – ein wahrhaft »kerniges« Dessert. Zumal der Granatapfel sogar überwiegend aus Kernen besteht. Doch sind dies keineswegs irgendwelche Kerne, sondern wunderbar weiche und aromatische, glänzende, rosa bis dunkelrote »Perlen«. Und das alles umhüllt von einem knusprigen Tarteteig.

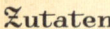

Zutaten

Für 6 Personen

120 g weiche Butter
3 Eier
60 g gemahlene Mandeln
60 g Mascarpone
160 g Zucker
Schale von 1 unbehandelten
   Orange
6 frische Feigen
500 g Weintrauben
1 l Orangensaft
2 EL Sherry
1 EL Granatapfelkerne

VORBEREITUNG: 30 Min.
BACKZEIT: 20 Min.

Abrakadabra …! ❖ In einer Schüssel Butter, Eier und Mandeln verrühren. ❖ Eine Tarteform mit Butter einfetten und mit dem Teig auskleiden. ❖ Den Teig mit Backpapier abdecken, mit getrockneten Hülsenfrüchten beschweren und 20 Min. im 180 °C (Umluft 160 °C) heißen Backofen blindbacken. ❖ Den Mascarpone mit 30 g Zucker und der abgeriebenen Orangenschale aufschlagen. ❖ Die Feigen kurz unter fließendem Wasser waschen und vierteln. Die Trauben von den Stielen zupfen. ❖ In einer Pfanne 130 g Zucker mit dem Orangensaft und dem Sherry aufkochen und die Feigen 3 Min. darin pochieren. ❖ Die Feigen aus der Pfanne nehmen, die Trauben und danach die Granatapfelkerne darin pochieren. ❖ Den Tarteboden auf eine Platte stürzen, mit dem Mascarpone bestreichen und mit den Früchten belegen. ❖ Den in der Pfanne verbliebenen Saft bei starker Hitze einkochen lassen, die Tarte damit beträufeln und heiß servieren.

In Paris wurde schon seit dem frühen 8. Jahrhundert Wein angebaut. Die Weinberge erstreckten sich damals am linken Seineufer, und der Wein wurde in der Abtei von Saint-Germaine-des-Près gekeltert. Unter Heinrich III. und später auch unter Ludwig XV. wurden die Weinberge durch Getreidekulturen ersetzt.

AUS FLORA UND FAUNA

Der Granatapfel (*Punica granatum*) ist eine große runde, 250–800 g schwere Beere mit ledriger Schale. Innen ist die Frucht in mehrere Kammern geteilt, in denen sich die von einer weichen, saftigen, süß-säuerlichen Samenschale umhüllten Kerne befinden.

Kleine Hexenfibel

Duft: Heiß serviert verströmt diese Tarte einen unwiderstehlichen Duft.

Schale: Da die Trauben nur kurz pochiert werden, beim Einkauf darauf achten, dass sie eine möglichst dünne Schale haben, damit sie beim Essen auf der Zunge zergehen.

Creme: Mascarpone kann man auch selber machen. Einfach Crème fraîche auf 100 °C erhitzen, 1 EL Zitronensaft unterrühren und das Ganze 2 Tage ruhen lassen.

Tausendundeine Geschichte

In China war es früher Brauch, jung vermählten Paaren Granatäpfel zu schenken. Dies sollte für eine reiche Nachkommenschaft sorgen.

Wichtig!
Ursprünglich wurde der italienische Mascarpone aus Büffelmilch hergestellt. Heute macht man ihn jedoch in der Regel aus Kuhmilch.

❧ 57 ❧

Brioche mit Aprikosen, Pistazien und Fenchel

Ein ungleiches Paar

Pistazien und Fenchel – eine auf den ersten Blick recht ungewöhnliche Kombination. Aber wie so oft bei ungleichen Paaren harmonieren die beiden hervorragend miteinander und ergänzen sich vortrefflich. Bringt der Anisgeschmack des Fenchels den der Pistazien doch erst richtig zur Geltung.

Zutaten

Für 4 Personen

1 kg Aprikosen
40 g Farinzucker
1 Ei
150 ml Vollmilch
40 g Zucker
20 g Butter
6 Scheiben altbackene Brioches
3 EL ungesalzene Pistazien, gehackt
1 EL Fenchelsamen

VORBEREITUNG: 20 Min.
KOCHZEIT: 20 Min.

Abrakadabra …! ❖ Den Backofen auf 190 °C (Umluft 210 °C) vorheizen. ❖ Die Aprikosen waschen, halbieren und entsteinen. ❖ Mit der Schnittfläche nach oben auf einem Backblech verteilen, mit dem Farinzucker bestreuen und 20 Min. im Backofen garen. ❖ In einer Schüssel das Ei kräftig mit der Milch und 30 g Zucker verrühren. ❖ Die Butter in einer Pfanne zerlassen. ❖ Die Briochescheiben durch die Eiermilch ziehen und in der Pfanne auf jeder Seite 3 Min. bei geringer Hitze goldgelb backen. ❖ Die Scheiben auf einer Platte anrichten, mit dem restlichen Zucker bestreuen und die Aprikosen darauf verteilen. ❖ Mit den gehackten Pistazien und den Fenchelsamen bestreuen und heiß servieren.

Das ist ja ein richtiger Fenchel-Tsunami …

Kleine Hexenfibel

Weich: Die Aprikosen sollten schön weich sein, wenn Sie sie aus dem Ofen nehmen.

Alt: Altbackene Brioches eignen sich für dieses Rezept besser als frische, weil sie beim Braten nicht zerfallen.

Hacken: Die Pistazien am besten mit einem Messer hacken.

Fenchel: Fenchel eignet sich nicht nur hervorragend zum Verfeinern von Fischgerichten, sondern auch zum Aromatisieren von Desserts.

Wissenswertes

Im 18. Jahrhundert kam man auf die Idee, Essig aus Pistazien herzustellen. Die Erfindung hat sich allerdings nicht durchgesetzt, und der Pistazienessig scheint heute völlig in Vergessenheit geraten zu sein.

Tausendundeine Geschichte

Früher schätzte man die Pistazie angeblich wegen einer ganz besonderen Eigenschaft. Man glaubte nämlich, sie könne die Qualität der männlichen Spermien verbessern.

AUS FLORA UND FAUNA

Der Fenchel (*Foeniculum vulgare*) gehört zur Familie der Doldenblütler. Die krautige Pflanze mit den langen, schmalen gefiederten Blättern wird bis zu 1 m hoch. Die gelben Blütenstände, aus denen sich die länglichen grauen Früchte entwickeln, sind in Dolden angeordnet.

Wichtig!
Vorbild für dieses Rezept sind die
Armen Ritter, ein ebenso leckeres wie
schnelles Dessert, das immer ankommt.

✿ 58 ✿
Rosinenbrötchen mit Safran
Kleine Sonnenscheine

Diese sonnengelben Brötchen sind echte kleine Delikatessen. Ob Sie sie länglich, rund, zu Herzen oder Sternen formen und sie noch mit Mandelblättchen oder Hagelzucker bestreuen, bleibt ganz Ihnen überlassen. Ihre Gäste werden diese kleinen Sonnenscheine in jedem Fall begeistern.

Zutaten
Für 6 Personen

1 TL gemahlener Safran
180 g Zucker
150 g Butter
500 ml Milch
50 g frische Hefe
900 g Mehl
½ TL Salz
100 g Korinthen
2 Eier, verquirlt
2 Päckchen Vanillezucker

⏰
VORBEREITUNG: 1 Std.
GEHZEIT: 1 ¾ Std.
BACKZEIT: 12 Min.

Abrakadabra …! ❀ Den Safran mit 1 TL Zucker mischen. ❀ Die Butter in einer Kasserolle zerlassen, die Milch dazugießen und auf 37 °C erhitzen. ❀ Hefe zerkrümeln, mit Mehl, Salz, der Safran-Zucker-Mischung und dem restlichen Zucker mischen. ❀ Nach und nach die heiße Milch unterrühren, den Teig abkühlen lassen, bis er lauwarm ist, dann 15 Min. durchkneten. ❀ Korinthen unterkneten, den Teig zu einer Kugel formen und 1 Std. gehen lassen, bis er sein Volumen verdoppelt hat. ❀ Auf der bemehlten Arbeitsfläche Brötchen aus dem Teig formen, mit den verquirlten Eiern bepinseln und nochmals 45 Min. gehen lassen. ❀ 15 Min. vor Ende der Gehzeit den Backofen auf 210 °C (Umluft 190 °C) vorheizen. ❀ Die Brötchen nochmals mit Ei bepinseln, mit dem Vanillezucker bestreuen und 12 Min. backen. ❀ Die Brötchen kalt oder lauwarm genießen.

Eine Tasse Tee gefällig?

AUS FLORA UND FAUNA

—✳—

Der Safran (*Crocus sativus*) hat einen gefährlichen Doppelgänger: die ebenfalls violette Herbstzeitlose (*Colchicum autumnale*). Sie enthält das außerordentlich giftige Alkaloid Colchicin, das schwere, ja sogar tödliche Vergiftungen hervorrufen kann, das aber auch in der Medizin eingesetzt wird.

Wissenswertes

Safran wird vor allem im Iran, in Spanien, Indien, Griechenland, Aserbajschan, Marokko und Italien kultiviert. Pro Jahr werden nicht weniger als 300 Tonnen dieses edlen Gewürzes produziert.

Kleine Hexenfibel

Thermometer: Um zu prüfen, ob die Milch die richtige Temperatur hat, nimmt man am besten ein Kochthermometer.

Luft: Den Teig beim Kneten mit weit ausholenden Bewegungen durchwalken, damit möglichst viel Luft hineinkommt und er schön weich und elastisch wird.

Tuch: Den Teig zum Gehen in eine Schüssel legen und mit einem sauberen Geschirrtuch abdecken.

Formen: Zum Formen kleine Portionen von der Teigkugel abreißen und in die gewünschte Form bringen.

Safran: Wenn Sie Safranfäden nehmen, die Fäden vorher im Mörser zerstoßen.

*Wichtig!
Die Brötchen müssen zweimal mit verquirltem Ei bepinselt werden, einmal nach dem Formen und noch einmal vor dem Backen.*

Tausendundeine Geschichte

Wer schon einmal den alten französischen Spielfilm *Alles in Butter* von 1963 mit dem berühmten Komiker Fernandel gesehen hat, der hat vielleicht nicht schlecht gestaunt, was man alles aus Butter machen kann: Schneckenbutter, Sardellenbutter, Müllerinbutter, Kräuterbutter …

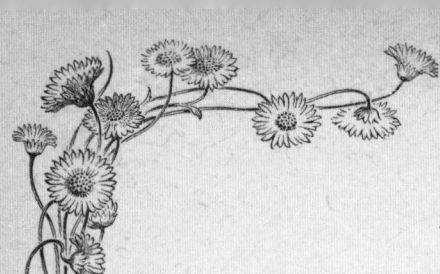

❦ 59 ❦

Mandeltarte mit Pfirsichen und Veilchen

Bescheidenheit ist eine Zier …

Das bescheidene kleine Veilchen, das sein Köpfchen nur schüchtern aus den Blättern streckt und versteckt in Hecken und Wäldern blüht, hat eine Menge zu bieten. Enthält es doch viermal so viel Vitamin C wie die Zitrone und weitaus mehr Vitamin A als der Spinat. Von dieser Mandeltarte wird also nicht nur Ihr Gaumen profitieren.

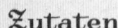

Zutaten

Für 6 Personen

1 Rolle backfertiger Mürbeteig, ausgerollt
50 g kandierte Veilchen
1 kg Pfirsiche
2 Eier
120 g Zucker
120 g gemahlene Mandeln
50 g Butter, zerlassen
100 g flüssige Sahne
3 Tropfen Bittermandelöl

VORBEREITUNG: 20 Min.
BACKZEIT: 35 Min.

Abrakadabra …! ❖ Eine Tarteform einfetten, mit dem Mürbeteig auskleiden und in den Kühlschrank stellen. ❖ Den Backofen auf 180 °C (Umluft 160 °C) vorheizen. ❖ Die kandierten Veilchen im Mörser grob zerstoßen. ❖ Die Pfirsiche schälen, entsteinen und in Spalten schneiden. ❖ Eier und Zucker mit dem Schneebesen cremig aufschlagen. ❖ Mandeln, Butter, Sahne und Bittermandelöl unterrühren. ❖ Den Tarteboden mit Pfirsichspalten belegen. ❖ Die Eiermasse darüber verteilen, die Veilchen darüberstreuen und die Tarte 35 Min. backen. ❖ Vor dem Servieren auf einem Kuchengitter auskühlen lassen.

Wow!
Was für Muckis!

Liebste, dein Veilchenduft hat mich ganz benebelt!

Wichtig!
Die Tarte auf mit kandierten Veilchen bestreuten Tellern servieren und dazu einen Veilchenlikör reichen.

AUS FLORA UND FAUNA

Die Gattung der Veilchengewächse (*Violaceae*) umfasst rund 500 Arten. Die meisten Veilchen haben violette Blüten und herzförmige dunkelgrüne Blätter. Nur die wenigsten von ihnen duften.

Kleine Hexenfibel

Halbkugel: Eine halbkugelförmige Schlagschüssel ist ideal, um Eiermassen aufzuschlagen.

Bittermandel: Bittermandelextrakt oder -öl finden Sie im Supermarkt bei den Backzutaten.

Goldbraun: Die Tarte sollte eine schöne goldbraune Farbe haben, wenn Sie sie aus dem Ofen nehmen.

Wissenswertes

Die Bittermandeln, aus denen das Bittermandelöl gewonnen wird, werden auf speziellen Plantagen kultiviert. Dem Öl, das man zum Aromatisieren von Amaretto und Gebäck verwendet, wird bei der Herstellung die giftige Blausäure entzogen.

Tausendundeine Geschichte

Die Pfirsichblüte gilt in China – ähnlich wie die Kirschblüte in Japan – als Symbol der Schönheit. Deshalb findet sich das Pfirsichmotiv auf allen möglichen Gebrauchs- und Dekorationsgegenständen.

❧ 60 ❧
Ausgebackene Robinienblüten
Verleihen Ihnen Flügel

Leckermäulchen werden diese Beignets lieben. Es ist ein Dessert für besondere Gelegenheiten, das Freude und Entspannung symbolisiert. Im antiken Rom konnte man gar nicht genug davon bekommen. Die weißen Schmetterlingsblüten der Robinien werden Ihnen Flügel verleihen.

Zutaten

Für 4 Personen

2 Eier
250 g Mehl
1 Prise Salz
250 ml weißer Süßwein
4 EL Zucker
1 Handvoll Robinienblüten
250 ml neutrales Öl zum Frittieren
1 TL Zimt

VORBEREITUNG: 25 Min.
RUHEZEIT: 1 Std.
BACKZEIT: 10 Min.

Abrakadabra …! ❈ Die Eier trennen. ❈ Das Mehl mit dem Salz und den Eigelben verrühren, den Wein hinzufügen und den Ausbackteig 1 Std. ruhen lassen. ❈ Die Eiweiße mit 2 EL Zucker steif schlagen und den Eischnee vorsichtig unter den Teig ziehen. ❈ Die Robinienblüten vorsichtig unter fließendem Wasser waschen und auf Küchenpapier trocknen lassen. ❈ Das Öl in der Fritteuse auf 180 °C erhitzen. ❈ Die Blüten in den Teig tauchen und 3 Min. im heißen Fett ausbacken. ❈ Auf Küchenpapier abtropfen lassen, mit Zimt bestreuen und sofort servieren.

AUS FLORA UND FAUNA

❦

Die Gewöhnliche Robinie (*Robinia pseudo-acacia*) blüht im Mai und Juni in Hecken, im Unterholz und in Parks. Die weißen Robinienblüten ähneln in der Form aufs Haar den hochgiftigen gelben Blüten des Gemeinen Goldregens (*Laburnum anagyroides*).

Wichtig!
Die Robinienblüten nach dem Waschen gut trocknen lassen, sonst bleibt der Teig nicht daran haften.

Kleine Hexenfibel

Temperatur: Um zu prüfen, ob das Frittieröl heiß genug ist, den Stiel eines Holzkochlöffels hineintauchen. Steigen keine Blasen mehr an die Oberfläche, hat das Öl die richtige Temperatur.

Servietten: Ihre Gäste werden es sehr zu schätzen wissen, wenn Sie hübsche Servietten neben die Teller legen, damit sie sich das Fett von Mund und Händen abwischen können.

Wissenswertes

Die Robinie gehört zu den Schmetterlingsblütlern und wird auch Falsche Akazie, Scheinakazie oder Silberregen genannt. Während der Blütezeit, wenn die Bäume über und über mit den stark duftenden Blüten bedeckt sind, wirkt es fast so, als säßen Tausende weißer Schmetterlinge auf den Zweigen.

Bedaure, die Beignets sind aus …

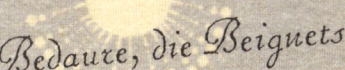

Tausendundeine Geschichte

Zimt ist eines der ältesten Gewürze. Er wird aus der Rinde des Zimtbaums gewonnen und galt noch vor 200 Jahren als eines der wertvollsten Gewürze. Um seinen Reichtum zu demonstrieren soll der Augsburger Kaufmann Fugger die Schuldscheine Karls V. in einem Feuer aus Zimtstangen verbrannt haben.

❧ 61 ❧
Schokoladenwurst
Damit das Vergnügen ein bisschen länger dauert

Mit dieser Schokoladenwurst, die man in dünnen Scheiben mit etwas Konditorcreme serviert, gelingt Ihnen die perfekte Täuschung. Ihr Gast wird nämlich glauben, er bekäme als weitere Vorspeise eine Wurst mit einem Stückchen Butter. Für einen Verliebten, der glaubt, die Mahlzeit neige sich nun endlich dem Ende zu, eine herbe Enttäuschung. Muss er nun doch wieder von vorne mit seinem Liebeswerben beginnen. Und Sie können sich noch ein bisschen länger daran ergötzen …

Zutaten

Für 10 Personen

400 g Zartbitterschokolade
200 g Butter
6 Butterkekse
100 g ungesüßtes Kakaopulver
120 g Haselnüsse, gehackt
120 g Pinienkerne, gehackt
2 Eigelb
30 g Puderzucker

VORBEREITUNG: 30 Min.
RUHEZEIT: 1 Tag
KOCHZEIT: 2 Min.

Abrakadabra …! ❈ Schokolade und Butter im Wasserbad schmelzen lassen. ❈ Die Butterkekse in kleine Stücke brechen. ❈ Kakaopulver, Nüsse, zerkleinerte Kekse und Eigelbe unter die geschmolzene Schokolade rühren. ❈ Die Mischung 30 Min. in den Kühlschrank stellen. ❈ Die Masse auf einem Stück Frischhaltefolie verstreichen, zu einer Rolle aufwickeln und die Folie an den Enden zusammendrehen. ❈ Die Rolle 1 Tag im Kühlschrank ruhen lassen. ❈ Die Folie entfernen, die Rolle in Puderzucker wenden und unmittelbar vor dem Servieren in dünne Scheiben schneiden.

Ich kann warten, meine Liebe … aber ich brenne für Sie …

KUCHEN, TARTES UND ALLERLEI

Wichtig!
Achten Sie darauf, dass die »Schokoladenwurst«
durch und durch schön fest ist.

Kleine Hexenfibel

Schmelzen: Schokolade darf nur bei geringer Hitze geschmolzen werden, am besten eignet sich dazu ein Wasserbad.

Täuschung: Für die perfekte Täuschung die »Wurstscheiben« schön dünn schneiden und mit einem winzigen Klecks Konditorcreme als »Sauce« anrichten.

Wissenswertes

Der Haselstrauch war Kelten und Germanen heilig und galt als Baum der Weisheit. Die Sträucher durften nur zu bestimmten Zeiten geschnitten werden, denn sie lieferten den Verstorbenen Nahrung. Und schon damals dienten Haselruten zum Aufspüren von Wasseradern, aber auch von Silber- und Erzvorkommen.

Schokoladenwurst
mit Sauce wäre heute
sehr zu empfehlen.

Tausendundeine Geschichte

Pinienkerne sind die Samen der Pinie (*Pinus pinea*), die zur Familie der Kieferngewächse zählt. Die Kerne sitzen in den Zapfen des Baumes und benötigen etwa 3 Jahre, bis sie reif sind. Pinienkerne sind reich an Eiweiß, Mineralstoffen und Spurenelementen sowie einfach und mehrfach ungesättigten Fettsäuren.

AUS FLORA UND FAUNA

Die Haselnuss ist die Frucht der Gemeinen Hasel (*Corylus avellana*), einem Strauch aus der Familie der Birkengewächse, der auf Kalkböden, an den Rändern von Hecken, im Unterholz und in Gärten gedeiht. Früchte tragen die Sträucher zum ersten Mal nach neun Jahren.

❧ 62 ❧

Weiße Schokoladencreme mit Mohngelee

Beflügelt den Geist

Der Klatschmohn hat zu allen Zeiten nicht nur die Maler, sondern auch die Patissiers inspiriert. Nicht umsonst findet man die winzigen schwarzen Samen so häufig in Broten, Brötchen und anderem Gebäck. Hier wurde er mit Schokolade kombiniert, die bei den Azteken als Quelle der Weisheit und als Energiespender galt. Was wäre also besser geeignet, um Ihren Geist zu beflügeln, als dieses Dessert.

Zutaten
Für 4 Personen

70 g Klatschmohnblüten
400 g Zucker
6 Gelatineblätter
80 g weiße Schokolade
350 g Sahne
1 Eiweiß
30 g Kristallzucker

VORBEREITUNG: 40 Min.
ZIEHZEIT: 20 Min.
KÜHLZEIT: 25. Std.
KOCHZEIT: 10 Min.

Abrakadabra …! ✲ Die Mohnblüten vorsichtig unter fließendem kaltem Wasser waschen und die Blütenblätter abzupfen. 20 g zum Dekorieren beiseitelegen. ✲ 500 ml Wasser in einer Kasserolle aufkochen, 50 g Blütenblätter hineingeben, 20 Min. ziehen lassen und die Flüssigkeit anschließend abseihen. ✲ Den Zucker einrühren und das Ganze leicht erhitzen, bis ein Sirup entstanden ist. ✲ Die Gelatine in kaltem Wasser einweichen. ✲ Den Sirup vom Feuer nehmen und die ausgedrückte Gelatine einrühren. ✲ Die Mischung abkühlen lassen und 1 Tag im Kühlschrank gelieren lassen. ✲ Die Schokolade hacken. 150 g Sahne erhitzen, über die Schokolade gießen und das Ganze mit dem Schneebesen kräftig zu einer Ganache verrühren. ✲ Die restliche Sahne schlagen, unter die Ganache ziehen und die Creme 1 Std. in den Kühlschrank stellen. ✲ Eine Schicht Ganache in eine Glasschüssel füllen und 3 EL Mohngelee darauf verteilen. Den Vorgang zweimal wiederholen und mit einer Schicht Mohngelee abschließen. ✲ Restliche Blütenblätter durch das Eiweiß ziehen, in Kristallzucker tauchen und das Dessert damit verzieren. ✲ Das Dessert in den Kühlschrank stellen und 30 Min. vor dem Servieren herausnehmen.

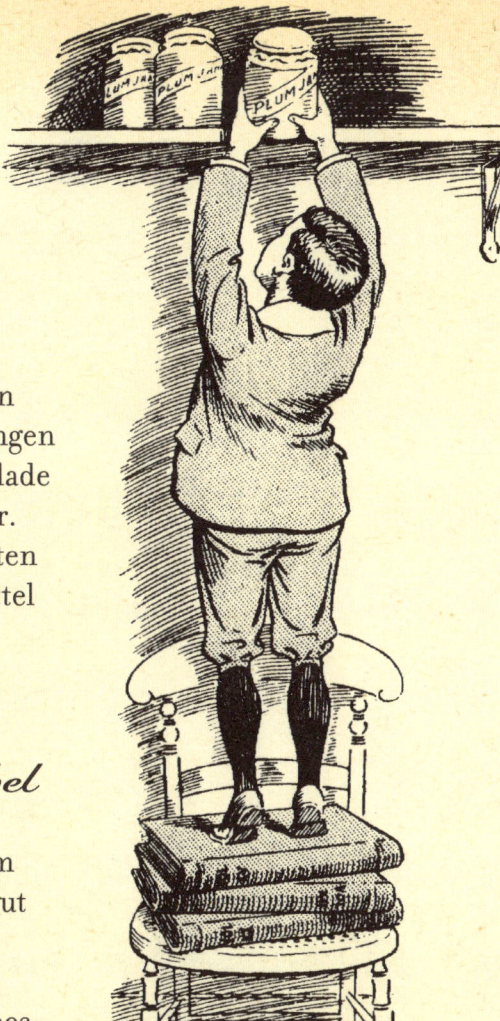

Tausendundeine Geschichte

In Mexiko von Archäologen aufgefundene Aufzeichnungen belegen, dass man Schokolade dort bereits seit 1100 v.Chr. kennt. Kakaobohnen dienten damals auch als Tauschmittel für den Kauf von Sklaven.

Kleine Hexenfibel

Saft: Die Mohnblüten beim Abseihen der Flüssigkeit gut ausdrücken.

Schnell: Bereiten Sie am besten gleich eine größere Menge Mohngelee zu, dann geht die Zubereitung beim nächsten Mal noch schneller.

Menge: Die hier angegebenen Mengen sind ausreichend für 3 Gläser Mohngelee.

Wissenswertes

Einer griechischen Sage zufolge entstand die Mohnpflanze aus den Tränen der Göttin Aphrodite, als sie den Tod des Adonis beweinte. Die Göttin übertrug ihre Liebe auf die Pflanze und fand darin Trost. Doch bald darauf hatte sie eine Liebesbeziehung mit Anchises, dem König von Dardania. Seither symbolisiert der Mohn rasch vergessenes Liebesleid.

AUS FLORA UND FAUNA

Der Kakaobaum (*Theobroma cacao*) gedeiht am Fuße der Anden. Die Bäume erreichen eine Wuchshöhe von 3–12 m und haben eine Lebensdauer von bis zu 100 Jahren. Sie tragen das ganze Jahr über rosafarbene oder weiße Blüten.

Wichtig!
Die Gelatine gut ausdrücken, bevor
Sie sie unter den Mohnsirup rühren.

✎ 63 ✎

Arme Ritter mit Zimt
Auf den Spuren der Antike

Im antiken Griechenland hatte man eine Getreidemühle, die sogenannte olynthische
Trichtermühle, entwickelt, die den Müllern die Arbeit erleichtern sollte. Damit war es
bereits seit dem 5. vorchristlichen Jahrhundert möglich, 70 verschiedene Brotsorten zu backen.
Der Zimt kann auf eine ähnlich lange Karriere zurückblicken. Schätzten ihn doch bereits
die Hebräer nicht nur als Gewürz, sondern auch als Öl, mit dem man den Körper einmassierte,
um zum Unbewussten vorzudringen.

Zutaten

Für 4 Personen

100 g Zucker
1 TL Zimt
500 ml Milch
10 Stück Würfelzucker
2 Eier
8 Scheiben altbackenes Brot
50 g Butter

VORBEREITUNG: 15 Min.
KOCHZEIT: 5 Min.

Abrakadabra …! ❊ Den Zucker mit dem Zimt mischen und beiseitestellen. ❊ Die Milch mit dem Würfelzucker in einer Kasserolle erhitzen und in einen Suppenteller gießen. ❊ In einem zweiten Suppenteller die Eier kräftig mit dem Schneebesen verrühren. ❊ Die Butter in einer Pfanne zerlassen. ❊ Die Brotscheiben zunächst in der Milch und danach im Ei wenden und auf beiden Seiten bei geringer Hitze in 2 Min. goldbraun braten. ❊ Mit einem Schaumlöffel aus der Pfanne heben, mit dem Zimtzucker bestreuen und sofort servieren.

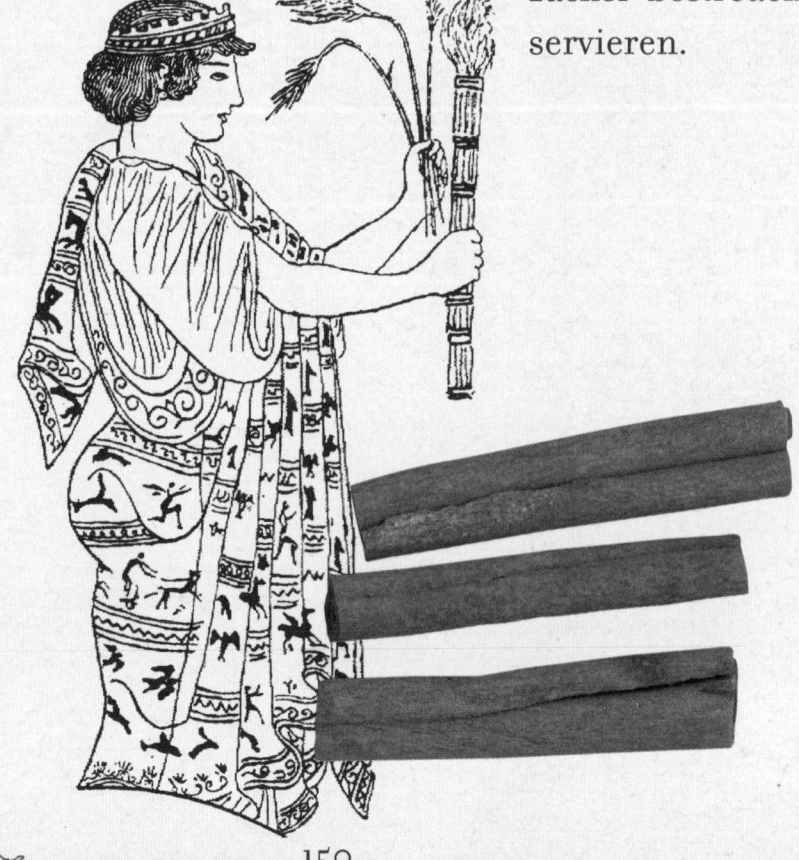

KUCHEN, TARTES UND ALLERLEI

Wichtig!
Wenn Sie etwas für Ihre Gesundheit tun möchten, sollten Sie die Armen Ritter mit einer Tasse Tee mit Zimt genießen. Der Tee vermindert das Risiko von Herz-Kreislauf-Erkrankungen, und der Zimt senkt den Cholesterin- und den Blutzuckerspiegel.

Kleine Hexenfibel

Gesund: Schwarzer Tee hat noch weit mehr gesundheitsfördernde Eigenschaften. So stimuliert er etwa das Nervensystem und fördert die Konzentrations- und Reaktionsfähigkeit. Und die Gerbstoffe schützen den Magen-Darm-Trakt.

Heilkraft: Und auch der Zimt hat in punkto Gesundheit noch viel mehr zu bieten: Er wirkt antibakteriell und krampflösend, er fördert die Durchblutung und hilft sogar bei Magenschmerzen.

Wissenswertes

Hefebrot wird bereits in einem Text aus dem Jahr 2100 v.Chr., dem sogenannten *Codex Hammurapi*, einer Gesetzessammlung des Königs von Babylon, erwähnt.

Zucker im Kaffee, Zimt in den Tee …

AUS FLORA UND FAUNA

Die Teepflanze (*Camellia sinensis*) ist ein bis zu 5 m hoher immergrüner Strauch mit rundlichen bis länglichen Blättern. Die auf der Oberseite dunkelgrünen, glatten und glänzenden Blätter sind auf der Unterseite heller gefärbt und gelegentlich auch behaart. Die wichtigsten Anbaugebiete sind China, Indien, Sri Lanka und Japan.

Tausendundeine Geschichte

Das Brot ist eine Erfindung der Ägypter. Sie mischten Wasser mit Mehl, Gerste, Hirse, Milch und Hefe und verfeinerten den Teig noch mit Eiern, Honig und Fett. Im 2. Jahrtausend v.Chr. kannte man in Ägypten bereits etwa 20 verschiedene Brotsorten.

❧ 64 ❧

Hyazinthenblütenpudding mit Karamell

Nichts für Workaholics

Zu den Hyazinthengewächsen zählt unter anderem auch der Doldige Milchstern (*Ornithogalum umbellatum*), auch Stern von Bethlehem genannt. Die Pflanze öffnet ihre hübschen weißen Blüten erst gegen Mittag, wenn die Sonne am höchsten steht, und schließt sie bei Sonnenuntergang wieder. Passen Sie also auf, dass Sie beim Genuss dieses Desserts nicht von ihrem Schlendrian angesteckt werden.

Zutaten
Für 4 Personen

20 Hyazinthen
1 l Milch
6 Eier
100 g Zucker
150 g Karamell (Rezept 21)

⏰
VORBEREITUNG: 20 Min.
ZIEHZEIT: 10 Min.
KOCHZEIT: 45 Min.

Abrakadabra …! ❖ Die Hyazinthen vorsichtig waschen und die Blüten abzupfen. ❖ Die Milch aufkochen, vom Feuer nehmen und die Blüten etwa 10 Min. darin ziehen lassen. ❖ Die Milch abseihen und erneut zum Kochen bringen. ❖ Die Eier kräftig mit dem Schneebesen verrühren und dabei den Zucker unterschlagen. ❖ Nach und nach die Milch einrühren. ❖ Den Backofen auf 150 °C (Umluft 170 °C) vorheizen und den Karamell herstellen. ❖ Den Karamell auf dem Boden einer Puddingform verteilen und abkühlen lassen. ❖ Die Eiermischung in die Form gießen, diese in ein Wasserbad stellen, abdecken und den Pudding 45 Min. im Ofen garen. ❖ Abkühlen lassen und bis zum Servieren in den Kühlschrank stellen.

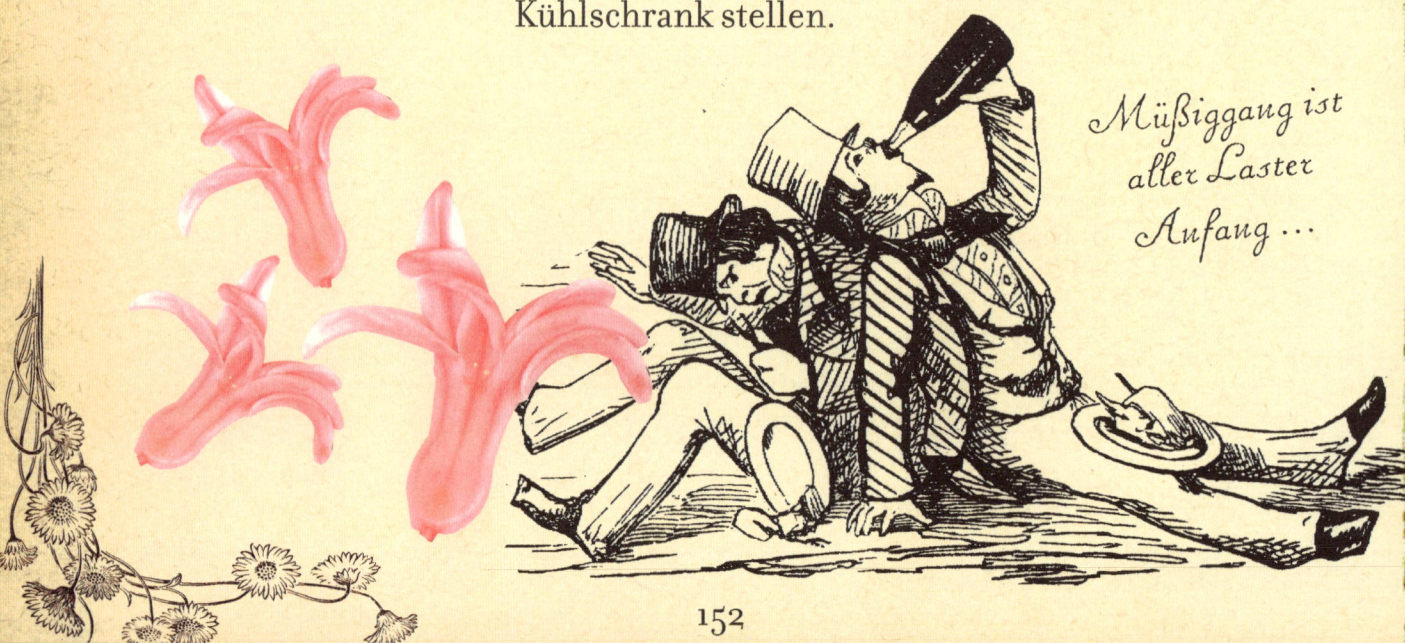

Müßiggang ist aller Laster Anfang …

Wichtig!
Die Eier-Milch-Mischung darf
nicht cremig aufgeschlagen werden.

Kleine Hexenfibel

Kühl: Der Pudding muss bereits einige Stunden im Voraus zubereitet und gut gekühlt serviert werden.

Form: Anstelle einer Flan- oder Puddingform eignet sich auch eine Charlottenform.

Stürzen: Damit beim Stürzen kein Malheur passiert, den Pudding in der Form abkühlen lassen und die Form vor dem Stürzen kurz in heißes Wasser tauchen. Dann kann eigentlich nichts mehr schiefgehen.

Tausendund-eine Geschichte

Bei Griechen und Römern erfreute sich die Hyazinthe wegen ihres Duftes großer Beliebtheit. In Europa wurde sie erstmals im 16. Jahrhundert in Holland kultiviert. Im 18. Jahrhundert zahlte der französische Adel ein Vermögen für die Pflanze. Madame Pompadour, die Mätresse Ludwigs XVI., soll das Versailler Schloss mit diesen Blumen geschmückt haben.

Muuh ...

Wissenswertes

Hyazinthen sind Zwiebelpflanzen und gehören zur Familie der Liliengewächse. Die Pflanze war ursprünglich im östlichen Mittelmeerraum und in Südwestasien beheimatet. Heute zählt sie auch bei uns zu den beliebtesten Frühlingsboten. Der Legende nach entstand die Pflanze aus dem Blut des Hyakinthos – dem sie auch ihren botanischen Namen verdankt –, der beim Diskuswerfen versehentlich von Apoll getötet wurde.

AUS FLORA UND FAUNA

Kühe erreichen ein Gewicht von bis zu 800 kg und haben eine Lebenserwartung von etwa 20 Jahren. Beim Fressen und Wiederkäuen macht eine Kuh täglich etwa 30 000 Kaubewegungen und erzeugt bis zu 150 Liter Speichel. Pro Jahr kann eine Kuh mehr als 10 000 Liter Milch produzieren.

❧ 65 ❧

Haselnussstreuselkuchen
mit Kiwis

Eine Reise aus andere Ende der Welt

Die Haselnuss symbolisiert Sinnlichkeit und Fruchtbarkeit. Deshalb war es früher
in der Bretagne Brauch, Frischvermählten Haselnüsse unter das Bett zu legen.
Und woran denkt man bei der Kiwi? An eine Reise ans andere Ende der Welt.
Vielleicht eine Hochzeitsreise?

Zutaten

Für 5 Personen

150 g Butter
150 g Zucker
150 g gemahlene Haselnüsse
10 Kiwis

VORBEREITUNG: 20 Min.
BACKZEIT: 15 Min.

Abrakadabra …! ❖ Den Backofen auf 180 °C (Umluft 160 °C) vorheizen. ❖ In einer Schüssel Butter, Zucker und Haselnüsse mit den Fingerspitzen zu einem krümeligen Teig verkneten. ❖ Die Kiwis schälen und die Hälfte der Früchte im Mixer pürieren. ❖ Die übrigen Kiwis in Scheiben schneiden und auf den Boden einer Gratinform verteilen. Mit dem Kiwipüree überziehen, die Streusel darauf verteilen und den Kuchen etwa 15 Min. backen.

Wollen Sie mit mir
auf Reisen gehen,
meine Schöne?

Kleine Hexenfibel

Form: Noch hübscher sieht es aus, wenn Sie für jeden Gast einen kleinen Streuselkuchen backen. Am besten eignen sich dazu kleine Auflaufformen.

Früchte: Ersetzen Sie die Kiwis zur Abwechslung einmal durch andere exotische Früchte, z.B. durch Mangos.

Nahrhaft: Wie alle Nüsse sind auch Haselnüsse ausgesprochen nahrhaft.

Wissenswertes

Der Name Kiwi leitet sich vom neuseeländischen Kiwi-Vogel her. Wussten Sie aber, dass Kiwi auch der Spitzname für Neuseeländer ist?

AUS FLORA UND FAUNA

Die Kiwi (*Actinidia deliciosa*) ist die Frucht einer Schlingpflanze aus der Familie der Strahlengriffel-gewächse. Bei der Frucht handelt es sich um eine Beere, weshalb sie gelegentlich auch Chinesische Stachelbeere genannt wird. Kiwis enthalten sehr viel Vitamin C.

Tausendundeine Geschichte

Streuselkuchen heißt im Englischen »crumble« und ist bei den Briten sehr beliebt. Das Wort leitet sich vom Verb »to crumble« – zerkrümeln – her.

Wichtig!
Die trockenen Streusel verlangen nach saftigen Früchten. Erst dann wird der Streuselkuchen zum Genuss.

✢ 66 ✢

Arme Ritter mit Feigen und Pinienkernen

Kleine Blüte, großartige Frucht

Die Feige, deren Geschmack schon Homer in seiner Odyssee besang, gab den Menschen lange Zeit Rätsel auf. Sah man auf den Bäumen doch keine Blüten. Doch es gibt sie sehr wohl, die Blüten, und sie sind sogar sehr zahlreich. Nur sind sie im Gegensatz zu den prallen runden Früchten so winzig, dass man sie kaum erkennt.

Zutaten

Für 4 Personen

4 reife Feigen
2 Eier
60 g Zucker
250 ml Milch
50 g Butter
8 Scheiben altbackenes Brot
1 Päckchen Vanillezucker
15 g Pinienkerne

VORBEREITUNG: 25 Min.
KOCHZEIT: 25 Min.

Abrakadabra …! ✣ Den Backofen auf 180 °C (Umluft 160 °C) vorheizen. ✣ Die Feigen waschen, die Stielansätze entfernen und die Früchte in Scheiben schneiden. ✣ In einer Schüssel die Eier mit dem Schneebesen kräftig mit Zucker und Milch verrühren. ✣ Die Butter in einer Pfanne zerlassen. ✣ Die Brotscheiben durch die Eiermilch ziehen und in der Butter beidseitig goldbraun braten. ✣ Die Scheiben nebeneinander in eine Auflaufform schichten, mit den Feigen belegen und mit Eiermilch übergießen. ✣ Mit dem Vanillezucker und den Pinienkernen bestreuen, 25 Min. backen und heiß servieren.

Ziemlich groß, diese Feige …

AUS FLORA UND FAUNA

Die Echte Feige (*Ficus carica*) ist ein mittelgroßer Baum aus der Familie der Maulbeergewächse. Der knorrige Stamm ist meist gebogen oder gedreht und hat eine glatte graue Rinde. Die Früchte enthalten wichtige Mineralstoffe.

Kleine Hexenfibel

Altbacken: Werfen Sie altbackenes Brot nicht einfach weg. Sie sehen ja, was für Köstlichkeiten sich daraus noch herstellen lassen.

Mischen: Für dieses Dessert können Sie auch andere altbackene Brot- und Gebäcksorten, z.B. Brioches, Croissants oder Baguette verwenden.

Stimmungsaufheller: Diese Armen Ritter sind genau das Richtige zur Stimmungsaufhellung an einem verregneten Sommertag.

Tausendundeine Geschichte

Vom lateinischen Namen des Feigenbaus – *Ficus* – leiteten die Römer das lateinische Wort für Leber – *ficatum* – ab. Mästete ein gewisser Agicius, ein Gänsezüchter, seine Tiere doch mit Feigen, wodurch ihre Leber besonders fett wurde, eine Delikatesse, die reiche Römer außerordentlich schätzten.

Wissenswertes

Eine wichtige Rolle spielt der Feigenbaum, genauer die Pappelfeige (*Ficus religiosa*), auch Buddha- oder Bodhibaum genannt, im Buddhismus. Denn unter diesem Baum soll Buddha seine Erleuchtung erfahren haben. Der Bodhibaum wird deshalb hoch verehrt und gilt als Symbol der Gnade und Barmherzigkeit.

Hoffentlich kommt jetzt keiner ...

Wichtig! Noch hübscher sieht es aus, wenn Sie die Armen Ritter in Portionsformen zubereiten.

❧ 67 ☙
Teigtaschen mit Winterfrüchten
Sagen Sie dem Alter den Kampf an!

Der Apfel, die Frucht der Versuchung, der zunächst Eva und dann auch Adam erlag, gilt als Symbol der Unsterblichkeit. Und wenn man ihn dann noch mit der Backpflaume kombiniert, hat das Alter keine Chance mehr. Ist die Backpflaume doch nicht nur reich an Vitamin E und Provitamin A, sondern gilt auch als hervorragendes Antioxidans, und Antioxidantien verzögern den Alterungsprozess ja bekanntlich.

Zutaten

Für 4 Personen

8 Backpflaumen
1 Birne
2 Äpfel
½ TL Zimt
60 g Walnusskerne, gehackt
50 g Zucker
20 g Butter
4 Brick-Blätter (Filo- oder Blätterteig)

VORBEREITUNG: 25 Min.
EINWEICHZEIT: 10 Min.
BACKZEIT: 10 Min.

Abrakadabra …! ▧ Die Pflaumen in einem Topf mit Wasser bedecken, aufkochen lassen und die Herdplatte danach ausschalten. ▧ Den Deckel auflegen und die Pflaumen 10 Min. weichen lassen. ▧ Den Backofen auf 210 °C (Umluft 190 °C) vorheizen. ▧ Die Birne und 1 Apfel schälen, die Kerngehäuse entfernen und die Früchte fein würfeln. ▧ Die Backpflaumen abgießen, auf Küchenpapier abtropfen lassen und klein schneiden. ▧ Alle Früchte in einer Schüssel mit Zimt, Walnüssen und Zucker mischen. ▧ Die Butter zerlassen und die Brick-Blätter damit bepinseln. ▧ Jeweils 1 Blatt auf die Arbeitsfläche legen und etwas von der Fruchtmischung in der Mitte verteilen. ▧ Den Teig über der Füllung verschließen, mit einem Zahnstocher feststecken und die Teigtaschen 10 Min. backen. ▧ Restlichen Apfel in dünne Spalten schneiden, die Teigtaschen damit garnieren. Lauwarm oder kalt servieren.

Du bist zum Anbeißen … wie am ersten Tag …

AUS FLORA UND FAUNA

20 000 verschiedene Apfelsorten kannte man bereits Ende des 19. Jahrhunderts weltweit. Und auch auf unseren Märkten findet man eine riesige Auswahl verschiedenster Apfelsorten. Und es kommen laufend neue Sorten hinzu. Besonders beliebt sind heute die knackigen, süßen bis säuerlichen Früchte. Aber auch alte Sorten, die längst in Vergessenheit geraten waren, werden wieder mehr und mehr nachgefragt.

Wissenswertes

Der Apfel, die goldene Frucht, die Herakles aus dem Garten der Hesperiden stahl, lieferte den Stoff für zahlreiche Legenden. Die Kelten etwa glaubten, der Apfel stamme aus der Anderswelt, jenem Reich, in dem Könige und verwundete Helden, Verstorbene und Feen unter der Herrschaft der Göttin Morrigan leben sollen.

Tausendundeine Geschichte

Getrocknete Pflaumen gibt es bereits seit dem Altertum. Von China gelangten sie über die Seidenstraße bis ins syrische Damaskus und schließlich in den gesamten Mittelmeerraum.

Kleine Hexenfibel

Verschlossen: Den Teig sorgfältig über der Füllung verschließen und mit Zahnstochern feststecken, damit die Füllung beim Backen nicht herausquillt.

Früchte: Die Backpflaumen können auch durch getrocknete Feigen ersetzt werden.

Ich hab zu viele Back-pflaumen gegessen …

Wichtig!
Brick-Blätter stets mit einem Geschirrtuch abdecken, sie trocknen sonst aus.

159

Mousses und Tutti Frutti

❦ 68 ❧

Melonenkompott mit Walderdbeeren und Malve

Ein »dufter« Genuss!

Ihren lateinischen Namen – *Fragaria* – verdanken die Erdbeeren ohne Zweifel ihrem unwiderstehlichen Duft. Leitet sich das Wort doch vom Verb *fragare* her, was so viel bedeutet wie »mit Wohlgeruch erfüllen«. Zusammen mit der nicht minder aromatischen Melone bildet sie also ein geradezu ideales Paar.

Zutaten

Für 4 Personen

1 Charentais-Melone (Zuckermelone)
Saft von 2 Orangen
1 Gewürznelke
1 Vanilleschote
2 EL Orangenblüten-honig
20 g wilde Malve
150 g Walderdbeeren

VORBEREITUNG: 15 Min.
KOCHZEIT: 10 Min.
KÜHLZEIT: 2 Std.

Abrakadabra …! ▨ Die Melone schälen, die Kerne entfernen und das Fruchtfleisch in dünne Scheiben schneiden. ▨ In einer Kasserolle den Orangensaft mit der Gewürznelke, der aufgeschlitzten Vanilleschote und dem Honig aufkochen lassen. ▨ Die Melone dazugeben und 5 Min. köcheln lassen. ▨ Die Melonenscheiben mitsamt Sirup auf 4 Dessertschalen verteilen, abkühlen lassen und 2 Std. in den Kühlschrank stellen. ▨ Die Malve vorsichtig unter fließendem kaltem Wasser waschen. Die Blüten abzupfen und zum Trocknen auf Küchenpapier legen. ▨ Die Erdbeeren auf die Schalen verteilen, die Desserts mit Malvenblüten dekorieren und sofort servieren.

Wissenswertes

Die Heimat des Orangenbaums (*Citrus sinensis*) ist China und Südvietnam. Seit Beginn des christlichen Zeitalters ist er auch in Indien verbreitet. Die Araber brachten ihn nach Syrien und Afrika. Nach Europa gelangte die Süßorange, bei der es sich vermutlich um eine Kreuzung aus Pampelmuse und Mandarine handelt, erst Anfang des 15. Jahrhunderts.

Kleine Hexenfibel

Saft: Sie benötigen insgesamt 300 ml Orangensaft.

Honig: Der fruchtige Orangenblütenhonig schmeckt nicht nur vorzüglich, er wirkt außerdem beruhigend und hilft bei Schlaflosigkeit und Kopfschmerzen.

Geschmack: Wirklich gut soll eine Zuckermelone nur dann schmecken, wenn sie exakt 10 Rippen aufweist.

Wichtig! Verwenden Sie nach Möglichkeit keinen anderen Honig.

Tausendundeine Geschichte

Das französische Wort für Erdbeere, *fraisier*, ist vom Namen des Mannes abgeleitet, der 1713 die Chile-Erdbeere nach Frankreich und damit nach Europa brachte, wo bis dahin nur die kleinen Walderdbeeren heimisch waren. Es war der Universalgelehrte Amédée François Frézier (1682–1773), der unter anderem als Forschungsreisender, Botaniker und Kartograf tätig war.

AUS FLORA UND FAUNA

Die Wilde Malve (*Malva sylvestris*) ist eine krautige Pflanze mit zarten rosafarbenen bis hellvioletten Blüten, die heute in ganz Süd- und Mitteleuropa heimisch ist. Sie wächst vor allem an Wegrändern und blüht zwischen Mai und September. Im Sommer bekommt man Malve auch auf Wochenmärkten.

❦ 69 ❦

Omelett mit exotischen Früchten

Möchten Sie speisen wie ein (Sonnen-)König?

In Europa fand man Früchte aus fernen Ländern lange Zeit nur auf königlichen Tafeln. Ludwig XIV. etwa war ein großer Fan der Ananas, die er – auf inständiges Bitten seiner Mätresse, der Marquise de Maintenon – sogar in den Gewächshäusern seines Schlosses in Choisy-le-Roi züchtete. Möchten auch Sie einmal speisen wie ein König, dann sollten Sie unbedingt dieses Dessert à la Sonnenkönig probieren.

Zutaten

Für 6 Personen

2 Kiwis
1 Mango
1 Ananas
8 Eier
300 ml Milch
20 g Zucker
15 g Butter

VORBEREITUNG:
20 Min.
KOCHZEIT: 8 Min.

Sunshine, Sunshine, Reggae

Abrakadabra …! ❊ Die Früchte schälen und in dünne Scheiben schneiden. ❊ Die Eier mit Milch und Zucker cremig aufschlagen. ❊ Die Butter in einer Pfanne zerlassen, die Hälfte der Eiermischung hineingießen und 3 Min. bei geringer Hitze stocken lassen. ❊ Die Früchte dazugeben, restliche Eiermischung darübergießen und das Omelett weitere 5 Min. bei geringer Hitze garen.

Wichtig!
Das Omelett vor dem Servieren in
Steingutpfännchen anrichten.

AUS FLORA UND FAUNA

Die Kiwi ist eine zweihäusige Pflanze, d.h. männliche und weibliche Blüten wachsen auf verschiedenen Pflanzen. Die eiergroßen, walzenförmigen Früchte mit der braunen, pelzig behaarten Schale hängen an langen Stielen. Unter der Schale verbirgt sich ein leuchtend grünes, saftiges Fruchtfleisch mit zahllosen schwarzen Samenkernen.

Kleine Hexenfibel

Zucker: Noch besser schmeckt das Omelett, wenn Sie den Zucker mit Zimt aromatisieren.

Extra: Reichen Sie dazu in Scheiben geschnittene Brioches.

Getränk: Dazu passt ein gesüßter weißer, mit Rosenblüten aromatisierter *Pai Mu Tan*-Tee.

Der König,
das bin ich!

Wissenswertes

Seit Jahrtausenden gedeiht der dicht belaubte, immergrüne Mangobaum am Fuße des Himalaya. Während der Blütezeit ist er über und über mit kleinen weißen bis rosafarbenen Blüten bedeckt. Allerdings täuscht diese Blütenpracht. Entwickeln sich daraus doch nur sehr wenige Früchte.

Tausendundeine Geschichte

Anders als die meisten exotischen Früchte war die Ananas ursprünglich in Amerika beheimatet, wo sie von den Einheimischen und den Portugiesen kultiviert wurde. Als Kaiser Karl V. (1500–1558) die Frucht zum ersten Mal probierte, schmeckte sie ihm nicht, weil sie verdorben war.

❦ 70 ❦

Zitronenmousse
mit Primelblüten

Frisch und zart wie der Frühlingswind

Frisch und zart wie der Frühlingswind ist diese herrliche Mousse. Für alle, die es Ton in Ton lieben, wäre natürliche eine mit gelben Blumen übersäte Wiese der ideale Ort, um sie zu kredenzen. Ein grüner Wald würde farblich aber ebenso gut dazu passen. Wofür Sie sich auch immer entscheiden, diese Mousse sollte man in jedem Fall in der freien Natur genießen.

Zutaten

Für 4 Personen

30 g Primelblüten
3 unbehandelte Zitronen
50 g Maisstärke
4 Eier
120 g Zucker
20 g Butter

⏲

VORBEREITUNG: 25 Min.
KOCHZEIT: 10 Min.
KÜHLZEIT: 4 Std.

Abrakadabra …! ❈ Die Primelblüten vorsichtig unter fließendem kaltem Wasser waschen und auf Küchenpapier abtropfen lassen. ❈ Die Schale von 2 Zitronen abreiben und alle Zitronen auspressen. ❈ Die Blütenblätter in feine Streifen schneiden. ❈ Maisstärke mit 250 ml Wasser anrühren. ❈ Die Eier trennen. ❈ Die Eigelbe mit dem Zucker und der angerührten Maisstärke in eine Kasserolle geben und bei geringer Hitze eindicken lassen. Dabei laufend mit dem Schneebesen rühren. ❈ Die Zitronenschale hinzufügen, die Mischung aufkochen lassen und danach sofort vom Feuer nehmen. ❈ Butter sowie Blütenblätter unterrühren und die Mischung abkühlen lassen. ❈ Die Eiweiße steif schlagen und vorsichtig unterziehen. ❈ Die Mousse auf 4 Dessertschalen verteilen und vor dem Servieren mindestens 4 Std. in den Kühlschrank stellen.

166

Wichtig!
Die Desserts zum Schluss noch mit einigen
Primelblütenblättern dekorieren, damit der
Frühling richtig auf Ihrem Tisch einzieht.

AUS FLORA UND FAUNA

Der Zitronenbaum (*Citrus limon*) ist
ein kleiner Baum aus der Familie der
Rautengewächse. Er gedeiht vorzugsweise im Mittelmeerraum und kann bis
zu 80 Jahre alt werden. Während der
Blütezeit trägt er weiße bis hellviolette Blüten, aus denen sich die allseits
geschätzten Zitronen entwickeln.

Kleine Hexenfibel

Salz: Damit der Eischnee schön
steif wird, 1 Prise Salz hinzufügen und darauf achten, dass
die Schüssel und die Rührbesen
absolut sauber sind.

Extra: Zu dieser Zitronenmousse passen vorzüglich die
Wolfszähne von Seite 118.

Wissenswertes

Die Primeln erfreuen uns nicht
nur als erste Frühlingsboten,
sie sind auch wertvolle Heilpflanzen. Ein Tee aus Primelblüten etwa hilft bei Kopfschmerzen, Husten, Bronchitis
und Erkältungen. Die Primel
soll nach Hildegard von Bingen
außerdem gegen Melancholie
wirken, weil sie die Kraft der
Sonne empfängt.

Tausendundeine Geschichte

Die Zitrone, die während der
Kreuzzüge von Palästina nach
Europa gelangte, wurde im
Mittelalter wegen ihrer Heilwirkung außerordentlich
geschätzt. Hildegard von Bingen empfahl sie beispielsweise
als fiebersenkendes Mittel.
Zitronen haben einen hohen
Vitamin-C-Gehalt. Außerdem
sind sie reich an Flavonoiden
und schützen deshalb sogar
vor Krebs und Herz-Kreislauf-
Erkrankungen.

Auf Hildegard
und die Zitrone!

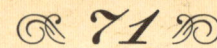

❧ 71 ❧

Joghurtcreme mit roten Johannisbeeren und Katzenpfötchen

Macht fauchende Kater zu zahmen Stubentigern

Samtig weich wie eine Katzenpfote ist diese Joghurtcreme, der rote Johannisbeeren eine leicht säuerliche Note verleihen. Und was wäre da als Dekoration besser geeignet als die pflanzliche Namensvetterin der Katzenpfote. Ein Genuss, bei dem jeder, der vielleicht gerade seine Krallen ausgefahren hat, im Nu wieder zum handzahmen Stubentiger wird …

Zutaten

Für 6 Personen

10 Katzenpfötchenblüten
300 g Naturjoghurt
500 g Crème fraîche
30 g Zucker
500 g rote Johannisbeeren

VORBEREITUNG: 25 Min.
KÜHLZEIT: 20 Min.

Abrakadabra …! ⬚ Die Katzenpfötchenblüten unter fließendem kaltem Wasser waschen und auf Küchenpapier abtropfen lassen. ⬚ Joghurt und Crème fraîche mit dem Schneebesen schaumig aufschlagen, dabei den Zucker unterrühren. ⬚ Die Creme in eine Glasschale füllen und kühl stellen. ⬚ Die Johannisbeeren von den Rispen streifen. Die Hälfte der Beeren unter die Creme rühren und diese nochmals 15 Min. kühl stellen. ⬚ Vor dem Servieren mit den restlichen Johannisbeeren und den Blüten bestreuen.

Rein mit den Krallen!

168

Kleine Hexenfibel

Leicht: Noch leichter wird dieses Dessert, wenn Sie fett-reduzierten Joghurt verwenden.

Blüten: Ob gelb oder rot, die Katzenpfötchenblüten ver-leihen dem Dessert eine ganz besondere Note.

Tee: Katzenpfötchen kann man roh essen oder einen Tee daraus zubereiten.

Tausendundeine Geschichte

Bastet, die Tochter des ägyptischen Sonnen-gottes Re, wurde häufig als sitzende Katze oder als Frau mit Katzenkopf dargestellt. Als Göttin der Fruchtbarkeit und der Liebe war sie die Be-schützerin der Schwan-geren, aber auch die Göttin der Freude und der Feste, des Tanzes und der Musik.

Wissenswertes

Die Blütenfarbe der Katzen-pfötchen reicht von fast weiß über blassrosa und dunkel-rot bis zu gelb. Vor allem die gelben Blüten schätzt man wegen ihrer Heilwirkung, denn sie regen den Gallenfluss an und werden deshalb gerne bei Gallensteinen und Gicht als Tee oder Tinktur angewendet. Darüber hinaus wirken sie harntreibend und entzün-dungshemmend.

AUS FLORA UND FAUNA

Das Gemeine Katzenpfötchen (*Antenna-ria dioica*) aus der Familie der Korbblütler wächst auf Heiden, in Kiefernwäldern und Gebüschen. Die krautige Pflanze erreicht eine Wuchshöhe von 5–20 cm. Die Stängel und die Unterseite der Blät-ter sind filzig behaart. Die Blüten, de-nen die Pflanze ihren Namen verdankt, erinnern an weiche Katzenpfötchen und erscheinen von Mai bis Juli.

Tischsets ...
Gute Idee ...

Wichtig!
Tischsets mit Katzenmotiven würden zu diesem »Katzenpfötchen«-Dessert natürlich besonders gut passen.

❧ 72 ❧
Mascarponemousse mit Karamell
Lassen Sie sich nicht täuschen!

Mit seinen feinen Karamellspiralen erinnert dieses Dessert ein wenig an ein Zebra.
Ihm dient das gestreifte Fell dazu, den Löwen, der es zu seiner Beute auserkoren hat,
zu täuschen. Seien Sie also auf der Hut, damit es Ihr Gast mit Ihnen nicht ebenso macht!

Zutaten
Für 4 Personen

100 g Sahne
30 g Puderzucker
150 g Mascarpone
3 Eiweiß
30 g Kristallzucker
100 ml Balsamico-Essig

VORBEREITUNG: 30 Min.
KOCHZEIT: 10 Min.

Abrakadabra …! ✵ Die Sahne mit 1 EL Puderzucker nicht zu steif schlagen. ✵ Den Mascarpone hinzufügen und das Ganze zu einer glatten Creme verrühren. ✵ Den restlichen Puderzucker vorsichtig unterziehen. ✵ Die Eiweiße steif schlagen und vorsichtig unter die Creme ziehen. ✵ Den Kristallzucker in einer Pfanne mit dem Essig aufkochen und karamellisieren lassen. Den Karamell anschließend etwas abkühlen lassen . ✵ Die Mascarponemousse in eine Schüssel füllen und spiralförmig mit dem Karamell verzieren. ✵ Die Mousse bis zum Servieren kalt stellen.

Abrakadabra!
Werde ein Zebra!

AUS FLORA UND FAUNA

Das Zuckerrohr (*Saccharum officinarum*) ist eine Pflanze aus der Familie der Süßgräser. Zuckerrohr wird heute weltweit, vor allem in tropischen und gemäßigten Regionen angebaut.

Tausendundeine Geschichte

Schon vor 10 000 Jahren begann man sich in Melanesien, der nordöstlich von Australien gelegenen Inselgruppe, für das Zuckerrohr zu interessieren. Die Hindus pressten und kochten die Rohre. Den kristallisierten Zuckerrohrsaft nannten sie *sarkara*. Auf dieses Sanskritwort geht auch unser Wort »Zucker« zurück.

Wissenswertes

Im Unterschied zum staubartigen Puderzucker ist der Kandiszucker eine recht kompakte Angelegenheit. Kandiszucker gibt es in allen möglichen Varianten vom dicken Kluntje bis zum feinen Fadenkandis. Der Herstellung von Kandiszucker widmete sogar Nostradamus unter der Überschrift »Wie man einen überaus schönen Candiszucker macht« ein ganzes Kapitel.

Kleine Hexenfibel

Staub: Der feine Puder- oder Staubzucker wird durch mehrfaches Mahlen von raffiniertem weißem Zucker gewonnen.

Eischnee: Damit die Mousse schön locker wird, den Eischnee vorsichtig mit einem Teigschaber unterheben.

Glucose: Besonders schön wird der Karamell, wenn man noch 1 TL Glucose hinzufügt.

Wichtig!
Vorsicht bei der Zubereitung des Karamells – der heiße Zucker kann spritzen und Verbrennungen verursachen.

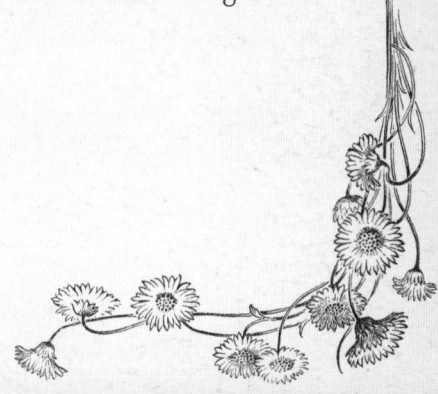

❧ 73 ❧
Erdbeeren mit Rosenwasser und weißem Pfeffer
Schafft eine prickelnde Atmosphäre

Ein erfrischendes, außerordentlich aromatisches und dabei ausgesprochen kalorienarmes Dessert, das man am besten mit einem fruchtigen Crémant d'Alsace genießt. Dann wird es garantiert ein prickelnder Abend.

Zutaten

Für 6 Personen

1,5 kg aromatische Erdbeeren
4 EL Rosenwasser
100 g Zucker
frisch gemahlener weißer
   Pfeffer

⏰

VORBEREITUNG: 10 Min.
KÜHLZEIT: 2 Std.

Abrakadabra …! ❈ Die Erdbeeren waschen, entstielen und auf Küchenpapier abtropfen lassen. ❈ Mit den restlichen Zutaten in eine Schüssel füllen und das Ganze kurz durchmischen. ❈ Das Dessert vor dem Servieren 2 Std. im Kühlschrank durchziehen lassen.

Und was gibt's zu trinken?

Hier soll's leckere
Erdbeeren geben …

Kleine Hexenfibel

Pfeffer: Drei Umdrehungen mit der Pfeffermühle sind ausreichend.

Mischen: Die Zutaten vorsichtig und nicht zu lange durchmischen, damit das Erdbeeraroma erhalten bleibt.

Extra: Dazu passen die Hexenkatzenzungen von Seite 124.

Deko: Hier haben Sie – je nachdem, was Sie besonders unterstreichen möchten – die Wahl zwischen frischer Minze und Rosenblättern.

AUS FLORA UND FAUNA

Es gibt auch Erdbeersorten mit fast quadratischer Form und rötlich violetter Farbe. Eher länglich ist die südfranzösische Gariguette-Erdbeere. Die Vereinigten Staaten sind mit 29 Prozent der wichtigste Weltproduzent von Erdbeeren, gefolgt von Spanien mit 9 Prozent.

Wissenswertes

In der ayurvedischen Heilkunde wird Rosenwasser bei Nervosität und Schlafstörungen eingesetzt, aber auch bei Schwellungen oder Augenringen.

Tausendundeine Geschichte

Die Erdbeere galt früher auch als die Speise der verstorbenen Kinder. Der Legende nach führt Maria die verstorbenen Kinder am Johannistag zum Erdbeerpflücken. Hat die Mutter eines Kindes vor dem 24. Juni Erdbeeren gegessen, geht ihr Kind dabei leer aus.

Wichtig!
Gut gekühlt serviert ist dieses Dessert ideal
für einen lauen Sommerabend im Freien.

❧ 74 ❧

Feigenkompott mit Vanille

Wie bei Muttern daheim

Die Vanille gehört zur Familie der Orchideengewächse. Deren bekannteste Vertreter, die Orchideen, zählen wohl mit zu den außergewöhnlichsten Pflanzen und verströmen einen wahrhaft betörenden Duft. Das feine, unaufdringliche Aroma der Vanille dagegen vermittelt ein Gefühl der Wärme und Geborgenheit und versetzt uns in die Kindheit zurück. Kommt dann auch noch die Feige, das Symbol der Weiblichkeit, ins Spiel, fühlt man sich glatt wie bei Muttern daheim.

Zutaten

Für 4 Personen

15 frische Feigen
100 g Zucker
2 Vanilleschoten

VORBEREITUNG: 10 Min.
KOCHZEIT: 20 Min.
ABKÜHLZEIT: 1 Std.

Abrakadabra …! ❈ Die Feigen kurz waschen, trocken tupfen und klein schneiden. ❈ Mit dem Zucker, den aufgeschlitzten Vanilleschoten und 2 EL Wasser in eine Kasserolle geben und 20 Min. bei mittlerer Hitze kochen, bis die Flüssigkeit verdunstet ist. Dabei gelegentlich umrühren. ❈ Das Kompott 1 Std. abkühlen lassen und lauwarm servieren.

Kleine Hexenfibel

Extra: Das Kompott noch mit Rosinen anreichern, die Sie vorher in mit Vanille aromatisiertem Wasser eingeweicht haben.

Wein: Zur Abrundung sollte man dieses Kompott mit einem Feigenwein genießen.

Wissenswertes

Aussehen und Aroma der Vanille variieren je nach Herkunftsregion. Auf Madagaskar und La Réunion wird die sogenannte Bourbonvanille (*Vanilla planifolia*) kultiviert. Sie hat ein süßliches Aroma mit einer leichten Holznote. Das Aroma der Tahiti-Vanille (*V. tahitensis*), die auf Tahiti und in Papua-Neuguinea angebaut wird, ist dagegen leicht anisartig.

Wichtig!
Da die Feigen mit der Schale gekocht werden, beim Einkauf darauf achten, dass die Früchte nicht gespritzt sind.

AUS FLORA UND FAUNA

Die Feige ist die Frucht des Feigenbaums (*Ficus carica*), einer Pflanze aus der Familie der Maulbeergewächse, die in Südwestasien und im gesamten Mittelmeerraum gedeiht. Der Baum hat ein sehr weiches Holz, das angeblich nicht fault. Deshalb stellte man daraus bis zum 15. Jahrhundert Holztafeln für die Malerei her.

Tausendundeine Geschichte

Im Mittelalter schätzte man die Feige vor allem wegen ihrer Heilkräfte. Gegen Durchfall setzte man einen Absud aus der Rinde ein. Der Milchsaft der Pflanze, den man in der Antike verwendete, um die Milch gerinnen zu lassen, galt bei den Ärzten des Mittelalters als wirksames Mittel gegen Warzen. Und bei Eiterungen gab es nichts Besseres als Breiumschläge aus gekochten Feigen.

❧ 75 ❧

Rhabarberkompott mit Erdbeeren

Ein unzertrennliches Paar

Der rustikale Rhabarber und die sittsame Erdbeere – ein ungleiches, aber unzertrennliches Paar. Die Erdbeere sorgt für die Süße, der Rhabarber steuert eine säuerliche Note bei. Allein auf die richtige Mischung kommt es an, damit keiner dem anderen die Schau stiehlt.

Zutaten
Für 6 Personen

1 kg Rhabarber
300 g Zucker
250 g Erdbeeren

VORBEREITUNG: 15 Min.
KOCHZEIT: 35 Min.
KÜHLZEIT: 4 Std.

Abrakadabra …! ❧ Die Rhabarberstängel von den Blättern befreien, gegebenenfalls abfädeln und klein schneiden. ❧ In einer Kasserolle mit dem Zucker mischen und zugedeckt 25 Min. bei mittlerer Hitze kochen. ❧ Die Erdbeeren halbieren und 10 Min. vor Ende der Kochzeit zum Rhabarber geben. ❧ Das fertige Kompott abkühlen lassen und vor dem Servieren 4 Std. in den Kühlschrank stellen.

AUS FLORA UND FAUNA

Der Gemeine Rhabarber (*Rheum rhabarbarum*) gehört zur Familie der Knöterichgewächse und war ursprünglich in der Mongolei beheimatet. Der Rhabarber ist eine ausdauernde krautige Pflanze mit großen, rosettenförmig angeordneten Blättern, die an langen, dicken rötlichen Stielen wachsen. Die Blätter sind giftig und deshalb nicht genießbar. Die Stiele entwickeln sich aus einem dicken unterirdischen Rhizom. Obwohl Rhabarber wie Obst behandelt und zu Kompott und Konfitüren verarbeitet wird, zählt er botanisch eigentlich zum Gemüse.

Kleine Hexenfibel

Saison: Rhabarber hat von April bis Juli Saison und ist dann überall auf Märkten und in Supermärkten erhältlich.

Erdbeere: Die Erdbeere ist die klassische Partnerin des Rhabarbers. Noch leckerer schmeckt dieses Kompott mit den besonders aromatischen Walderdbeeren. Die kleinen Beeren müssen nicht halbiert werden.

Wichtig!
Rhabarber enthält Oxalsäure und sollte deshalb nicht roh gegessen werden, denn die Säure entzieht dem Körper Calcium und kann Bauchschmerzen und Durchfall verursachen.

Wissenswertes

Der Chinesische Rhabarber oder Arznei-Rhabarber (*Rheum officinale*) war ursprünglich in Tibet und Nordwestchina beheimatet. In China schätzt man die gemahlene Wurzel der Pflanze bereits seit langem als Heilmittel, vor allem bei Verstopfung. Alkoholische Extrakte aus der Rhabarberwurzel helfen bei Zahnfleischentzündung und Entzündungen der Mundschleimhaut. In der Traditionellen Chinesischen Medizin wird die Rhabarberwurzel sogar zur Behandlung von Alzheimer eingesetzt.

Tausendundeine Geschichte

Für die Ojibwa, ein Indianervolk im Südwesten von Ontario, besitzt die Erdbeere eine ganz besondere Kraft. Sie glauben nämlich, dass sich die Seele der Verstorbenen in das Land der Toten begibt, wo sie zu einer riesigen Erdbeere gelangt. »Isst die Seele des Verstorbenen von der Frucht, wird sie die Welt der Lebenden vergessen und kann nie wieder zurückkehren. Rührt sie die Frucht dagegen nicht an, kann sie wieder auf die Erde zurückkehren.«

❧ 76 ❧

Apfelkompott mit Orange und Kardamom

Ein vielversprechendes Geschmackserlebnis

Wie alle Früchte, die viele Kerne haben, ist die Orange ein Symbol der Fruchtbarkeit. Der Apfel, der ebenfalls Kerne enthält, steht für die Erkenntnis, aber auch für die Sexualität und natürlich für die Versuchung. Und was tut der Kardamom, der Dritte im Bunde? Er hebt ganz allgemein den Geschmack von Süßspeisen und sorgt für ein ganz besonderes Geschmackserlebnis. Ein wahrhaft vielversprechendes Dessert!

Zutaten

Für 6 Personen

2 Kardamomkapseln
1 Orange
1 kg Äpfel
1 walnussgroßes Stückchen
   Butter
1 Zimtstange
1 Gewürznelke
40 g Rosinen

VORBEREITUNG: 20 Min.
KOCHZEIT: 15 Min.

Abrakadabra …! ❈ Die Kardamomkapseln aufbrechen und die Samen herausholen. ❈ Die Orange schälen und vierteln. ❈ Die Äpfel ebenfalls schälen, die Kerngehäuse entfernen und das Fruchtfleisch in Würfel schneiden. ❈ Die Butter in einer Pfanne zerlassen und die Gewürze 4 Min. darin anrösten. ❈ Orange, Äpfel und Rosinen dazugeben und das Ganze zugedeckt 15 Min. bei geringer Hitze köcheln lassen. Dabei regelmäßig umrühren.

Ich habe ein vielversprechendes Dessert für Sie angerichtet, mein Engel …

Kleine Hexenfibel

Flüchtig: Das im Kardamom enthaltene ätherische Öl verfliegt sehr schnell. Deshalb lässt sich das Gewürz nicht lange aufbewahren. Nach acht Monaten hat der Kardamom ein Drittel seines Aromas eingebüßt, nach zwei Jahren ist es vollständig verflogen.

Erinnerungen: Dieses Apfelkompott weckt Erinnerungen an die Kindheit und an die Küche unserer Großmütter. Wie ließe es sich also stilechter servieren als in einer altmodischen Kompottschüssel.

Tausendundeine Geschichte

Der Apfel spielt in nahezu allen Kulturen eine Rolle. In erster Linie ist er ein Symbol der Liebe, der Sexualität, der Fruchtbarkeit und des Lebens. Darüber hinaus symbolisiert er Reichtum, Erkenntnis und Fleiß. Neben all den positiven Eigenschaften, die man mit dem Apfel assoziiert, steht er aber auch für die Versuchung und die Zwietracht.

Wissenswertes

Der Grüne Kardamom (*Elettaria cardamomum*) ist eine krautige Pflanze aus der Familie der Ingwergewächse, deren Samen man im Orient gerne zum Aromatisieren von Kaffee und schwarzem Tee verwendet. Man gibt pro Tasse ein zerstoßenes Samenkorn in den Kaffee bzw. mischt die aufgeschlitzten Kapseln unter die Teeblätter. In Asien dient er schon seit Jahrhunderten als Gewürz, und in der Traditionellen Chinesischen Medizin wird er als Heilmittel eingesetzt.

AUS FLORA UND FAUNA

Die Orange (*Citrus sinensis*) ist vermutlich eine natürliche Hybride aus Pampelmuse (*C. maxima*) und Mandarine (*C. reticulata*). Die Früchte bestehen aus 10–13 Segmenten, die mit Saftschläuchen gefüllt und von dünnen Häutchen umgeben sind. Für den aromatischen Duft sind zahlreiche Öldrüsen verantwortlich, die in der Schale sitzen.

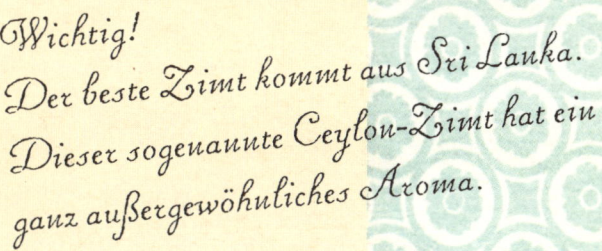

Wichtig!
Der beste Zimt kommt aus Sri Lanka.
Dieser sogenannte Ceylon-Zimt hat ein
ganz außergewöhnliches Aroma.

❧ 77 ❧

Papaya-Coulis mit Sandplätzchen à la Maa'm Kéké

Sind Sie reif für die Insel?

Zimt, Ingwer, Piment, die exotische Papaya und dazu knuspriges Sandgebäck …
Sind Sie reif für die Insel? Dann holen Sie sich doch mit diesem Dessert
schon mal einen kleinen Vorgeschmack.

Zutaten

Für 6 Personen

FÜR DIE PAPAYA-COULIS

1 Papaya
Saft von 1 Zitrone
50 g Zucker
1 Päckchen Vanillezucker

FÜR DIE SANDPLÄTZCHEN

210 g Mehl
50 g Puderzucker
60 g weiche Butter
3 EL Honig
1 Ei, 1 Eigelb
½ TL Zimt
½ TL gemahlener Piment
½ TL gemahlener Ingwer
½ TL Backnatron

FÜR DIE GLASUR

1 Ei
1 Prise Salz

VORBEREITUNG: 40 Min.
RUHEZEIT: 3 Std. 20 Min.
BACKZEIT: 18 Min.

Abrakadabra …! ▨ FÜR DIE PAPAYA-COULIS die Papaya halbieren, die Kerne entfernen und das Fruchtfleisch in Würfel schneiden. ▨ Mit Zitronensaft, Zucker und Vanillezucker im Mixer pürieren und das Püree 3 Std. in den Kühlschrank stellen. ▨ FÜR DIE SANDPLÄTZCHEN den Backofen auf 160 °C (Umluft 140 °C) vorheizen. ▨ Sämtliche Zutaten in einer Schüssel verrühren, die Schüssel mit einem Geschirrtuch abdecken und den Teig 20 Min. ruhen lassen. ▨ Den Teig auf der bemehlten Arbeitsfläche 5 mm dick ausrollen und Plätzchen ausstechen. ▨ Ein Backblech mit Backpapier auslegen, das Papier leicht mit Butter einfetten und die Plätzchen darauf verteilen. ▨ FÜR DIE GLASUR das Ei mit dem Salz verquirlen. Das Gebäck damit bepinseln und trocknen lassen. Die Kekse nochmals mit Ei bepinseln, 18 Min. backen und auskühlen lassen.

Tausendundeine Geschichte

Der Pfefferstrauch (*Piper nigrum*) ist eine holzige tropische Kletterpflanze, die eine Wuchshöhe von bis zu 10 m erreichen kann. Pfeffer ist das weltweit meistverwendete Gewürz. Das wichtigste Erzeugerland ist Indonesien, gefolgt von Indien, Brasilien, Malaysia, Vietnam, Sri Lanka und Costa Rica.

Kleine Hexenfibel

Reif: Die Papaya sollte etwa mittelgroß und schön reif sein.

Gelee: Papayas enthalten Pektin. In Verbindung mit dem Zucker bekommt die Coulis deshalb eine geleeartige Konsistenz.

Form: Besonders dekorativ sieht es aus, wenn Sie für die Kekse Ausstecher mit unterschiedlichen Motiven nehmen.

Verzierung: Die Plätzchen, nachdem Sie sie zum zweiten Mal mit Ei bepinselt haben, mit einer Gabel mit einem Wellenmuster verzieren.

Wissenswertes

Der Piment (*Pimenta dioica*), auch Nelken- oder Jamaikapfeffer genannt, ist die beerenähnliche Steinfrucht eines immergrünen Baumes aus der Familie der Myrtengewächse. Er wird auf Kuba, den Kleinen Antillen, in Trinidad, Honduras, in Mexiko und auf Jamaika kultiviert. Piment erinnert im Geschmack an eine Mischung aus Zimt, Muskat, Gewürznelke und schwarzem Pfeffer.

AUS FLORA UND FAUNA

Der Papayabaum (*Carica papaya*) ist kein Baum im eigentlichen Sinn, sondern ein »baumförmiges Kraut«. Er gehört zur Familie der Melonengewächse und war ursprünglich in Mittelamerika beheimatet. Im 16. Jahrhundert führten ihn die Spanier in Asien ein. Die großen, lang gestielten Blätter verleihen der Pflanze ein palmenartiges Aussehen. Wie der Kakaobaum ist auch die Papaya eine kauliflore Pflanze, d.h. Blüten und Früchte bilden sich an den verholzten Pflanzenteilen.

Wichtig!
Die Glasur sollte schon
1 Std. vor dem Gebrauch
hergestellt werden.

❧ 78 ❧

Apfelmus mit Maronen und Crème fraîche

Für einen ruhigen Schlaf

Als Mus zubereitet kann Ihnen der vergiftete Apfel, den die hässliche, bucklige Hexe mit der krummen Nase und dem spitzen Hut Schneewittchen zu essen gab, nicht gefährlich werden. Er hat seinen Schrecken verloren. Schluss mit den Albträumen! Mit diesem Apfelmus werden Sie ganz ruhig schlafen …

Zutaten
Für 6 Personen

250 g Maroni
1 kg Äpfel
15 el Rum
50 g gemahlene Mandeln
250 g Crème fraîche

⏰

VORBEREITUNG: 25 Min.
KOCHZEIT: 80 Min.

Abrakadabra …! ❖ Die Maronen wie im Rezept auf Seite 20 beschrieben zubereiten. ❖ Die Äpfel schälen, die Kerngehäuse entfernen und das Fruchtfleisch klein schneiden. ❖ Mit dem Rum in eine Kasserolle geben und zugedeckt 15 Min. bei mittlerer Hitze kochen. Dabei gelegentlich umrühren. ❖ Nach 10 Min. die Maronen mitsamt 500 ml Kochflüssigkeit dazugeben und das Ganze weitere 20 Min. zugedeckt kochen lassen. ❖ Die Mandeln hinzufügen, die Mischung durch die Flotte Lotte passieren und die Crème fraîche unterziehen. ❖ Das Apfelmus über Nacht in den Kühlschrank stellen.

Ach, ich fühle mich wie in Morpheus' Armen!

AUS FLORA UND FAUNA

Die Natur hat uns Beeren, Steinobst, Kernobst, tropische Früchte, Scheinfrüchte und anderes mehr geschenkt. Doch wozu zählen eigentlich die Maroni? Sie gehören wie Haselnuss, Mandel, Walnuss, Pistazie und Erdnuss zu den außerordentlich gesunden Nüssen oder Ölfrüchten.

NEWTON.

Kleine Hexenfibel

Mürbe: Nehmen Sie für das Apfelmus nach Möglichkeit mürbe Äpfel, z.B. Golden Delicious; sie lassen sich leichter pürieren.

Fertig: Wenn Sie wenig Zeit haben oder sich nicht an die Zubereitung von Maronen heranwagen, greifen Sie einfach auf vorgegarte Kastanien aus der Dose oder dem Glas zurück.

Weich: Die Äpfel und die Kastanien sind gar, wenn sie sich mit dem Spatel mühelos zerdrücken lassen.

Wissenswertes

Ein von einem Baum fallender Apfel soll Newton zu seinem Gesetz von der Gravitation angeregt haben.

Wichtig!
Das Apfelmus sollte gut gekühlt, nach Belieben sogar eisgekühlt serviert werden. Dazu passt hervorragend eine Scheibe Brot aus Kastanienmehl.

Tausendundeine Geschichte

Bis vor 200 Jahren zählte die Esskastanie in den Mittelmeerländern zu den Grundnahrungsmitteln. Man bereitete daraus Suppen und Breis zu, und in Hungerjahren war sie nicht selten die einzige Nahrung. Doch die Kastanie war keineswegs nur ein Armeleuteessen. Im antiken Rom fand man sie auch auf den Tafeln der Reichen. Besonders beliebt waren damals die Kastanien aus Neapel, die gedämpft wurden.

❧ 79 ❧

Zitrusfrüchte in Ingwersirup

Das Geheimnis der ewigen Jugend

Die gesundheitsfördernden Eigenschaften der Zitrusfrüchte sind seit jeher bekannt.
Die französische Salonière, Schriftstellerin und Lebedame Ninon de Lenclos (1616–1705)
verdankte ihre ewige Jugend angeblich der Tatsache, dass sie täglich eine Orange aß.
Damit machte sie beim französischen Hochadel des 17. Jahrhunderts Schule.
Beste Aussichten also, mit diesem Dessert die verlorene Jugend wiederzufinden …

Zutaten

Für 4 Personen

4 Orangen
1 gelbe Grapefruit
1 rosa Grapefruit
4 Clementinen
2 unbehandelte Limetten
1 unbehandelte Zitrone
20 g frischer Ingwer
1 Vanilleschote
200 g heller Vergoise-Zucker

VORBEREITUNG: 25 Min.
KOCHZEIT: 10 Min.
KÜHLZEIT: 2 Std.

Abrakadabra …! ❈ Orangen, Grapefruits und Clementinen schälen, in Spalten zerteilen und in einer Schüssel mischen. ❈ Die Limetten- und die Zitronenschale abreiben und die Früchte auspressen. Den Ingwer reiben. Die Vanilleschote aufschlitzen und das Mark herauskratzen. ❈ In einer Kasserolle den Zucker mit 400 ml Wasser, Ingwer, Vanillemark, Zitrusschalen sowie -saft verrühren. Die Mischung 10 Min. bei geringer Hitze kochen lassen, bis sie eine sirupartige Konsistenz hat, danach abkühlen lassen. ❈ Die Früchte auf Dessertschalen verteilen, mit dem Sirup übergießen und 2 Std. kühl stellen.

Diese Jugendlichkeit,
meine Schöne!
Wie machen Sie
das nur?

Wichtig!
Die Zitrusfrüchte nach dem
Schälen sorgfältig von der weißen
bitteren Haut befreien.

Kleine Hexenfibel

Zucker: Vergoise-Zucker wird aus Zuckerrüben hergestellt und mit Karamell aromatisiert. Er ist in Gewürzhandlungen erhältlich.

Gesund: Mit diesem Dessert schlagen Sie gleich zwei Fliegen mit einer Klappe, denn es schmeckt nicht nur vorzüglich, sie tun damit auch Ihrer Gesundheit etwas Gutes.

Wissenswertes

Mit seinen zarten Blüten, seinen runden, leuchtend orangen Früchten und seinen ovalen, ledrigen Blättern hat der immergrüne Orangenbaum die Menschen seit jeher in seinen Bann gezogen. Früchte und Blätter enthalten ein aromatisch duftendes ätherisches Öl.

Tausendundeine Geschichte

Zitrusfrüchte spielen auch in der Parfümherstellung eine wichtige Rolle. Das von dem italienischen Parfümeur Giovanni Maria Farina erfundene Parfüm, das er zu Ehren seiner Wahlheimat Köln »Kölnisch Wasser« nannte, besteht aus den ätherischen Ölen von Zitrone, Orange, Mandarine, Limette und Pampelmuse. Dazu kommt noch die Bergamotte, eine Kreuzung aus Zedratzitrone und Bitterorange, die in Süditalien kultiviert wird und mit der auch der berühmte Earl-Grey-Tee aromatisiert wird.

❧ 80 ❧
Gegrillte Trauben-Feigen-Spieße
Ein wahrhaft dionysischer Genuss

Im antiken Griechenland war die Feige, der man aphrodisische Eigenschaften zuschrieb, Dionysos heilig, dem Gott des Weines, der Freude, der Ekstase und der Fruchtbarkeit. Die Trauben, aus denen der Wein gekeltert wird, in einem Dessert mit den Feigen vereint – ein wahrhaft dionysischer Genuss!

Zutaten
Für 4 Personen

15 g Butter
40 g flüssiger Honig
500 g Weintrauben
4 Feigen

VORBEREITUNG: 10 Min.
KOCHZEIT: 3 Min.

Abrakadabra …! ▨ Die Butter in einer Kasserolle zerlassen und den Honig unterrühren. ▨ Den Backofengrill vorheizen. ▨ Die Trauben waschen, von den Stielen zupfen und mit Küchenpapier trocken tupfen. ▨ Die Feigen ebenfalls waschen, trocken tupfen und halbieren. ▨ Feigen und Trauben abwechselnd auf 8 Holzspieße stecken. ▨ Die Früchte rundherum mit der Butter-Honig-Mischung bepinseln. ▨ Die Spieße 2 Min. grillen, wenden und nochmals 1 Min. grillen.

Tausendundeine Geschichte

Nicht nur bei den Hindus, auch bei den Maya wurde die Biene als Gottheit verehrt. In Ägypten zeichnete man die Soldaten für ihren Gehorsam gegenüber dem Pharao mit einer goldenen Biene aus. Und in Frankreich war sie, bevor sie von der Lilie abgelöst wurde, die Insignie der Könige. Der Krönungsmantel Napoleons war mit goldenen Bienen bestickt.

Kleine Hexenfibel

Groß: Verwenden Sie für diese Spieße möglichst große Trauben.

Menge: Pro Spieß sollten Sie etwa 12 Trauben rechnen.

Honig: Am besten eignet sich ein Blütenhonig für dieses Rezept.

Wissenswertes

Bei der gemeinhin Traube genannten Frucht handelt es sich eigentlich um eine Beere. Beeren sind Schließfrüchte, die sich aus einem einzigen Fruchtknoten bilden. In der Regel ist bei der reifen Beere die Fruchtwand noch fleischig oder saftig. Ist die Fruchtwand wie etwa beim Kürbis hart, bezeichnet man die Frucht als Panzerbeere.

AUS FLORA UND FAUNA

Bienen überstehen selbst die härtesten Winter. Sie ballen sich um die Königin zu einer Traube zusammen und erzeugen durch das Vibrieren ihrer Muskulatur eine Temperatur von 25 °C.

Wichtig!
Holzspieße vor der Verwendung
20 Min. in kaltes Wasser legen.

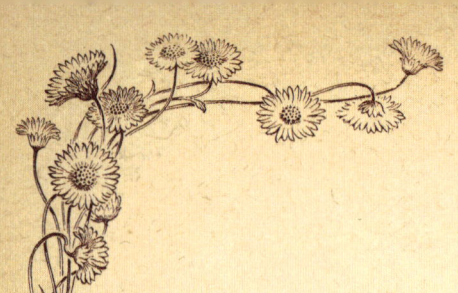

❧ 81 ❧

Pfirsiche in Hibiskussirup

Regt Geist und Sinne an

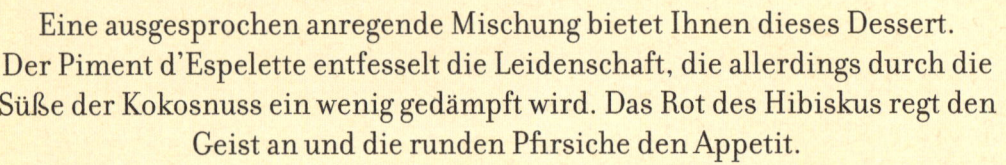

Eine ausgesprochen anregende Mischung bietet Ihnen dieses Dessert.
Der Piment d'Espelette entfesselt die Leidenschaft, die allerdings durch die
Süße der Kokosnuss ein wenig gedämpft wird. Das Rot des Hibiskus regt den
Geist an und die runden Pfirsiche den Appetit.

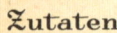

Zutaten

Für 4 Personen

6 weißfleischige Pfirsiche
50 g getrocknete Hibiskusblüten
250 g Zucker
2 Zimtstangen
1 Msp. Piment d'Espelette
4 EL Himbeergelee

VORBEREITUNG: 15 Min.
KOCHZEIT: 10 Min.
KÜHLZEIT: 8 Std.

Abrakadabra …! ❋ Die Pfirsiche waschen. ❋ 500 ml Wasser in einer Kasserolle zum Kochen bringen, die Hibiskusblüten 5 Min. darin ziehen lassen und die Flüssigkeit anschließend abseihen. ❋ Die Hibiskusinfusion mit Zucker, Zimt und Piment d'Espelette aufkochen und die Pfirsiche 5 Min. darin kochen. ❋ Mit einem Schaumlöffel herausheben, abkühlen lassen und die Schale abziehen. ❋ Die Zimtstangen aus dem Sirup nehmen und das Himbeergelee hinzufügen. Den Sirup aufkochen und 5 Min. einkochen lassen. ❋ Den Topf vom Herd nehmen, die Pfirsiche in den Sirup legen, abkühlen lassen und 8 Std. kalt stellen.

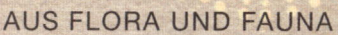

Weiß-, gelb- oder rotfleischig … es gibt etwa hundert Pfirsichsorten, die sich nicht nur hinsichtlich der Farbe ihres Fruchtfleischs, sondern auch hinsichtlich ihrer Schale unterscheiden, die samtig-flaumig oder glatt sein kann. Ein weiteres Unterscheidungsmerkmal ist die Steinlöslichkeit. Sorten, bei denen sich der Stein nur schwer vom Fruchtfleisch löst, bezeichnet man als »Klingstones«, solche mit guter Steinlöslichkeit als »Freestones«.

Wichtig!
Das Dessert während des Kühlens regelmäßig
aus dem Kühlschrank nehmen und umrühren,
damit sich die Pfirsiche gleichmäßig rot färben.

Sie hat tatsächlich
eine Pfirsichhaut!

Wissenswertes

Zu den Malvengewächsen gehört neben dem Hibiskus auch die Okraschote (*Abelmoschus esculentus*), auch Gemüse-Eibisch genannt. Sie stammt ursprünglich aus Äthiopien und wird vor allem in Afrika, Asien, Mittel- und Südamerika gerne als Gemüse gegessen.

Kleine Hexenfibel

Farbe: Die Hibiskusblüten so lange ziehen lassen, bis das Wasser eine schöne rote Farbe angenommen hat.

Scharf: Piment d'Espelette ist ein scharfes, besonders aromatisches Chiligewürz, das im französischen Baskenland aus der Gorria-Chilischote hergestellt wird. Es ist in Gewürzhandlungen erhältlich.

Alternativ: Das Himbeergelee durch Brombeer- oder schwarzes Johannisbeergelee ersetzen.

Tausendundeine Geschichte

Aus den getrockneten Blüten des Hibiskus bereitet man in Afrika erfrischende Getränke zu, die kalt oder warm genossen werden. Diese leicht säuerlichen Getränke wirken harntreibend, abführend und beruhigend.

❧ 82 ❧
Rotes Apfelmus
Macht Wangen rot

Apfel und Hibiskus, die Frucht der Versuchung und die Farbe des Verlangens
verwandelt in ein delikates, fruchtiges Püree — eine Köstlichkeit, die
Frischverliebten beim Tête-à-Tête die Röte in die Wangen treibt.

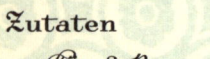

Zutaten
Für 2 Personen

4 Äpfel
2 TL getrocknete Hibiskusblüten

⏰
VORBEREITUNG: 30 Min.
ZIEHZEIT: 8 Std. 5 Min.
KOCHZEIT: 20 Min.

Abrakadabra …! ✖ Die Äpfel schälen, die Kerngehäuse entfernen und das Fruchtfleisch klein schneiden. ✖ 2 EL Wasser aufkochen und die Hibiskusblüten
5 Min. darin ziehen lassen. ✖ Die Blüten mit einem
Schaumlöffel herausheben und die Äpfel in die Flüssigkeit legen. ✖ Die Flüssigkeit abkühlen lassen und
das Ganze anschließend 8 Std. in den Kühlschrank
stellen. ✖ Die Äpfel in ein Sieb abgießen, in einer Auflaufform verteilen, 20 Min. im 180 °C (Umluft 160 °C)
heißen Backofen garen und danach durch die Flotte
Lotte passieren.

Tausendundeine Geschichte

Ob es tatsächlich ein Apfel war, dem Eva nicht widerstehen konnte, darf heute bezweifelt werden. Trotzdem haftet ihm bis heute das Odium des Bösen an. Nicht umsonst heißt sein lateinischer Name *Malus* übersetzt »böse«.

Kleine Hexenfibel

Blüten: Getrocknete Hibiskusblüten bekommen Sie abgepackt in orientalischen Lebensmittelgeschäften.

Farbe: Ob gelblich, grünlich oder weiß — egal welche Farbe das Fruchtfleisch der Äpfel ursprünglich hatte, dieses Apfelmus ist immer rot.

Wissenswertes

Der Apfel spielt auch in einer Reihe von Redensarten eine Rolle, wie z.B. *der Apfel fällt nicht weit vom Stamm, in den sauren Apfel beißen, Äpfel mit Birnen vergleichen* oder *für 'nen Appel und 'n Ei.* Oder er findet sich in Wörtern wie Apfelbäckchen oder Zankapfel wieder. Letzterer wird nach der griechischen Göttin der Zwietracht, die mit ihrem Apfel den Trojanischen Krieg heraufbeschwor, auch Eris-Apfel genannt.

AUS FLORA UND FAUNA

Der Apfel ist eine Scheinfrucht, d.h. die Frucht entwickelt sich nicht aus einem Fruchtknoten, sondern aus der Blütenachse. Allein in Deutschland gibt es heute etwa 1500 verschiedene Apfelsorten, und es kommen immer wieder neue Züchtungen hinzu.

Wichtig!
Das Dessert muss bereits am Vortag zubereitet werden, damit die Äpfel Zeit haben, die Farbe des Hibiskus anzunehmen.

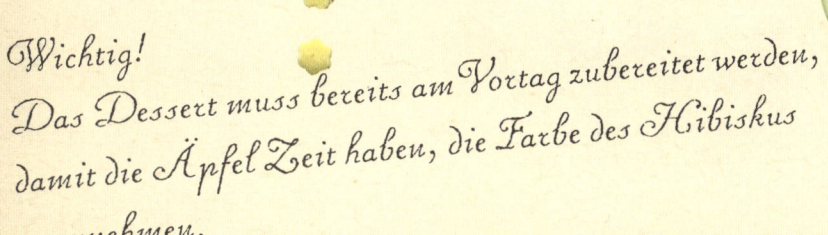

❧ 83 ❧
Karamellisierter Kürbis
Helfen Sie dem Eheglück
ein wenig nach!

Im antiken Rom war es Brauch, dass der Bräutigam Walnüsse unter die Gäste warf. Erzeugten sie beim Aufprall einen hellen Klang, war dies ein Omen für eine glückliche Ehe. Vielleicht lässt sich dem Eheglück aber auch mit diesem Dessert ein wenig nachhelfen …

Zutaten
Für 6 Personen

1 Gartenkürbis (1 kg)
10 g Butter
400 g Kristallzucker
100 g Walnusskerne, gehackt

VORBEREITUNG: 35 Min.
KOCHZEIT: 45 Min.

Abrakadabra …! ❈ Den Kürbis schälen, die Kerne entfernen und das Fruchtfleisch grob würfeln. ❈ In einer großen Kasserolle mit 100 ml Wasser und der Butter aufkochen und 25 Min. bei geringer Hitze köcheln lassen. ❈ Den Zucker hinzufügen und das Ganze weitere 20 Min. kochen lassen, bis der Kürbis leicht karamellisiert ist. ❈ Den Kürbis lauwarm mit Walnüssen bestreut servieren.

*Er liebt mich,
er liebt mich nicht,
er liebt mich …*

Wichtig!
Eine geheimnisvolle »Hexenatmo-
sphäre« schaffen Sie, wenn Sie dieses
Dessert in braunen oder bernstein-
farbenen Glasschalen servieren.

Kleine Hexenfibel

Verführerisch: Der glänzende Karamell, der den Kürbis
überzieht, ist außerordentlich
appetitanregend.

Aroma: Der Karamell verströmt einen feinen, warmen
Zuckerduft. Genau das Richtige, um mal abzuschalten und
zu entspannen.

Wissenswertes

Einen Duft mit einem Ge-
schmack assoziieren zu können, ist eine Begabung, ohne
die ein Parfümeur keine neuen
Düfte kreieren könnte. So
ergibt etwa die Kombination
von Pfeffer, Schokolade, Vanille und Rose – zumindest auf
der Haut mancher Menschen –
einen Karamellduft.

Tausendundeine Geschichte

In Indien und Zentralasien
kannte man den Kürbis, und
hier vor allem den Flaschen-
kürbis, bereits vor 6000 Jahren, wo man ihn gleich zwei-
fach – als Lebensmittel und als
Vorratsgefäß – nutzte. In China
dienten die ausgehöhlten Schalen auch zur Aufbewahrung von
Arzneien.

AUS FLORA UND FAUNA

Wegen seiner schönen Fär-
bung und Maserung zählt das
Holz des Walnussbaums zu
den Edelhölzern. Aufgrund
seines hohen Preises wird es
vorwiegend für hochwertige
Möbel, Parkett oder
Täfelungen genutzt.

❧ 84 ❧

Ananas mit Damaszener Kümmel und Bittermandeleis

Einmal überall gleichzeitig sein ...

Ich bin hier ...

Mandeln, Kümmel, Ananas ... Dieses Dessert schlägt Brücken zwischen der Welt der Juden, der Araber und der Indianer Mittelamerikas. Ein recht ungewöhnliches Geschmackserlebnis, in dem sich der Traum, überall gleichzeitig sein zu können, verwirklicht.

Zutaten
Für 6 Personen

Für das Bittermandeleis
600 g Vanillejoghurt
4 Tropfen Bittermandelöl

Für die Ananas
1 Ananas
10 g Butter
1 EL Zucker
10 g Damaszener Kümmel

⏰

VORBEREITUNG: 20 Min.
GEFRIERZEIT: 3 Std.
KOCHZEIT: 10 Min.

Abrakadabra ...! ❋ Für die Eiscreme den Joghurt mit 150 ml Wasser und dem Bittermandelöl verrühren. ❋ In eine Gefrierdose füllen und 90 Min. in die Gefriertruhe stellen. ❋ Im Mixer aufschlagen und nochmals 90 Min. gefrieren lassen. Erneut aufschlagen und bis zum Servieren in der Kühltruhe aufbewahren. ❋ Ananas schälen und in Scheiben schneiden. ❋ Butter und Zucker in einer Pfanne zerlassen und die Ananasscheiben auf jeder Seite 2 Min. darin anbräunen. ❋ Die Scheiben herausnehmen und den Sirup einkochen lassen. ❋ Die Ananasscheiben mit je 1 Kugel Eiscreme auf 6 Desserttellern anrichten, mit Sirup beträufeln und mit Kümmelsamen bestreuen.

hier ...

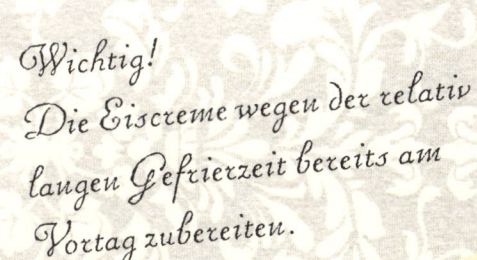

Wichtig!
Die Eiscreme wegen der relativ
langen Gefrierzeit bereits am
Vortag zubereiten.

Kleine Hexenfibel

Kristalle: Die Eiscreme mehrmals im Mixer durchrühren. Dadurch werden die Eiskristalle aufgebrochen und das Eis wird schön cremig.

Kümmel: Die Kümmelsamen ohne Zugabe von Fett in der Pfanne rösten und in einer Kaffee- oder Gewürzmühle mahlen.

Aroma: Damaszener Kümmel hat einen pikanten, zitronenartigen Geschmack. Man bekommt ihn in Kräuter- und Gewürzhandlungen.

Wissenswertes

Der Kümmel gehört zur Familie der Hahnenfußgewächse. Bekannt ist vor allem der Echte Schwarzkümmel (*Nigella sativa*), dessen Öl man schon seit vielen tausend Jahren in Ägypten als Lebenselixier schätzt und das man früher »Öl der Pharaonen« nannte.

Tausendundeine Geschichte

Der Mandelbaum (*Prunus dulcis*) gehört zur Familie der Rosengewächse. Der zierliche kleine Baum weist eine botanische Besonderheit auf: Die zarten, weißen oder rosafarbenen Blüten entfalten sich bereits, bevor der Baum Blätter trägt.

AUS FLORA UND FAUNA

Der Damaszener Kümmel (*Nigella damascena*), auch Jungfer im Grünen genannt, ist eine einjährige krautige Pflanze mit blauen oder weißen Blüten, aus denen sich kleine Kapselfrüchte entwickeln, in denen sich die tiefschwarzen, dreieckigen, etwa 3 mm langen pikant-aromatischen Samen befinden.

... und hier ...

... und hier auch!

❧ 85 ❧
Birnen in Dattellikör
Tun Sie Ihrer Gesundheit etwas Gutes!

Der Honig ist eine Gabe des Himmels. Wird er uns doch von den Bienen geschenkt. *Apis mellifera*, die Westliche Honigbiene, beschert uns aber noch viele andere Dinge, die nicht nur gut schmecken, sondern auch die Gesundheit fördern, wie z.B. Propolis, Met, Gelée royale oder Pollen. Honig und Pollen wirken antibiotisch, Gelée royale stärkt das Immunsystem.

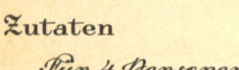

Zutaten

Für 4 Personen

4 mittelgroße Birnen
4 EL Zucker
4 EL Honig
2 EL Dattellikör (siehe
   Seite 197 »Wichtig«)

VORBEREITUNG: 20 Min.
KÜHLZEIT: 3 Std.
KOCHZEIT: 40 Min.

Abrakadabra …! ▩ Die Birnen schälen, ohne die Stiele zu entfernen. ▩ Aufrecht in eine Kasserolle stellen und mit Wasser bedecken. ▩ Bei geringer Hitze aufkochen und 30 Min. köcheln lassen. ▩ Die Hälfte des Wassers abgießen, die Birnen mit Zucker bestreuen und weitere 10 Min. kochen. ▩ Mit einem Schaumlöffel aus dem Topf heben, abtropfen lassen und 3 Std. in den Kühlschrank stellen. Den Sirup aufheben. ▩ Die Hälfte des Sirups abgießen. Den Honig und den Dattellikör unter den restlichen Sirup rühren und die Mischung 3 Std. kalt stellen. ▩ Die Birnen aufrecht in eine Glasschüssel stellen, mit dem Sirup überziehen und servieren.

Willst 'ne Birn, lütt Dirn?

Tausendund-eine Geschichte

Früher war es Brauch, Jungvermählten Honigwein zu trinken zu geben. Daher rührt auch die Bezeichnung »Honigmond« für Flitterwochen.

Wichtig!
Rezept für den Dattellikör: 35 cl Cognac, 10 Datteln und 1 Vanilleschote in eine Flasche geben. Das Ganze 40 Tage ruhen lassen und die Flasche alle 4 Tage schütteln.

Hast du 'ne weiche Birne?

AUS FLORA UND FAUNA

Wild wachsende Birnbäume, aus denen die zahllosen Kultursorten hervorgegangen sind, findet man heute noch in den Wäldern der gemäßigten Regionen Europas und Westasiens. Ihre Früchte sind klein und hart.

Kleine Hexenfibel

Stiel: Um den Stiel nicht zu beschädigen, die Schale rund um den Stiel etwa 2 cm breit stehen lassen.

Likör: Der Dattellikör kann auch durch einen Anisschnaps, z. B. Raki, Arak oder Ouzo, ersetzt werden.

Honig: Für dieses Dessert eignet sich am besten ein Akazienhonig.

Wissenswertes

Ein Bienenstock gleicht einem großen mehrstöckigen Palast. Die einzelnen »Etagen« bestehen aus Holzrähmchen. Darin bauen die Bienen ihre sechseckigen Waben, in denen sie ihre Larven aufziehen und den Honig und den Pollen lagern. Das Wachs schwitzen sie aus den hinteren Bauchschuppen als dünne Plättchen aus.

❧ 86 ❧

Litschi-Sushi
Wie Yin und Yang

Sushi mal anders! Wie der Reis stammt auch die Litschi-Frucht, die man in China wegen ihrer tonisierenden Wirkung schätzt, aus dem Fernen Osten, und die beiden passen so gut zusammen wie Yin und Yang …

Zutaten
Für 4 Personen

1 l Milch
5 EL Zucker
100 g Rundkornreis
24 Litschis
3 Kiwis
75 g Zartbitterschokolade
1 EL Crème fraîche
250 g Vanillesauce

🕐

VORBEREITUNG: 10 Min.
KOCHZEIT: 50 Min.

Abrakadabra …! ❈ Die Milch mit dem Zucker in einer Kasserolle zum Kochen bringen. ❈ Den Reis hinzufügen, aufkochen und 40 Min. bei geringer Hitze köcheln lassen. Den Topf anschließend vom Feuer nehmen, den Reis abkühlen lassen und Klößchen daraus formen. ❈ Die Litschis schälen, halbieren und die Kerne entfernen. ❈ Die Kiwis schälen, in Scheiben schneiden und diese halbieren. ❈ Die Schokolade mit der Crème fraîche schmelzen. ❈ Die Litschis mithilfe der heißen Schokolade auf die Reisklößchen kleben und mit der Vanillesauce servieren.

Kein Sushi ohne Litschi!

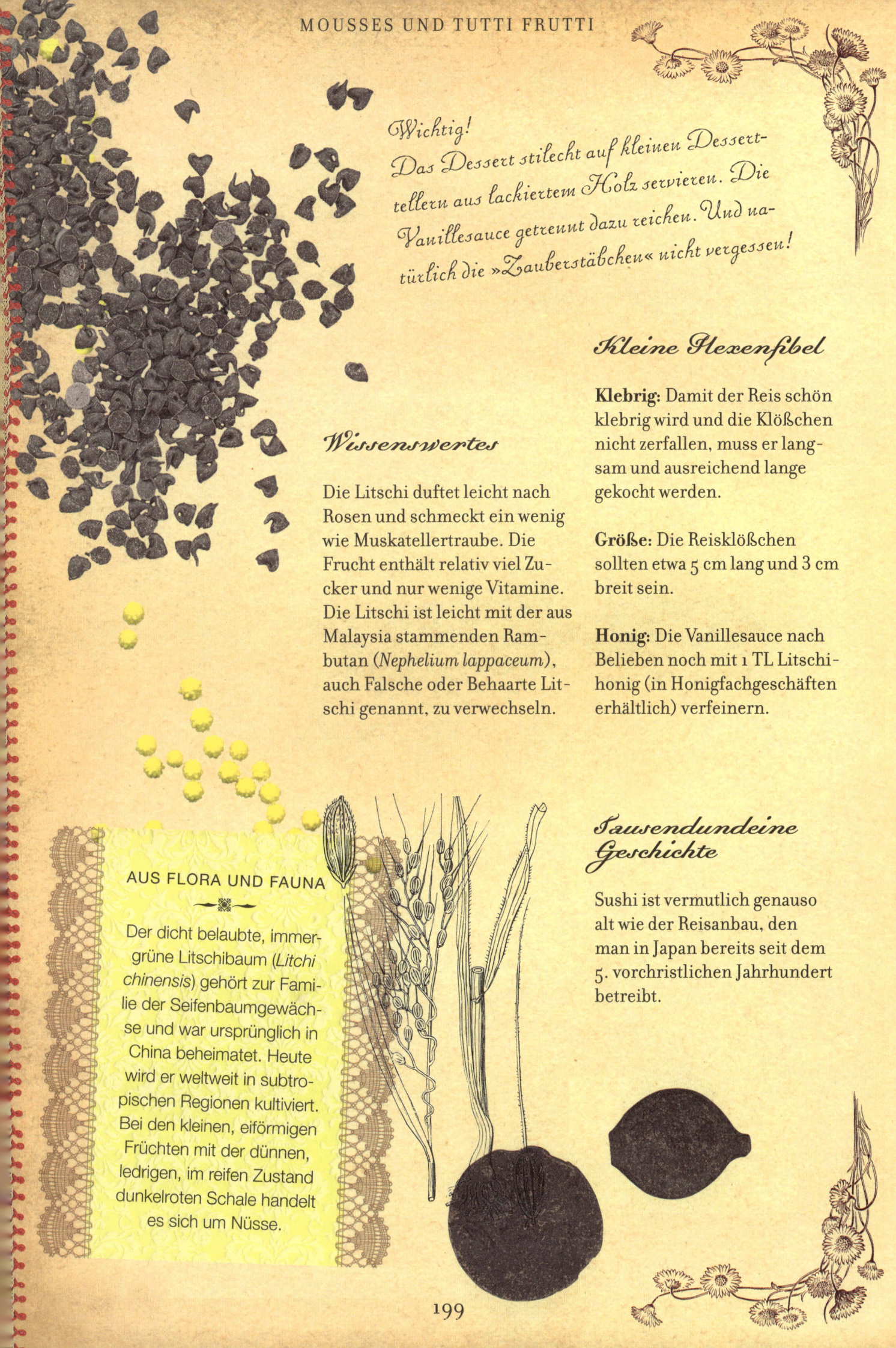

Wichtig!
Das Dessert stilecht auf kleinen Dessert-
tellern aus lackiertem Holz servieren. Die
Vanillesauce getrennt dazu reichen. Und na-
türlich die »Zauberstäbchen« nicht vergessen!

Wissenswertes

Die Litschi duftet leicht nach
Rosen und schmeckt ein wenig
wie Muskatellertraube. Die
Frucht enthält relativ viel Zucker und nur wenige Vitamine.
Die Litschi ist leicht mit der aus
Malaysia stammenden Ram-
butan (*Nephelium lappaceum*),
auch Falsche oder Behaarte Litschi genannt, zu verwechseln.

Kleine Hexenfibel

Klebrig: Damit der Reis schön
klebrig wird und die Klößchen
nicht zerfallen, muss er langsam und ausreichend lange
gekocht werden.

Größe: Die Reisklößchen
sollten etwa 5 cm lang und 3 cm
breit sein.

Honig: Die Vanillesauce nach
Belieben noch mit 1 TL Litschi-
honig (in Honigfachgeschäften
erhältlich) verfeinern.

AUS FLORA UND FAUNA

Der dicht belaubte, immergrüne Litschibaum (*Litchi
chinensis*) gehört zur Familie der Seifenbaumgewäch-
se und war ursprünglich in
China beheimatet. Heute
wird er weltweit in subtro-
pischen Regionen kultiviert.
Bei den kleinen, eiförmigen
Früchten mit der dünnen,
ledrigen, im reifen Zustand
dunkelroten Schale handelt
es sich um Nüsse.

Tausendundeine Geschichte

Sushi ist vermutlich genauso
alt wie der Reisanbau, den
man in Japan bereits seit dem
5. vorchristlichen Jahrhundert
betreibt.

❧ 87 ❧

Quarkcreme mit Ingwer und Minze

So bleiben Sie rein wie die Unschuld

Nicht nur der Minze, auch dem Ingwer sagt man eine aphrodisische Wirkung nach.
Zwei Aphrodisiaka auf einmal, das könnte ein bisschen viel sein … Doch da kommt
weiß wie Schnee der Quark als ausgleichendes Moment ins Spiel.
Denn er sorgt dafür, dass Sie rein wie die Unschuld bleiben.

Zutaten

Für 4 Personen

10 frische Minzeblätter
30 g frischer Ingwer
2 Gelatineblätter
250 g Quark
60 g Zucker
150 ml Milch
2 Eiweiß
1 Prise Salz

VORBEREITUNG: 20 Min.
KÜHLZEIT: 2 Std.

Abrakadabra …! ❊ Die Minze unter fließendem kaltem Wasser waschen und auf Küchenpapier trocknen lassen. ❊ Den Ingwer schälen und reiben. ❊ Die Gelatine 5 Min. in kaltem Wasser einweichen. ❊ In einer Schüssel den Quark mit dem Zucker verrühren. ❊ Die Milch in einer Kasserolle erhitzen. Die Gelatine ausdrücken und in die heiße Milch rühren. ❊ Die Milch mit dem Quark verrühren. ❊ Die Eiweiße mit dem Salz steif schlagen und vorsichtig mit einem Spatel unter den Quark ziehen. ❊ Den Ingwer untermischen, die Creme auf Dessertschalen verteilen und 2 Std. in den Kühlschrank stellen. ❊ Mit der Minze dekorieren und servieren.

*Wie ich so schön weiß bleibe?
Nun, das macht das Eis …*

Wichtig!
Damit Milch beim Kochen oder Erhitzen
nicht am Topfboden anhängt, den Topf vorher mit
kaltem Wasser ausspülen und nicht abtrocknen.

Kleine Hexenfibel

Intensiv: Wegen ihres intensiven Aromas erfreut sich die Pfefferminze (*Mentha piperita*) bei uns besonderer Beliebtheit.

Licht: Minze stets in einem luftdicht verschlossenen Gefäß und an einem lichtgeschützten Ort aufbewahren.

Gar nicht
dumm ... Das
hätte ich früher
wissen müssen ...

AUS FLORA UND FAUNA

Die Minze ist eine krautige Pflanze aus der Familie der Lippenblütler. Die Gattung umfasst etwa 70 Arten, die zum Teil wild wachsen und zum Teil als Gewürz- oder Heilpflanzen kultiviert werden. Man erkennt sie an ihren aufrecht wachsenden Stängeln, den gezackten dunkelgrünen Blättern und den kleinen rötlichen, in Scheinquirlen angeordneten Blüten.

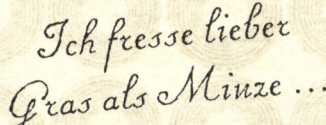

Ich fresse lieber
Gras als Minze ...

Tausendundeine Geschichte

Das Wort Minze ist vom lateinischen *Mentha* abgeleitet, das wiederum auf das griechische *Minthé* zurückgeht. Minthé war auch der Name einer Nymphe aus der griechischen Mythologie, die in eine Pflanze verwandelt und – so zumindest berichtet es der griechische Geschichtsschreiber Strabon – von der eifersüchtigen Persephone zertrampelt wurde.

Wissenswertes

Quark ist ein Frischkäse, der in der Regel aus entrahmter Milch hergestellt wird, die durch Zugabe von Milchsäurebakterien und Lab fermentiert wird, sodass sie gerinnt.

❧ 88 ❧
Weiße Pfirsiche mit Eisenkraut
Für eine eiserne Gesundheit

Nicht nur in Konfitüren, auch in Desserts haben sich der Pfirsich und das Eisenkraut als ideale Kombination erwiesen. Angeblich schützt das Eisenkraut vor Verwundungen durch Eisenwaffen. Deshalb trug man früher stets etwas Eisenkraut unter der Rüstung. In der Pflanzenheilkunde gilt es als Stärkungsmittel. Wollen Sie sich also eine eiserne Gesundheit bewahren, ist Ihnen dieses Dessert nur zu empfehlen.

Zutaten
Für 4 Personen

50 g Eisenkraut
8 weißfleischige Pfirsiche
20 g Zucker

VORBEREITUNG: 30 Min.
KÜHLZEIT: 2 ¼ Std.

Abrakadabra …! ❈ Das Eisenkraut unter fließendem Wasser waschen. Etwa 10 Blüten zum Dekorieren beiseitelegen. ❈ 1 Liter Wasser in einer Kasserolle erwärmen. Das Eisenkraut in das lauwarme Wasser geben und bei ausgeschalteter Herdplatte 15 Min. ziehen lassen. Die Flüssigkeit anschließend abseihen, abkühlen lassen und 2 Std. kalt stellen. ❈ Die Pfirsiche schälen, entsteinen und in Spalten schneiden. In Dessertschalen anrichten und mit Zucker bestreuen. ❈ Mit Eisenkrautinfusion beträufeln, mit Blüten garnieren und servieren.

Ich habe eine eiserne Gesundheit …

Wissenswertes

Das ursprünglich in Skandinavien beheimatete Echte Eisenkraut (*Verbena offinalis*) findet man heute fast überall in Europa an Wegrändern, an den Ufern von Wasserläufen und auf Schutthalden. Im Volksglauben wurde der Pflanze früher eine ganze Vielzahl von Wunderkräften zugeschrieben.

AUS FLORA UND FAUNA

Auch wenn sein botanischer Name *Prunus persica* lautet, stammt der Pfirsichbaum nicht aus Persien, sondern aus China. Von dort gelangte er allerdings zunächst nach Persien und später auch in den Mittelmeerraum. Der Pfirsich bevorzugt ein warmes Klima. Deshalb wird er in Mitteleuropa meist in Weinbaugebieten angebaut.

Kleine Hexenfibel

Saison: Pfirsiche haben von Mitte Juni bis etwa August Saison. Weißfleischige Früchte haben ein feineres Fruchtfleisch als gelbfleischige. Besonders schmackhaft und aromatisch sind die Plattpfirsiche, die sich in den letzten Jahren wachsender Beliebtheit erfreuen.

Heilkraft: Eisenkraut wirkt u.a. antirheumatisch und harntreibend und regt den Gallenfluss an.

Infusion: Wenn Sie getrocknetes Eisenkraut verwenden, die Blätter in ein Tee-Ei füllen mit 1 Tasse kochendem Wasser übergießen, ziehen lassen und die Infusion danach in den Kühlschrank stellen.

Tausendundeine Geschichte

In den Gärten des Sonnenkönigs in Versailles kultivierte man etwa 40 verschiedene Pfirsichsorten. Sie trugen recht eigenwillige Namen, etwa »Venusbusen«, »Schöne von Chevreuse«, »Schöne von Vitry« …

Wichtig!
Pfirsiche lassen sich leichter schälen, wenn man sie vorher kurz mit kochend heißem Wasser überbrüht.

❧ 89 ❧
Backpflaumen
mit Brombeergelee
Die beste Vorbeugung gegen Krankheiten

Einem alten Volksglauben zufolge kann man Krankheiten abstreifen, wenn man unter einem dornigen Brombeerstrauch hindurchkriecht. Das sollte man sich allerdings besser ersparen und stattdessen lieber die gesunden Beeren und die nicht minder gesunden Backpflaumen genießen. Sind sie doch die beste Vorbeugung gegen Krankheiten.

Zutaten
Für 8 Personen

200 g Brombeeren
500 g Backpflaumen
50 g Orangenblütenzucker
100 g Brombeergelee

VORBEREITUNG: 40 Min.
KOCHZEIT: 10 Min.

Abrakadabra …! Die Brombeeren kurz unter fließendem kaltem Wasser waschen. Die Backpflaumen mit dem Zucker und 1 Liter Wasser in einer Kasserolle aufkochen, 10 Min. bei geringer Hitze pochieren und abkühlen lassen. Abtropfen lassen, entsteinen und vorsichtig mit dem Brombeergelee füllen. Die Pflaumen rosettenförmig auf kleinen Tellern anrichten, je 1 EL Brombeeren in die Mitte geben, mit den restlichen Beeren bestreuen und lauwarm servieren.

Verkehrt herum betrachtet ist das Leben noch schöner …

AUS FLORA UND FAUNA

Back- oder Dörrpflaumen sind getrocknete Pflaumen. Früher zählte dieses Trockenobst zu den bevorzugten Nahrungsmitteln von Seeleuten, denn die Früchte sind lange haltbar, ohne etwas von ihren gesundheitsfördernden Eigenschaften einzubüßen, sie schützten die Seefahrer vor Skorbut. Backpflaumen enthalten 57 % Vitamin A, 19 % Vitamin E, 3 % Vitamin C, 10 % Vitamin B_1 und 14 % Vitamin B_2.

Tausendundeine Geschichte

Kreuzritter brachten im 13. Jahrhundert eine neue Pflaume, die Damaszener Pflaume, nach Frankreich. Die Mönche der nahe der südfranzösischen Stadt Agen gelegenen Abtei Clairac kamen auf die Idee, diesen Baum mit einer lokalen Varietät zu kreuzen. So wurde die berühmte »Pflaume von Agen« geboren. Die Ernte viel so üppig aus, dass den Mönchen der Platz zum Lagern der Früchte ausging, deshalb dörrten sie sie in der Sonne – und heraus kam die »Pruneau d'Agen«, eine nicht nur in Frankreich, sondern in ganz Europa außerordentlich geschätzte Backpflaume.

Kleine Hexenfibel

Kerne: Um Zeit zu sparen, können Sie selbstverständlich auch bereits entsteinte Backpflaumen nehmen.

Zucker: Mit Orangenblüten aromatisierter Zucker ist in Feinkostgeschäften erhältlich. Ersatzweise einfach 2 TL Orangenblütenwasser ins Pflaumenkochwasser geben.

Farbtupfer: Besonders hübsch sieht das Dessert aus, wenn Sie als Farbtupfer noch ein Orangensorbet dazu servieren.

Wissenswertes

Die dornigen Brombeersträucher, die wild an den Rändern von Hecken wachsen, gehören zur Familie der Rosengewächse. Brombeeren zählen zu den sogenannten Waldbeeren und eignen sich hervorragend zum Verfeinern von Joghurt, für Sirupe und Konfitüren. Große Ähnlichkeit mit der Brombeere hat die Maulbeere, die jedoch einer anderen Familie, den Maulbeergewächsen, angehört.

Wichtig!
Beeren sind sehr zarte, empfindliche Früchte und sollten deshalb stets nur kurz unter fließendem Wasser gewaschen werden.

Eiscremes & und & Sorbets

❧ 90 ❧
Erdbeersorbet mit Eisenkraut

Das Feuer unter dem Eis

Man sagt, die Verbindung von Erdbeere und Eisenkraut entfache das Feuer der Liebe neu.
Vielleicht möchten ja auch Sie, dass Ihr Partner Sie mit ganz neuen Augen betrachtet.
Mit diesem herrlichen Sorbet wird es Ihnen mit Sicherheit gelingen,
das Feuer unter dem Eis zu entfachen …

Zutaten

Für 4 Personen

1 Handvoll frische Eisenkrautblätter
1 unbehandelte Zitrone
50 g Zucker
1 Eiweiß
1 kg saftige, aromatische
Erdbeeren

VORBEREITUNG: 20 Min.
ZIEHZEIT: 12 Std.
KOCHZEIT: 10 Min.
GEFRIERZEIT: 3 Std.

Abrakadabra …! ❈ Die Eisenkrautblätter unter flie-ßendem kaltem Wasser waschen. ❈ Die Zitrone dünn abschälen, auspressen und den Saft in den Kühlschrank stellen. ❈ Die Schale mit dem Zucker und den Eisen-krautblättern in 200 ml Wasser 12 Std. im Kühlschrank ziehen lassen. ❈ Die Mischung anschließend aufkochen und bei geringer Hitze eindicken lassen. Abseihen, ab-kühlen lassen, in eine Flasche füllen und kalt stellen. ❈ Das Eiweiß schaumig schlagen. Den Zitronensaft aus dem Kühlschrank nehmen. ❈ Die Erdbeeren wa-schen, entstielen und pürieren. Mit Zitronensaft, Eiweiß und 200 ml Eisenkrautsirup mischen. ❈ Die Mischung in die Sorbetière fül-len und 3 Std. in der Kühltruhe gefrie-ren lassen.

AUS FLORA UND FAUNA

Das Echte Eisenkraut ist eine krautige Pflanze mit spindelförmig verzweigter Wurzel, einem rauen, vierkantigen, verästelten Stängel und tief eingeschnittenen, eiförmigen Blättern. Die zartvioletten Blüten wachsen in Ähren. Eisenkraut kann von Juni bis September gepflückt werden.

Wissenswertes

Die Zitrone (*Citrus x limon*) ist vermutlich aus einer Kreuzung von Bitterorange und Zedratzitrone entstanden und war ursprünglich in Nordindien und China beheimatet. Bei den Griechen wurde die Frucht zum Symbol der Abwehr des Bösen. Bei den Juden, die die Zitrone während ihrer Gefangenschaft in Babylon kennenlernten, ist sie seither fester Bestandteil zahlreicher Rituale.

Tausendundeine Geschichte

Das Echte Eisenkraut (*Verbena officinalis*) gehört zur Familie der Eisenkrautgewächse. Seit jeher werden dieser auch Sagenkraut oder Wunschkraut genannten Pflanze wahre Wunderkräfte nachgesagt. Man schätzte sie jedoch nicht allein wegen ihrer Heilkraft. Glaubten die Römer, die die Pflanze der Göttin der Liebe und der Schönheit widmeten, doch auch, sie sei in der Lage, das Feuer der Liebe neu zu entfachen.

Kleine Hexenfibel

Zeit: Beginnen Sie mit der Zubereitung bereits am Vortag und lassen Sie die Eisenkrautblätter und die Zitronenschale über Nacht mit dem Zucker ziehen.

Eiweiß: Das Eiweiß darf hier nicht zu festem Schnee geschlagen werden, sondern sollte nur leicht angeschlagen werden.

Gefrieren: Falls Sie keine Sorbetière besitzen, die Mischung in eine Gefrierdose füllen und in die Kühltruhe stellen. Damit sich keine Eiskristalle bilden, das Sorbet jede Stunde einmal durchrühren.

Wichtig!
Den Eisenkrautsirup in eine dekorative Flasche füllen, mit einem hübschen, von Hand beschrifteten Etikett versehen und im Kühlschrank aufbewahren.

❧ 91 ❧
Orangeneis
mit Cashewkernen

Fliehen Sie in
Morpheus' Arme!

Wegen ihrer beruhigenden Wirkung auf das Verdauungssystem werden Orangenblüten gerne als Tee zubereitet. Ein Teelöffel unter den Joghurt oder in ein Glas Wasser gerührt genügt, um Bauchschmerzen zu bekämpfen. Aber auch bei Einschlafstörungen sind sie ein probates Mittel. Dieses Dessert, und dazu vielleicht noch ein Gläschen Pomeranzenlikör, wird Sie also wie von Zauberhand direkt in Morpheus' Arme entführen.

Zutaten

Für 4 Personen

4 Eigelb
80 g Zucker
1 TL Maisstärke
300 ml Milch
300 g Sahne
150 g Cashewkerne
2 EL Orangenblütenwasser
abgeriebene Schale von
   2 unbehandelten Orangen

VORBEREITUNG: 20 Min.
KOCHZEIT: 10 Min.
GEFRIERZEIT: 3 Std.

Abrakadabra …! ❈ Eigelbe und Zucker cremig aufschlagen, danach die Maisstärke unterrühren. ❈ Die Milch in einer Kasserolle erhitzen und mit einem Kochlöffel unter die Eigelb-Zucker-Mischung rühren. ❈ Das Ganze in die Kasserolle zurückgießen und 5 Min. bei geringer Hitze eindicken lassen. ❈ Sahne und Cashewkerne in einer kleinen Stielkasserolle aufkochen lassen, sofort vom Feuer nehmen, im Mixer pürieren und anschließend unter die Eigelbmischung rühren. ❈ Das Orangenblütenwasser und die Orangenschale hinzufügen, die Masse in die Eismaschine füllen und 3 Std. in der Kühltruhe gefrieren lassen.

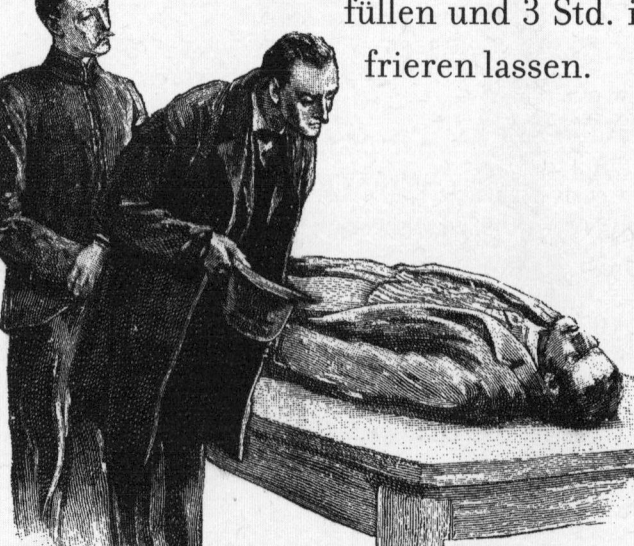

Eindeutig eine Überdosis Orangenblütenwasser.

Wichtig!
Das Eis in Dessertschalen anrichten und jeweils mit 1 Orangenblüte und 1 Stück kandierter Orangenschale garnieren.

Kleine Hexenfibel

Konsistenz: Die Eigelbmischung hat die richtige Konsistenz, wenn sie am Rücken eines Holzkochlöffels haften bleibt.

Gefrieren: Wenn Sie keine Eismaschine besitzen, die Eiscreme 6 Std. in der Kühltruhe gefrieren lassen und dabei zweimal mit einer Gabel durchrühren, damit sich keine Eiskristalle bilden.

Gesund: Cashewkerne sind reich an Spurenelementen. Insbesondere enthalten sie viel Eisen (5,2 mg), Magnesium (252 mg), Phosphor (466 mg) und Kalium (668 mg).

Wissenswertes

Bitterorangen oder Pomeranzen sind Hauptbestandteil von Orangenlikören wie Triple Sec, Grand Marnier oder Cointreau, die hervorragend zu diesem Dessert passen. Um das Aroma aus den Schalen herauszulösen, werden sie getrocknet und danach in Alkohol eingelegt.

AUS FLORA UND FAUNA

Die Bitterorange ist ein immergrüner Baum mit glänzenden ovalen Blättern. Die Zweige sind in den Blattachsen mit Dornen besetzt. Die Früchte sind kleiner als Süßorangen.

Tausendundeine Geschichte

Die Pomeranze, insbesondere das aus ihr gewonnene Neroliöl, spielt in der Parfümherstellung eine wichtige Rolle. Das Öl verdankt seinen Namen angeblich der französischen Salonière Anne Marie de la Tremoille, der späteren Prinzessin von Nerola, die dieses Öl in Mode brachte, mit dem sie ihr Badewasser und ihre Handschuhe zu parfümieren pflegte.

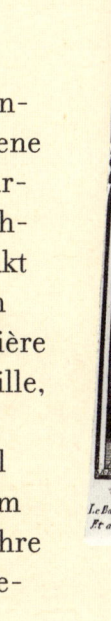

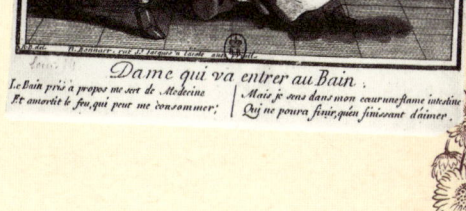

Dame qui va entrer au Bain.

❧ *92* ❧

Blaubeereis
So behalten Sie ihn stets im Auge

Es heißt, die Heidelbeere fördere die Gedächtnisleistung. Außerdem ist sie gut für die Sehkraft und folglich auch für den Augapfel. Im Zweiten Weltkrieg aßen die Piloten der Royal Air Force Blaubeergelee, um nachts besser sehen zu können. Mit diesem Dessert werden auch Sie den, den Sie immer im Auge behalten wollen, nie aus den Augen verlieren …

Zutaten
Für 4 Personen

500 g Blaubeeren
150 g Zucker
Saft von 1 Zitrone
100 g Crème fraîche

VORBEREITUNG: 20 Min.
KOCHZEIT: 5 Min.
GEFRIERZEIT: 4 Std.

Abrakadabra …! ❈ Die Beeren waschen, mit Küchenpapier trocken tupfen und 50 g zum Dekorieren beiseitelegen. ❈ Restliche Beeren pürieren und danach durch ein Sieb streichen. ❈ Den Zucker bei geringer Hitze in einer Kasserolle in 100 ml Wasser auflösen und dabei laufend mit einem Holzkochlöffel rühren. ❈ Den Sirup abkühlen lassen und mit dem Blaubeerpüree, dem Zitronensaft und der Crème fraîche verrühren. ❈ Die Mischung in die Eismaschine füllen und 4 Std. in der Kühltruhe gefrieren lassen.

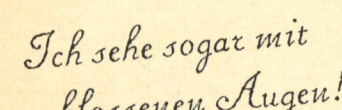
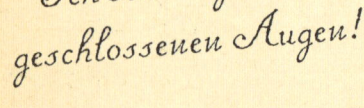
Ich sehe sogar mit geschlossenen Augen!

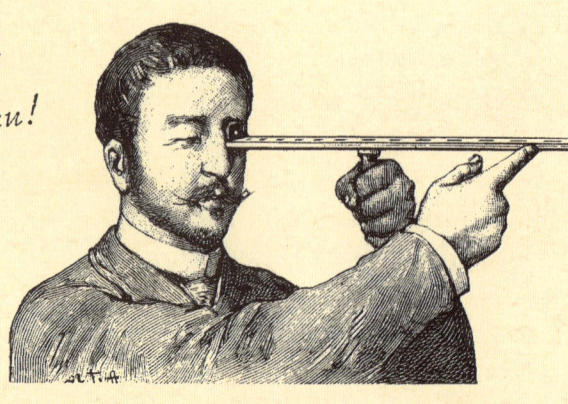

AUS FLORA UND FAUNA

Die Blau- oder Heidelbeere (*Vaccinium myrtillus*) ist ein stark verzweigter Halbstrauch aus der Familie der Heidekrautgewächse. Er ist vorwiegend in Laub- und Nadelwäldern in den gemäßigten Zonen Europas, in Sibirien und Nordamerika anzutreffen. Ab Juli entwickeln sich aus den glockenförmigen grünlichen Blüten die kleinen schwarzblauen Beeren.

Wissenswertes

Der Fuchs ist zwar eigentlich ein Fleischfresser, verschmäht aber auch Früchte nicht. Und ganz besonders hat es ihm die Heidelbeere angetan. Für den Menschen ist dies allerdings nicht ganz ungefährlich. Ist der Fuchs doch Überträger des sogenannten Fuchsbandwurms. Deshalb sollte man, auch wenn es schwer fällt, beim Pflücken keine Beeren naschen und die Früchte vor dem Verzehr stets gründlich waschen.

Wichtig!
Die Früchte nach dem Pürieren noch einmal durch ein Sieb streichen, um die Kerne vollständig zu entfernen.

Kleine Hexenfibel

Kugel: Mit einem Eisportionierer Kugeln von der Eiscreme abstechen und in Eisschalen anrichten. Mit den restlichen Beeren und frischen Minzeblättern garnieren.

Gefroren: Für das Eis können Sie auch tiefgekühlte Früchte nehmen, die vor der Zubereitung aufgetaut werden müssen.

Hmmh, Heidelbeeren …

Tausendundeine Geschichte

Der weltweit größte Produzent von Heidelbeeren sind mit 25 000 Hektar Anbaufläche die Vereinigten Staaten. Die *blueberry*, die große Amerikanische Heidelbeere (*Vaccinium corymbosum*), unterscheidet sich von der europäischen Wildform nicht nur in der Größe, sondern auch dadurch, dass sowohl die Schale als auch das Fruchtfleisch blau gefärbt ist.

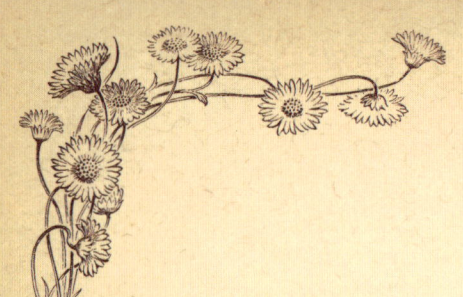

❦ 93 ❧

Kiwisorbet

Grün ist die Hoffnung

In früheren Zeiten glaubten die Menschen, die Farbe Grün – die Farbe der Kiwi und der Limette – bringe Unglück. Ein khakigrünes Gewand, auf dem Salamander herumkrabbeln, trägt auch *Die Hexe* von Lucien Lévy-Dhurmer (1865–1953), einem französischen Maler des Symbolismus. Dabei steckt diese Farbe in Wirklichkeit voller »guter Eigenschaften«. Verbindet man damit doch auch Jugend, Umweltfreundlichkeit und Hoffnung.

Zutaten

Für 4 Personen

6 Kiwis
2 unbehandelte Limetten
100 g Farinzucker
frische Minzeblätter

VORBEREITUNG: 30 Min.
KOCHZEIT: 10 Min.
GEFRIERZEIT: 4 Std.

Abrakadabra …! ❈ Kiwis und Limetten schälen. ❈ 100 ml Wasser in einer Kasserolle aufkochen, 20 g Zucker hinzufügen und die Limettenzesten darin kochen. ❈ Die Früchte mit 250 ml Wasser im Mixer pürieren. Das Püree durch ein feines Sieb streichen und den restlichen Zucker unterrühren. ❈ Die Limettenzesten aus dem Sirup nehmen und abtropfen lassen. Den Sirup unter das Kiwi-Limetten-Püree rühren. ❈ Die Mischung in die Sorbetière füllen und 4 Std. in der Kühltruhe gefrieren lassen.

AUS FLORA UND FAUNA

Nicht selten kann man in der Nähe von Kiwi-plantagen Bienenstöcke sehen. Und das hat seinen guten Grund. Handelt es sich doch um eine diözische Pflanze, d.h. weibliche und männliche Blüten wachsen nicht an einer Pflanze. Und die Bestäubung ist nur mithilfe der Bienen möglich, die den Pollen von den männlichen Pflanzen zu den weiblichen transportieren.

Kleine Hexenfibel

Zucker: Um den sauren Geschmack der Limetten auszugleichen, benötigt man für dieses Rezept relativ viel Zucker.

Servieren: Mit einem Eisportionierer Kugeln von dem Sorbet abstechen, in Eisschalen anrichten und mit Minzeblättern und den kandierten Limettenschalen garnieren.

Wissenswertes

Die Limette war ursprünglich wahrscheinlich in Indien beheimatet. Britische Seeleute aßen die saure Zitrusfrucht in solchen Mengen, dass ihnen dies bei den Amerikanern den Spitznamen »limeys« – von englisch *lime* für Limette – einbrachte.

Wichtig!
Zum Sorbet Zucker oder
Mini-Cakes mit Melisse
(Rezept 45) reichen.

Tausendundeine Geschichte

Ihren Namen verdankt die Kiwifrucht dem gleichnamigen neuseeländischen Straußenvogel. Dazu inspiriert hat den amerikanischen Großhändler, der der Frucht, diesen Namen gab, vermutlich ihre braune Schale, die dem Federkleid des Vogels ähnelt.

❧ 94 ❧
Erdbeersorbet auf Veilchen-Coulis
Ein perfektes Duo

Zwei Gegensätze werden in diesem Dessert vereint. Das Rot des Erdbeersorbets symbolisiert das Feuer, während das Violett der Veilchen-Coulis für die Mäßigung steht. In der fernöstlichen Philosophie »stimuliert das violette Licht die Sexualdrüsen der Frau, das rote Licht dagegen die des Mannes«. Das ideale Dessert für eine perfekte Beziehung!

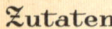

Zutaten
Für 2 Personen

500 g Erdbeeren
350 g Zucker
40 g Veilchen
1 Eiweiß, steif geschlagen

VORBEREITUNG: 20 Min.
ZIEHZEIT: 20 Min.
KOCHZEIT: 5 Min.
GEFRIERZEIT: 4 Std.

Abrakadabra …! ❈ Die Erdbeeren waschen und entstielen. 2 Beeren beiseitelegen, den Rest mit 200 g Zucker pürieren. ❈ Das Püree in die Sorbetière füllen und 4 Std. in der Kühltruhe gefrieren lassen. ❈ Die Veilchen vorsichtig waschen und auf Küchenpapier trocknen lassen. ❈ 12 Veilchen beiseitelegen, den Rest mit 500 ml Wasser und restlichem Zucker pürieren. ❈ Die Mischung in einer Kasserolle aufkochen, 20 Min. bei sehr geringer Hitze ziehen lassen und dann durch ein feines Sieb passieren. ❈ Den Eischnee unterziehen und die Mischung abkühlen lassen. ❈ Veilchen-Coulis auf 2 Dessertschalen verteilen, das Erdbeersorbet darauf anrichten und jeweils mit 1 Erdbeere und den restlichen Veilchenblüten garnieren.

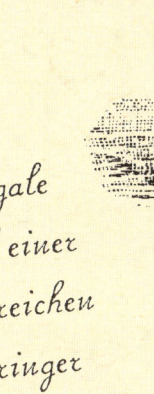

Wichtig!

Servieren Sie dieses frugale Dessert am besten nach einer leichten Mahlzeit und reichen Sie dazu ein paar Lothringer Vanillemakronen (Rezept 26).

Kleine Hexenfibel

Sieb: Um die Kerne vollständig zu entfernen, die Erdbeeren nach dem Pürieren durch ein feines Sieb streichen.

Gefrieren: Wenn Sie keine Sorbetière besitzen, das Sorbet in einer Gefrierdose gefrieren lassen und dabei alle 10 Min. mit einer Gabel durchrühren, damit sich keine Eiskristalle bilden.

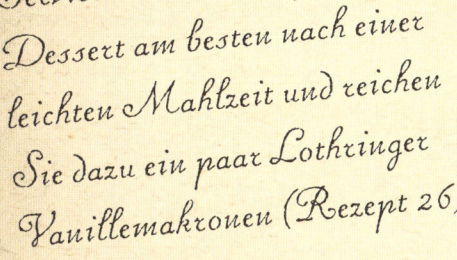

Wissenswertes

Veilchen blühen von Februar bis Juni. Die Pflanze, die sowohl als Lebensmittel wie für die Parfümherstellung kultiviert wird, ist ausgesprochen gesund. Enthält sie doch außerordentlich viel Vitamin C – viermal mehr als die Zitrone – und mehr Vitamin A als Spinat.

Tausendundeine Geschichte

Für Alchimisten symbolisierte Violett das Geheimnisvolle, in der Kirche ist es die Farbe der Würde und der Buße. Violett wird aber auch mit Kreativität und Empfindsamkeit, Dekadenz und Extravaganz assoziiert.

AUS FLORA UND FAUNA

Veilchen wachsen in Hecken, an Waldrändern und in Wäldern. Die herzförmigen, behaarten dunkelgrünen Blätter wachsen in Büscheln, aus denen die violetten oder malvenfarbenen Blüten herausragen. Blätter wie Blüten sind essbar.

❧ 95 ❧
Aprikosen-Möhren-Sorbet mit Melisse
Für einen gesunden Teint

Die Melisse ist allgemein für ihre beruhigende Wirkung bekannt. Nicht minder wohltuend sind aber auch die Aprikose, die Möhre und die Zitrone. Eine solch geballte Ladung gesunder Zutaten kann einem guten Aussehen nur förderlich sein.

Zutaten

Für 6 Personen

2 Stängel Zitronenmelisse
1 kg Aprikosen
1 kg Möhren
50 g Zucker

VORBEREITUNG: 25 Min.
KOCHZEIT: 5 Min.
GEFRIERZEIT: 4 Std.

Abrakadabra …! ▓ Die Melisse vorsichtig unter fließendem kaltem Wasser waschen, mit Küchenpapier trocken tupfen und fein hacken. ▓ Die Aprikosen waschen, halbieren, entsteinen und entsaften. ▓ Die Möhren schälen, waschen und ebenfalls entsaften. ▓ Den Aprikosen- und den Möhrensaft mit dem Zucker in eine Kasserolle geben und 5 Min. erhitzen. ▓ Den Topf vom Feuer nehmen und die Melisse hinzufügen. Das Ganze abkühlen lassen und danach abseihen. ▓ Den Saft in die Sorbetière füllen und 4 Std. in der Kühltruhe gefrieren lassen.

Was für ein Traumbody! Was für ein Teint!

Wichtig!
Die süßlichen Möhren eignen sich, vor allem
in Kombination mit Aprikosen, hervorragend
für Desserts.

AUS FLORA UND FAUNA

Die Aprikose (*Prunus armeniaca*) ist ein kleiner Baum aus der Familie der Rosengewächse. Vermutlich war die Pflanze ursprünglich in Armenien beheimatet, dies zumindest legen Funde von Aprikosenkernen nahe, auf die man bei archäologischen Ausgrabungen in einer Fundstätte aus der Steinzeit stieß.

Kleine Hexenfibel

Saft: Wenn Sie keinen Entsafter besitzen, nehmen Sie einfach je 300 ml Aprikosen- und Möhrensaft aus der Flasche.

Schale: Kaufen Sie möglichst unbehandelte Möhren, die Sie mit der Schale verarbeiten können. So bleiben die Vitamine erhalten.

Melisse: Die Zitronenmelisse verleiht diesem leuchtend orangen Sorbet nicht nur eine besondere Note, sie hilft auch bei Übelkeit und Blähungen.

Wissenswertes

Die ursprünglich im Mittelmeerraum und in Kleinasien beheimatete Zitronenmelisse ist heute überall in Mitteleuropa in den Gärten zu finden und wächst als Wildpflanze in Wäldern, Gebüschen und Hecken. Die Pflanze verströmt einen intensiven Zitronenduft und blüht von Juni bis August.

Gleich gibt's eins
auf die Rübe!

Tausendundeine Geschichte

Die Gartenmöhre, Karotte oder Gelbe Rübe ist vermutlich aus einer Kreuzung der mitteleuropäischen Wilden Möhre (*Daucus carota ssp. carota*) und einer in Mittelasien beheimateten gelben Möhre entstanden. Bereits im Altertum schätzte man die Wurzel als Gemüse und Heilpflanze. Ist sie doch reich an Carotin, Ballaststoffen, Mineralstoffen, Vitamin C und B-Vitaminen.

❧ 96 ❧

Himbeereis
mit Baiserstückchen

Rot wie ein Kussmund

Eine sehr zarte, empfindliche Frucht ist die aromatische, süße und zugleich ein bisschen
säuerliche Himbeere. Hübsch anzusehen ist die aus vielen kleinen »Kugeln«
zusammengesetzte Beere obendrein. Und dann dieses herrliche Himbeerrot,
bei dem so mancher Romantiker an einen Kussmund denken mag …

Zutaten

Für 4 Personen

250 g Himbeeren
15 g Puderzucker
Saft von ½ Zitrone
125 g Baisers
4 Eier
150 g Zucker
500 g Sahne

VORBEREITUNG: 20 Min.
GEFRIERZEIT: 12 Std.

Abrakadabra …! ❖ Die Himbeeren zum Säubern vorsichtig auf einem feuchten Geschirrtuch hin und her rollen. Mit Puderzucker und Zitronensaft im Mixer pürieren und das Püree durch ein feines Sieb streichen. ❖ Die Baisers in einen Gefrierbeutel füllen und mit dem Nudelholz zerkleinern. ❖ Die Eier in einer Schüssel cremig aufschlagen, dabei nach und nach den Zucker unterschlagen. ❖ Die Sahne steif schlagen und unter die Eiermasse ziehen. Zum Schluss die pürierten Himbeeren und danach die Baisers unterrühren. ❖ Die Mischung in eine Eisbombenform füllen und mit angefeuchteter Frischhaltefolie abdecken. ❖ 12 Std. in der Kühltruhe gefrieren lassen und vor dem Servieren auf eine Platte stürzen.

Kleine Hexenfibel

Deko: Das Eis nach dem Stürzen noch mit ein paar frischen Minze-blättern garnieren.

Glanz: Die Eier und den Zucker so lange schlagen, bis die Masse schön glänzt.

Form: Wenn Sie keine Eis-bombenform besitzen, tut es auch eine glatte, halbrunde Schüssel.

Stürzen: Das Eis lässt sich mühelos stürzen, wenn man die Form vorher kurz in heißes Wasser taucht.

AUS FLORA UND FAUNA

Die Himbeere (*Rubus idaeus*) zählt zur Familie der Rosen-gewächse. Bei den Früchten handelt es sich botanisch gesehen nicht um Beeren, sondern um Sammelstein-früchte, d.h. sie setzen sich aus vielen kleinen Steinfrüch-ten zusammen, die jeweils nur einen Samen enthalten.

Wissenswertes

Himbeeren schmecken nicht nur köstlich, sie sind auch ausgesprochen gesund, denn sie sind reich an Vitaminen, Spurenelementen und sekun-dären Pflanzenstoffen, die das Immunsystem stärken und den Stoffwechsel anregen, vor Krebs schützen und blutreini-gend wirken.

Tausendundeine Geschichte

Zart wie ein hingehauchter Kuss sind sie, die Baisers, und dieser Tatsache verdankt das Schaumgebäck auch seinen Namen, denn *baiser* ist das französische Wort für Kuss. Und in Frankreich, am Hof von Versailles, erfreute es sich auch größter Beliebtheit. Alles, was man dafür braucht, ist Eischnee und Zucker – und ein bisschen Geduld, denn Baisers werden nicht gebacken, sondern müs-sen, damit sie schneeweiß blei-ben, 1–2 Std. bei etwa 100 °C im Backofen trocknen.

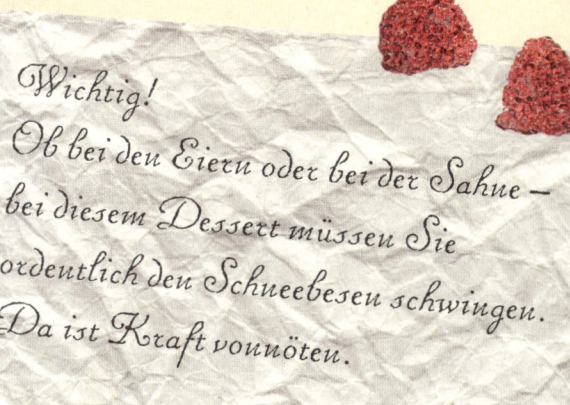

Wichtig! Ob bei den Eiern oder bei der Sahne – bei diesem Dessert müssen Sie ordentlich den Schneebesen schwingen. Da ist Kraft vonnöten.

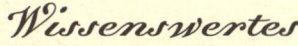

✒ 97 ✒
Speierlingssorbet
mit pochierten Birnen
Eine Huldigung an die Frau

Die Speierlingsfrucht und die Birne unterscheiden sich lediglich in der Größe. Ihre Form hat wie die der Feige eine gewisse Ähnlichkeit mit der weiblichen Brust. Und die zarten schneeweißen Blüten erinnern ebenso an das fahle Mondlicht wie an den blassen weiblichen Teint. Ein Dessert, das zugleich eine Huldigung an die Frau ist.

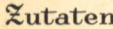

Zutaten

Für 4 Personen

1 kg Speierlingsfrüchte
250 g Zucker
4 Birnen

VORBEREITUNG: 35 Min.
KOCHZEIT: 10 Min.
GEFRIERZEIT: 4 Std.

Abrakadabra …! ▨ Die Speierlingsfrüchte waschen und durch die Flotte Lotte passieren. 100 ml Wasser hinzufügen und das Püree noch einmal durch ein Sieb streichen, um Kerne und Schalen zu entfernen. ▨ Den Zucker mit 250 ml Wasser aufkochen. Sobald er sich aufgelöst hat, den Topf vom Feuer nehmen. ▨ Die Birnen schälen, der Länge nach halbieren und die Kerngehäuse entfernen. ▨ Die Birnenhälften 2 Min. im Sirup pochieren, herausnehmen und abtropfen lassen. ▨ Die pürierten Speierlingsfrüchte mit dem Sirup verrühren, die Mischung in die Sorbetière füllen und 4 Std. in der Kühltruhe gefrieren lassen.

*Ein Hoch
auf die Frauen!*

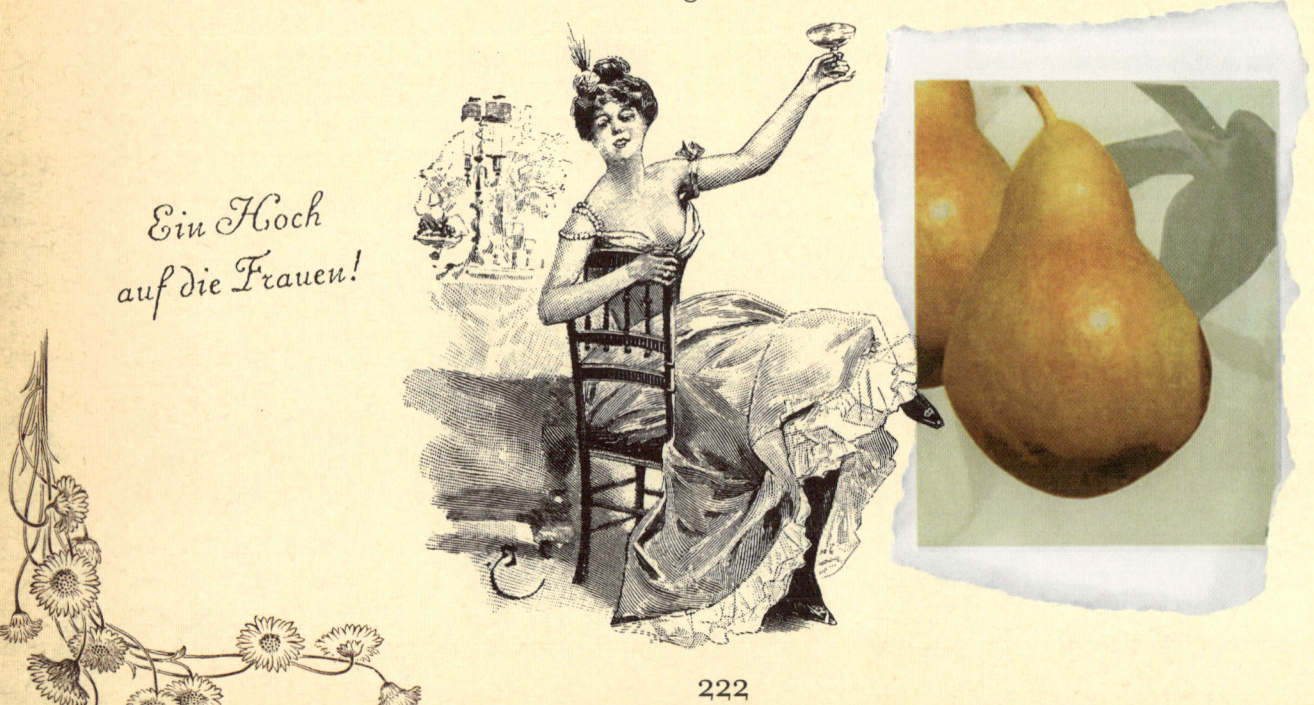

AUS FLORA UND FAUNA

Der Speierling (*Sorbus domestica*) ist ein Wildobst-baum aus der Familie der Rosengewächse. Der Baum kann bis zu 30 m hoch werden und einen Stammdurchmesser von bis zu 1 m erreichen. Er hat eine schuppige, graubraune Borke und lange, gefie-derte Blätter. In Mai und Juni erscheinen die weißen Blüten, aus denen sich im September/Oktober kleine birnenförmige Früchte entwickeln. Speierlinge sind vorwiegend in trockenen Laubwäldern anzutreffen.

Kleine Hexenfibel

Reif: Für dieses Dessert sollte man möglichst sehr reife Früchte verwenden.

Weich: Sind die Speierlings-früchte noch grün, lassen Sie sie am besten im Gemüsefach des Kühlschranks nachreifen, bis die Schale dunkelbraun und das Fruchtfleisch weich ist.

Püree: Zum Pürieren der Speierlingsfrüchte den gro-ben Einsatz der Flotten Lotte verwenden.

Wissenswertes

Mit 250 Jahren hat der Birn-baum von allen Obstbäumen die längste Lebensdauer. Der Baum war schon bei den Baby-loniern bekannt, die ihn als heiligen Baum verehrten. Und er kann bereits auf eine lange »Kulturgeschichte« zurück-blicken.

Tausendundeine Geschichte

Cato der Ältere berichte-te im 2. Jahrhundert bereits von sechs Birnensorten. In Frankreich assoziierte man mit der Frucht einen naiven, einfältigen Menschen. Als der Karikaturist Philippon König Louis-Philippe mit einem birnenförmigen Kopf darstell-te, machte ihm dieser auf der Stelle den Prozess. Das hatte allerdings zur Folge, dass an den Mauern der französischen Hauptstadt fortan zahllose Bir-nenköpfe auftauchten …

Wichtig!

Jeweils eine Birnenhälfte mit der Schnittfläche nach oben auf jeden Dessertteller legen. Eine Kugel Sorbet daraufsetzen und eine zweite Bir-nenhälfte mit der gewölbten Seite nach oben darauf-legen. Dazu genießt man einen Birnenlikör.

❧ 98 ❧

Rosmarinsorbet

Hat er ein kurzes Gedächtnis?

In der griechischen Symbolik ist der Rosmarin eng mit dem Erinnerungsvermögen verbunden. Die jungen Griechen steckten sich Rosmarinzweige ins Haar, um ihr Gedächtnis und ihre geistigen Fähigkeiten zu verbessern. Darüber hinaus galt die Pflanze unter Liebenden als Symbol der Treue. Und daran sollte man Leute, die ein kurzes Gedächtnis haben, vielleicht von Zeit zu Zeit erinnern …

Zutaten

Für 2 Personen

20 g Rosmarin
100 g Zucker
Saft von ½ Zitrone

VORBEREITUNG: 10 Min.
KOCHZEIT: 5 Min.
ZIEHZEIT: 20 Min.
GEFRIERZEIT: 4 Std.

Abrakadabra …! ❂ Den Rosmarin unter fließendem kaltem Wasser waschen. ❂ In einer Kasserolle 500 ml Wasser mit Zucker, Zitronensaft und Rosmarin aufkochen und 20 Min. ziehen lassen. ❂ Die Mischung durch ein feines Sieb seihen, in die Sorbetière füllen und 4 Std. in der Kühltruhe gefrieren lassen.

Ich war mir doch ganz sicher, dass ich Rosmarin gepflanzt hatte …?

Er hat ein Gedächtnis wie ein Sieb …

Kleine Hexenfibel

Leicht: Dieses außerordentlich leichte Sorbet als Zwischengang bei einem üppigen Festessen servieren. So hält jeder bis zum Dessert durch.

Heiß: Als Hausmittel schätzt man den Rosmarin wegen seiner wärmenden Wirkung. Er wird deshalb sowohl innerlich wie äußerlich angewendet, wenn man zu kalten Händen und Füßen neigt.

Wissenswertes

Der Rosmarin ist vor allem im Mittelmeerraum verbreitet. Er gedeiht in der Nähe von Felsen und Böschungen und bevorzugt trockene, steinige und kalkreiche Böden. Die Pflanze ist nicht winterhart und kann deshalb in Mitteleuropa nur in bestimmten Regionen kultiviert oder angesiedelt werden.

Wichtig!
Legen Sie zu diesem Dessert eine hellblaue Tischdecke auf und schmücken Sie den Tisch mit blühenden Rosmarinzweigen oder -sträußchen.

AUS FLORA UND FAUNA

Der Rosmarin (*Rosmarinus officinalis*) ist ein dichter, stark verzweigter immergrüner Halbstrauch. Die intensiv duftende Pflanze erreicht Wuchshöhen von 30–150 cm. Die Blätter sind auf der Oberseite leuchtend grün, auf der Unterseite weiß oder grau und filzig behaart. Die blassblauen oder hellvioletten Blüten erscheinen von Mai bis Juli.

Tausendundeine Geschichte

Bei Griechen und Römern galt der Rosmarin als Symbol der Unsterblichkeit. Deshalb gab man Verstorbenen Rosmarinzweige in die Hände. Den Ägyptern, die Anubis als Gott der Totenriten verehrten, diente er auch zum Einbalsamieren der Leichname.

❧ 99 ❧

Roseneis
à la Ronsard

Wollen Sie die große Liebe erleben?

Wegen ihrer Schönheit ist die Rose die am weitesten verbreitete Pflanze.
Sie gilt als Symbol der reinen, vollkommenen Liebe. Die zarten, samtigen,
angenehm duftenden Blütenblätter lassen ganz vergessen, dass die Pflanze auch mit
Dornen bewehrt ist. Ihre Unschuld rührte den französischen Dichter Pierre de Ronsard,
der die Blume mit Jugend, Zerbrechlichkeit und Vergänglichkeit assoziierte.
Was wäre also besser geeignet, die große Liebe zu erleben, als dieses herrliche Roseneis …

Zutaten
Für 4 Personen

1 Handvoll rosafarbene
  Rosenblüten
500 ml Milch
8 Eigelb
150 g Zucker
200 g Sahne
5 Tropfen rote Lebensmittelfarbe

VORBEREITUNG: 25 Min.
KOCHZEIT: 20 Min.
ZIEHZEIT: 15 Min.
GEFRIERZEIT: 2 Std.

Abrakadabra …! ❖ Die Rosenblüten vorsichtig unter fließendem kaltem Wasser waschen und auf Küchenpapier trocknen lassen. ❖ Die Milch in einer Kasserolle aufkochen, die Rosenblüten 15 Min. darin ziehen lassen und anschließend herausnehmen. ❖ Die Eigelbe mit dem Zucker schaumig schlagen. ❖ Die Milch dazugießen und das Ganze kräftig verschlagen. ❖ Die Mischung in die Kasserolle zurückgießen, unter ständigem Rühren bei geringer Hitze eindicken und danach abkühlen lassen. ❖ Die Sahne mit der Lebensmittelfarbe schlagen und unter die Eigelbmischung ziehen. ❖ Die Mischung in die Eismaschine füllen und 2 Std. gefrieren lassen.

Tausendundeine Geschichte

Die Rose ist nicht nur die am weitesten verbreitete Symbolpflanze, sie hat zu allen Zeiten auch Künstler aller Genres inspiriert. So auch den berühmten französischen Dichter Pierre de Ronsard (1524–1585), der sie immer wieder besungen hat und ihr u.a. folgenden Vers widmete: *Wie man an ihrem Zweig im Monat Mai die Rose / In ihrer Jugend sieht, in ihrer ersten Pracht, / Wie sie mit ihrer Glut den Himmel neidisch macht …*

Kleine Hexenfibel

Kandiert: Zum Kandieren unbedingt ungespritzte Rosenblätter verwenden.

Zutaten: Alles was Sie dazu noch benötigen, sind 1 Eiweiß und 30 g Zucker.

Herstellung: Das Eiweiß nicht zu steif schlagen, die Rosenblätter damit bepinseln, im Zucker wenden und auf einem Kuchengitter trocknen lassen.

Wissenswertes

Die Rose spielt bis heute eine wichtige Rolle in der Esoterik und in der Mystik. Für die Alchimisten war sie ein Symbol der Weisheit und des klaren Geistes, und die sieben Blütenblätter standen in der Alchemie für die sieben Planeten und die dazugehörigen Metalle.

AUS FLORA UND FAUNA

1986 kreierte der französische Rosenzüchter Alain Meillard eine neue Rosensorte, die man nach dem Dichter Pierre de Ronsard benannte. In Deutschland wird sie unter dem Namen »Eden Rose 85« geführt. Die Blüten changieren von cremeweiß bis dunkelrosa. Die Rose wurde 2006 zur Weltrose gekürt.

Wichtig!
Die Eiscreme in Glasschalen anrichten und mit kandierten Rosenblättern garnieren. Und denken Sie auch daran, den Tisch mit Rosenblättern zu bestreuen.

❧ *100* ❧

Granita von der Wassermelone

Damit brechen Sie das Eis

In den heißen Ländern ist die Wassermelone so etwas wie blaues Gold, denn sie besteht zu 93 Prozent aus Wasser und ist deshalb ein hervorragender Durstlöscher. Aufgrund ihrer Größe bietet sie sich geradezu dazu an, sie in geselliger Runde zu genießen. Und sollte die Unterhaltung nicht so recht in Gang kommen, dann ist dieses Dessert geradezu ideal, um das Eis zu brechen.

Zutaten

Für 4 Personen

1 große Wassermelone
Saft von 1 Zitrone
120 g Puderzucker

VORBEREITUNG: 10 Min.
GEFRIERZEIT: 3 Std.

Abrakadabra …! ❈ Das Fruchtfleisch aus der Wassermelone herauslösen und die Kerne entfernen. ❈ Das Fruchtfleisch mit Zitronensaft und Zucker im Mixer pürieren. ❈ Das Püree in eine flache Schale füllen und 3 Std. in die Gefriertruhe stellen. ❈ Die Mischung während dieser Zeit einmal pro Stunde mit einer Gabel durchrühren.

Auf geht's Jungs!
Brechen wir das Eis!

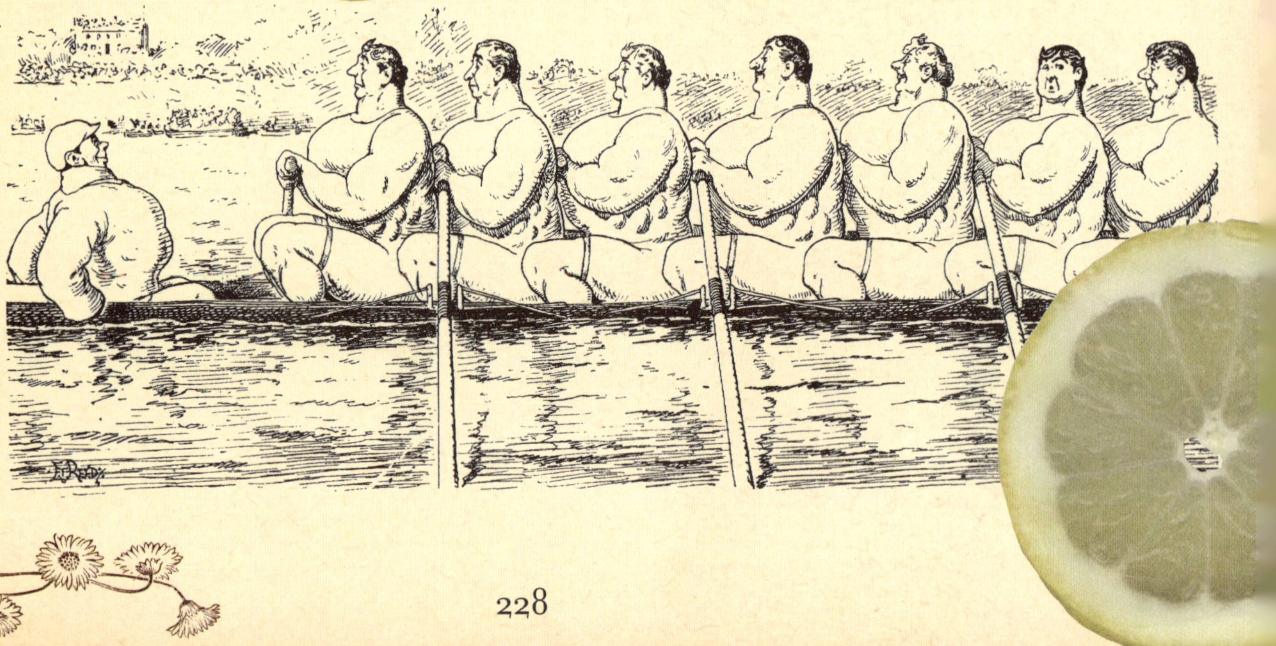

AUS FLORA UND FAUNA

Die Wassermelone (*Citrullus lanatus*) ist die Frucht einer einjährigen krautigen Kletterpflanze mit weit verzweigten Ranken und gefiederten Blättern. Die Früchte, die sich aus den zartgelben Blüten entwickeln, können bis zu 20 kg schwer werden.

Kleine Hexenfibel

Reif: Die Wassermelone sollte schön reif sein, und es sollte hohl klingen, wenn Sie daranklopfen.

Erfrischend: Die erfrischende Wassermelone ist die ideale Frucht für heiße Tage.

Leicht: Zu diesem leichten Dessert passt sehr gut ein Apfel-Cake mit Ingwer (Rezept 44).

Tausendundeine Geschichte

Wassermelonen können gigantische Größen erreichen. Die Frucht, die ursprünglich am Nil beheimatet war, war im alten Ägypten außerordentlich beliebt. Und da sie wenig Pflege braucht, galt sie bei den Ägyptern als wahres Gottesgeschenk.

Wissenswertes

Die Wassermelone ist eine Panzerbeere mit dunkelgrüner, meist hell marmorierter Schale und kann einen Durchmesser von bis zu 40 cm erreichen. Das Fruchtfleisch ist zunächst weiß und färbt sich mit zunehmender Reife rot oder rosa. Die Frucht besteht überwiegend aus Wasser, enthält aber auch Vitamin A und C sowie den Pflanzenfarbstoff Lycopin, der vor Krebs schützt.

Ich mag Vitamine am liebsten in flüssiger Form!

Wichtig!
Wassermelonen enthalten nur wenig Zucker und sind deshalb ein idealer kalorienarmer, gesunder Durstlöscher, der obendrein die Nieren reinigt.

Rezeptregister

A

Ananas mit Damaszener Kümmel und
   Bittermandeleis 194
Ananas-Quark auf rosa Hexenkatzen-
   zungen 126
Apfel-Cake mit Ingwer 110
Apfelkompott mit Orange und
   Kardamom 178
Apfelmus mit Maronen und Crème fraîche . 182
Apfelpaste mit Sternanis 24
Aprikosen-Möhren-Sorbet mit Melisse 218
Arme Ritter mit Feigen und Pinienkernen . . 156
Arme Ritter mit Zimt 150
Ausgebackene Robinienblüten 144

B

Backpflaumen mit Brombeergelee 204
Bayerische Creme mit Hibiskus 98
Birnen in Dattellikör 196
Biskuitrolle mit Schokoladencreme 80
Biskuitroulade mit Ricotta und Pistazien . . . 78
Biskuitroulade mit Rosencreme 76
Biskuitroulade nach Großmutters Art 82
Blaubeereis 212
Brioche mit Aprikosen, Pistazien und
   Fenchel 138

C

Cake mit violetten Möhren, Zimt und
   Ingwer 106
Cornflakes mit Schokoladenüberzug 34
Crème brûlée mit Ahornsirup 94
Crème brûlée mit gemahlenen Zypressen-
   zapfen 88
Crème brûlée mit Mohnlikör 84
Croque-menthe en macarons (Knusprige
   Minzemakronen) 68

E

Erdbeeren mit Rosenwasser und weißem
   Pfeffer 172
Erdbeersorbet auf Veilchen-Coulis 216
Erdbeersorbet mit Eisenkraut 208

F

Feigenkompott mit Vanille 174
Feigen-Trauben-Tarte mit Granatapfel . . . 136
Früchtebrot 120

G

Gefüllte Datteln 32
Gegrillte Trauben-Feigen-Spieße 186
Glasierte Maronen 20
Granita von der Wassermelone 228
Grapefruitkuchen 134

H

Haselnussstreuselkuchen mit Kiwis 154
Hexenkatzenzungen 124
Himbeereis mit Baiserstückchen 220
Holundercreme 86
Hyazinthenblütenpudding mit Karamell . . . 152

I

Ingwertrüffel 50

J

Joghurtcreme mit roten Johannisbeeren
   und Katzenpfötchen 168
Johannisbeerkuchen mit Matcha 116

K

Kaffee-Minze-Trüffel 52
Kandierte Minzeblätter mit Schokoladen-
   überzug 40
Kandierte Mohnblätter 42
Kandierte Orangenschalen mit
   Schokoladenüberzug 54
Kandierte Rosenblätter 36
Kandierte Schlüsselblumen 26
Karamellisierter Kürbis 192
Kiwisorbet 214
Knuspriges Haselnusskonfekt 48
Kokoscreme mit Bananen 28
Kokosmakronen 72

L

Lavendelcreme 90
Lavendeltrüffel 56
Litschi-Sushi 198
Lokum mit Rosenwasser 18
Lothringer Vanillemakronen 70

M

Makronen mit Karamell 60
Makronen mit Schoko-Bananen-Creme 58
Makronen mit Weinbergpfirsichkonfitüre . . 64
Makronen mit weißer Ganache und
 Orangenblütenwasser 66
Mandarinensoufflés 100
Mandel-Aprikosen-Plätzchen 62
Mandeltarte mit Pfirsichen und
 Veilchen 142
Mango-Passionsfrucht-Traum für zwei 122
Mascarponemousse mit Karamell 170
Melonenkompott mit Walderdbeeren
 und Malve 162
Mini-Cakes mit Melisse 112
Mohn-Cake 108
Möhren-Cake mit Walnüssen 114

O

Omelett mit exotischen Früchten 164
Orangeneis mit Cashewkernen 210

P

Papaya-Coulis mit Sandplätzchen à
 la Maa'm Kéké 180
Pfirsiche in Hibiskussirup 188

Q

Quarkcreme mit Ingwer und Minze 200
Quittenbrot 44

R

Rhabarberkompott mit Erdbeeren 176
Rosenbaisers 30
Roseneis à la Ronsard 226
Rosinenbrötchen mit Safran 140
Rosmarinsorbet 224
Rotes Apfelmus 190

S

Sahnecreme mit frischen Veilchen 102
Schneebälle in Rosenmilch 96
Schoko-Kokos-Kuchen »Carabas« 132
Schoko-Kürbis-Kekse 128
Schokoladenwurst 146
Speierlingssorbet mit pochierten
 Birnen 222

T

Teigtaschen mit Winterfrüchten 158

V

Veilchencreme mit Blaubeersirup 92

W

Weiße Pfirsiche mit Eisenkraut 202
Weiße Schokoladencreme mit Mohngelee . . 148
Weißer Nougat mit Safran 22
Wolfszähne nach Hexenart 118

Z

Zitronenmousse mit Primelblüten 166
Zitrusfrüchte in Ingwersirup 184
Zwetschgenpaste 38

Danksagung

Ich danke Fabienne Kriegel, der Verlagsleiterin der Éditions du Chêne, von ganzem Herzen dafür, dass sie mir einen dritten Band
der Hexenküche-Bücher vorgeschlagen und mir erneut ein zauberhaftes Team an die Seite gestellt hat – Émilie Bulard-Cordeau,
meine kleine Hexe mit den Feuerfingern sowie alle Feen der Éditions du Chêne: Valérie Tognali, Laurence Beaux, unterstützt von
Camille Barby, Sabine Houplain, Dune Lunel, Virginie Mahieux und Sylvie Gabriel. Nicht zu vergessen Rémy Chauvrière,
der zweifellos ein Geheimnis für die Herstellung dieser »Dessert-Hexenküche« hat.
Dank auch an Hugo, der dafür gesorgt hat, dass der Zauber meiner »Hexenküche« in alle Welt ausstrahlt.
Dicken Kuss an die Fee Véro, die Fee Finette und an Maa'm Kéke, die mich tatkräftig unterstützt und mir ihre geheimen
Rezepte verraten haben.

Der Verlag dankt insbesondere Sylvie Gabriel von der Photothèque Hachette für ihre Geduld und ihr Engagement sowie
Aldona Kuchatska für die nette Zusammenarbeit und ihre fantastischen Fundstücke.

Zu Tisch!!!!

Bildnachweis: © Photothèque Hachette: S. 33 (unten rechts); 35 (oben links), 41 (oben rechts), 43 (oben links), 45 (Mitte; unten links),
56 (unten Mitte), 57 (oben links), 59 (links), 65 (rechts), 67 (oben links), 69 (links), 87 (unten Mitte), 99 (oben links), 103 (oben rechts),
108 (Mitte), 109 (rechts), 127 (oben rechts), 128 (unten), 133 (oben Mitte), 135 (oben Mitte), 137 (oben Mitte), 153 (oben rechts), 158 (unten
links), 175 (oben rechts), 183 (oben Mitte), 185 (oben links), 187 (oben), 191 (oben links), 197 (unten links), 205 (oben Mitte), 211 (oben rechts),
215 (unten), 216 (unten Mitte), 217 (unten Mitte), 221 (oben rechts), 223 (unten links), 225 (oben), 227 (oben rechts), 229 (oben links).

Die Originalausgabe erschien 2009 unter dem Titel
Mes desserts de sorcière – Le Grimoire Enchanté de Brigitte Bulard-Cordeau
bei Les Éditions du Chêne – Hachette Livre, Paris

Texte und Rezepte: Brigitte Bulard-Cordeau
Layout: Émilie Bulard-Cordeau
Copyright © 2009 Éditions du Chêne – Hachette Livre, Paris

Deutsche Ausgabe Copyright © 2012 Gerstenberg Verlag, Hildesheim
Alle Rechte vorbehalten.
Satz: typocepta, Köln
Printed in China

www.gerstenberg-verlag.de

ISBN 978-3-8369-2664-5